José Carlos Aranda

Manual para una correcta sintaxis

Berenice

A mis maestros, en especial a Feliciano Delgado y
José Andrés de Molina, en homenaje a su memoria.

Índice

SEGUNDA PARTE:
ANÁLISIS MORFOSINTÁCTICO DE LA ORACIÓN COMPUESTA

Introducción

Si la morfología es la disciplina que se ocupa del estudio y la clasificación de las palabras atendiendo a su forma, estructura y elementos constitutivos, la sintaxis se ocupa de estudiar cómo se combinan entre sí esas palabras para formar un enunciado con sentido, una unidad completa de comunicación. No necesitamos analizar morfológicamente ni conocer los fundamentos de la sintaxis para usar la lengua a diario, para comunicarnos con los demás, eso es un hecho cierto, pero también lo es que el conocimiento de esos fundamentos nos permite aspirar al uso correcto y consciente de algo tan importante como la herramienta de comunicación por excelencia entre los seres humanos.

Hoy asistimos a la revolución de la práctica competencial: lo importante no es que el alumno sepa conjugar un verbo, sino que lo utilice correctamente en una oración o que lo comprenda en una frase determinada. Y eso está bien, pero hablar por hablar tampoco es garantía de un correcto aprendizaje. El modelo dialógico del lenguaje dista mucho del modelo formal necesario para una correcta expresión oral o escrita. Para ello hemos de combinar esta práctica con el uso consciente, reflexivo y analítico del uso que hacemos en cada momento y así comprender cómo podemos mejorar y aplicarlo en nuestra comunicación diaria. La práctica sin reflexión solo logra acentuar los errores aprendidos que se consolidan hasta hacerse irreversibles por ser inconscientes. Un mal aprendizaje lingüístico va a influir en todos los ámbitos de la vida, comenzando por el aprovechamiento escolar, siguiendo por la brecha cultural y continuando con las oportunidades reales que la sociedad nos va a ofrecer.

Llegado a este punto, permítaseme una simple reflexión: ¿cómo adquirimos y transmitimos el conocimiento de cualquier materia? ¿Cómo se explican o estudian materias como las Matemáticas o el Dibujo, la Geografía o el Conocimiento del Medio? O lo que aún es más importante, ¿cómo pensamos? La única respuesta a estas preguntas es a través de la lengua. Conocer y dominar nuestro instrumento de comunicación es imprescindible para un buen aprovechamiento de nuestra capacidad de aprendizaje, como también lo es para la gestión emocional y la socialización.

El estudio cercano y sistemático de la morfología nos permite comprender mejor el léxico y sus formas. Un léxico amplio aumenta nuestra capacidad de expresión y comprensión. El saber distinguir un adjetivo de un adverbio nos permitirá comprender mejor el significado de una oración en un momento dado o expresarlo con una intención concreta más allá de los niveles comunicativos conversacionales: seremos conscientes de que no es igual «tomaré solo café» que «tomaré café solo» y que en cualquiera de los dos ejemplos no quedaría claro si tomaré el café sin compañía, sin tostadas o sin leche.

De la misma forma, un estudio de la sintaxis, de cómo se agrupan las palabras formando sintagmas más o menos complejos con una situación determinada en la frase, una movilidad y un significado según la función, ayuda a comprender y ordenar el pensamiento facilitando la corrección y ese «aprender a aprender» que hoy tanto se repite. ¿Cómo vamos a aspirar a mejorar cuando partimos del desconocimiento?

Estudiar la sintaxis de la lengua equivale a comprender cómo se organiza el pensamiento y se expresa de forma clara y correcta. La sintaxis es imprescindible para un buen uso de los signos de puntuación sin los cuales la expresión lógica y ordenada es imposible. Y el conocimiento intuitivo no nos es útil para solucionar dudas o rectificar errores en un momento dado. La elocución del pensamiento a través de las sucesivas oraciones obedece a una cadencia lógica estructurada que sigue unas reglas concretas. Es bueno conocer cómo pueden relacionarse las ideas expresadas, con qué nexos o qué puede significar la ausencia de estos en una secuencia determinada.

A través del estudio y la práctica de la sintaxis —o morfosintaxis—, aprendemos procedimientos para expresar las diferentes relaciones lógicas dentro de la oración, entre oraciones, entre párrafos. Cuando explicamos la diferencia entre un Sujeto y un Predicado estamos expresando el procedimiento lógico de expresión lingüística de «quién hace qué» donde reside la base misma de la comunicación lógica. Pero, lo más interesante, no existe relación lógica posible en nuestro pensamiento que no sea formulada a través de un nexo oracional. Cuando mostramos la diferencia entre los nexos causales e ilativos mostramos la diferencia entre la organización precisa de la consecuencia a la causa o a la inversa. La formulación lógica es lo que logra un pensamiento eficaz y operativo. Si no logramos formular una idea en forma de oración gramatical solo existe como intuición.

Hoy que tanto se habla de innovaciones educativas, conviene recordar que no se puede lograr la mejora de competencias comunicativas ignorando los mecanismos a través de los cuales podemos lograrlo. El conocimiento, una mínima dosis de memoria y los ejercicios, con constancia, son la única forma de conseguirlo.

1. Sobre metodología de este manual

Este manual ha nacido de las aulas para ser aplicado en las aulas. Una de las dificultades recurrentes en clase de Lengua Española es la práctica de la morfología y la sintaxis. Y de poco o nada sirven en este caso las explicaciones teóricas que solo adquieren sentido con la práctica y se asientan con la repetición en el análisis de estructuras. Y esto puede hacerse de forma divertida y amena atendiendo a cómo se presentan y cómo se corrigen.

Para ello, diseñé un método organizando capítulos de dificultad progresiva. La idea era avanzar un capítulo por semana de tal manera que fuéramos adelantando y repasando de forma sistemática. Para ello la primera parte trata de la Sintaxis de la Oración Simple; la segunda parte desarrolla la Sintaxis de la Oración Compuesta.

Cada capítulo consta de la parte teórica en la que se explica la función correspondiente. La explicación teórica atiende siempre a un triple criterio: el morfológico, a través de qué palabras o grupos de palabras puede expresarse una determinada función; el semántico, qué significado aporta una función en el conjunto de la oración; y, por último, el criterio funcional, comprobando las equivalencias por sustituciones o conmutaciones que ayudan a despejar dudas y evitar equívocos en la identificación de la función correspondiente. Se trata de dotar a los alumnos de recursos que eviten los errores más comunes.

El mismo criterio se sigue al abordar la oración compuesta, donde vamos avanzando poco a poco a partir de las estructuras integradas, Proposiciones —u Oraciones Subordinadas sintácticas— que usamos para desarrollar funciones dentro de una estructura oracional superior o principal —Sustantivas, Adjetivas y Circunstanciales—, a las oraciones propiamente compuestas que, en relación Coordinada o Subordinada, expresan relaciones lógicas de forma precisa a través de sus nexos correspondientes.

Los ejemplos propuestos son sistemáticamente analizados. Este análisis considera los distintos planos empezando por el morfológico —clases de palabras—, sintagmático —agrupaciones de palabras— y, por último, sintáctico —funciones sintácticas—. El modelo de análisis es recurrente y exhaustivo pero afianza los conceptos con mucha más nitidez que el tradicional sistema de subrayados en el que no hay que desglosar las secuencias analizadas y, algunas veces, tampoco atienden al plano morfológico. Nos permite, además, resolver oraciones extensas lo que conviene al llegar al análisis de oraciones compuestas o de textos, objetivo al que debemos aspirar para pruebas como la Reválida (Selectividad) o las oposiciones. En estos casos, ni el análisis por subrayados ni el análisis por casillas resulta efectivo y, lamentablemente, resulta muy difícil modificar hábitos adquiridos.

Cada capítulo, por último, finaliza con un apartado de ejercicios propuestos. En ellos vamos avanzando y repasando conceptos previos para no olvidar ninguno de los ya aprendidos. Estos ejercicios no se han incorporado al libro para no aumentar la paginación, pero al final de cada capítulo se anota el enlace a Internet donde el lector podrá encontrar la entrada, los ejercicios propuestos y, además, las consultas realizadas por los usuarios con sus respectivas respuestas. Avanzar y repasar nos permite afianzar contenidos e ir mejorando paulatinamente.

Hace ya ocho años, pasé estos contenidos a una página web (www.josecarlosaranda.com), lo que me permitió ponerlos a disposición de mis alumnos y utilizarlos directamente en el aula. También permitió ponerlos a disposición de la comunidad educativa y elaborar propuestas de unificación terminológica en mi propio Centro y Departamento. Resulta fundamental elaborar una guía terminológica en cada centro escolar para paliar los efectos producidos por cambios de nomenclaturas derivadas del uso de distintas editoriales o diferentes criterios por parte de los profesores a lo largo de los Ciclos Educativos. No importa tanto que utilicemos el término Suplemento o Complemento de Régimen, Grupo preposicional o Sintagma preposicional, Oración Subordinada o Proposición, como el hecho de que los alumnos utilicen el mismo término a lo largo de Primaria, la ESO o Bachillerato por acuerdo expreso de los miembros de un mismo departamento. Desgraciadamente, los cambios continuos en este sentido, unido a la dificultad propia del contenido, transmiten una sensación de inseguridad a los alumnos que no alcanzan a comprender que tras diferentes nombres pueden encerrarse los mismos conceptos.

2. APLICACIÓN DE LA METODOLOGÍA EN EL AULA

Con este material, he trabajado durante más de diez años en las aulas. Para ello, he utilizado dos dinámicas según los cursos y las características de los mismos:

1. Mandar como tarea para casa un capítulo semanal. Los ejercicios se traían hechos el día establecido, se corregían grupalmente y se resolvían las dudas.

Condiciones:

- Tiempo máximo, 25 minutos en casa (lo que no da tiempo a hacerse, no se hace).
- Análisis morfológico obligatorio: dudas resueltas por el diccionario.
- Se corrige en voz alta: Las dudas se exponen en voz alta.
- Las dudas van a la pizarra.

2. Se trabaja en clase durante 40 minutos.

Condiciones:

- Se organiza la clase en equipos de 4 o 5 alumnos.
- Objetivo: Realizar los ejercicios propuestos en la entrada semanal con ayuda del capitán.
- Elección del capitán: Serán capitanes quienes tengan mejor nivel en la materia y gocen del reconocimiento y el aprecio de sus compañeros.
- Cada alumno del equipo se ocupará de resolver una oración concreta durante tres minutos. Posteriormente se exponen en común los resultados y se resuelven las dudas.
- El capitán dirige y explica a sus compañeros la correcta realización de los ejercicios. En caso de duda, solicita la ayuda al profesor.
- El profesor va resolviendo las dudas y acompañando a los equipos.

En cualquiera de los casos, sigo dos principios básicos «lo fundamental es hacer» y «atrévete a equivocarte», es decir, valoro el compromiso y el esfuerzo del alumno que se manifiesta en la realización y reflexión sobre los ejercicios analizados. No evalúo el resultado de un ejercicio un día, sino el progreso a lo largo del tiempo. Jamás penalizo un error, utilizo el error como punto de partida para la reflexión y lo presento como una oportunidad para corregir y aprender. Es importantísimo lograr un ambiente relajado y participativo, es la clave de un buen aprovechamiento.

3. Preparación de exámenes

A lo largo del libro aparecen cientos de oraciones. Siempre recomiendo a mis alumnos que trasladen esas oraciones analizadas a fichas (octavillas). Por el anverso se escribe la oración, por el reverso el análisis. Un vistazo rápido les permite saber si dominan o no esa oración concreta y, en caso de duda, realizar una comprobación rápida mirando la respuesta en el reverso. El número de fichas irá creciendo a lo largo del curso, pero utilizar esta técnica unos minutos diarios logrará automatizar el análisis otorgando seguridad y fluidez. En caso de error o duda, siempre podemos llevarlo a clase.

4. Contenidos del libro y su relación con Internet

Este libro es una copia revisada de las entradas que en su día fueron puestas a disposición de todos los lectores a través de Internet. Su publicación facilitará la consulta del corpus de contenidos de forma sistemática y organizada a través de un índice global necesario para una visión de conjunto. Pero el disponer de los contenidos asequibles en la red nos permite conectar el libro con las entradas correspondientes en la página web. Al final de cada capítulo se ofrece el enlace a la página correspondiente. A través de este enlace el lector tendrá acceso a:

1. Los ejercicios propuestos para cada capítulo. Cada profesor puede plantear sus propios ejercicios o apoyarse en los publicados. En caso de disponer de conectividad, puede

darse el enlace a los alumnos, para trabajar en el aula mediante conexión directa.

2. Las preguntas y comentarios realizados por los usuarios del libro durante los últimos ocho años. Al final de cada entrada, aparecen los comentarios realizados por los internautas. Todas las consultas han sido contestadas personalmente y constituyen un corpus de reflexión con más de 1000 dudas resueltas.

3. La página web permite interactuar con el autor del libro y plantear observaciones, reflexiones o dudas, lo que supone un enorme valor añadido.

PRIMERA PARTE

Sintaxis de la lengua española: la oración simple

1.

Sobre el concepto de oración

La oración es la unidad mínima en la lengua con sentido completo en sí mismo. Esto quiere decir que está situada entre dos pausas y posee una línea de entonación que hablante y oyente entienden como concluida y completa. Cuando pronunciamos una «oración», el oyente sabe que ya no tenemos nada más que añadir o que podemos no añadir nada más a lo que ya ha sido dicho.

En este sentido, tan oración es la expresión «Buenos días», como la expresión «Esta noche no he podido dormir». Cuando alguien nos saluda por la mañana diciendo «Buenos días», sabemos al escucharlo que la expresión está completa. Cuando escuchamos «Esta noche no he podido dormir» el hablante no tiene que añadir ningún otro elemento para que el significado sea perfecto. En ambos casos, la entonación nos ayuda a comprender este cierre a través de un «tonema» final que indica la conclusión de la oración —descendente en oraciones enunciativas y exclamativas, ascendente en las interrogativas totales o ligeramente descendente en las interrogativas parciales—.

Una oración es, pues, una secuencia lingüística compuesta por una o más palabras, situada entre dos pausas mayores —puntos—, con una entonación precisa según su intención, y con significado pleno en la comunicación.

Sin embargo, hay diferencias importantes entre la primera —«Buenos días»— y la segunda oración —«Esta noche no he podido dormir»—. En el primer caso, estamos ante una secuencia lingüística compuesta de dos elementos que funciona como una unidad, tanto es así que el orden de las palabras es inalterable. Es más una unidad de intención que de comunicación. Estas estructuras son fórmulas lingüísticas que tenemos preparadas y no requieren de selección ni articulación léxica. Las usamos en determinadas situaciones como un cliché. Son lo que llamaremos «frases» (o «enunciados»[1]).

El segundo caso, en cambio, requiere de una selección léxica previa y una articulación —una forma precisa de combinar esos elementos léxicos— según el mensaje que queremos transmitir. En este caso, hemos debido pensar en un «Sujeto» que determinará la persona y número de verbo, núcleo del Predicado. Los elementos se organizan siguiendo unas reglas más o menos precisas. En estos casos, hablaremos de «oración gramatical». Cuando nombramos en sintaxis «la oración», normalmente nos referimos a estas segundas oraciones: las oraciones gramaticales.

La oración gramatical es aquella que, además de cumplir con las características propias de una oración, es producto de un acto de creatividad lingüística y se articula en un primer nivel de análisis en dos constituyentes inmediatos: «Sujeto» y «Predicado». Estos constituyentes no existen en la frase.

Algunas oraciones gramaticales pueden carecer de «Sujeto», son las llamadas «impersonales o unimembres», pero constituyen un pequeño grupo que en su momento estudiaremos.

---

[1] Leonardo Gómez Torrego utiliza «enunciados» para este mismo concepto y «enunciado gramatical» para lo que hemos denominado «oración gramatical» (ver *Gramática didáctica del español*. Madrid: SM, 2007, 9ª ed., pág. 256); la RAE, en su última gramática, no da una definición precisa; así, al hablar de los enunciados exclamativos, afirma que «...son expresiones oracionales («¡Qué cosas me dices!») o de otro tipo («¡Vaya frío!», «¡Estupendo!», «¡Nunca!», «¡Ay!»)...» (Ver RAE, *Nueva gramática básica de la lengua española*. Madrid: Espasa-Libros, 2011, pág. 231).

A efectos prácticos, es bueno recordar que:

- Donde hay un punto (final, seguido o aparte) concluye una oración.
- Si entre dos puntos solo hay un verbo conjugado (1ª, 2ª o 3ª persona), estamos ante una oración simple. Pero si hay dos o más verbos, estaremos ante una oración compuesta.

Una buena forma de empezar con el análisis consiste simplemente en realizar este ejercicio sobre un texto: subrayar los verbos, identificar las oraciones e indicar si estas son simples o compuestas.

Enlace a ejemplos de ejercicios prácticos y comentarios a consultas recibidas sobre el tema en el Blog: https://wp.me/pTRlh-qX.

2.

¿Qué diferencia hay entre análisis morfológico y análisis sintáctico?

1. Conceptos previos

Antes de comenzar con el análisis sintáctico, es muy importante que se haya adquirido destreza suficiente en el análisis morfológico. Saber distinguir entre un adjetivo y un adverbio, por ejemplo, nos permitirá identificar y separar distintas funciones.

Para comprender qué es el análisis sintáctico hay que empezar por el principio, y el principio es comprender qué queremos decir cuando hablamos de forma (morfología) y función (sintaxis). Para comprenderlo bastará con un simple ejemplo: si pedimos en una clase que se clasifique a las personas allí reunidas por su morfología (su forma), la respuesta inmediata será que se dividen en «chicos y chicas». Pidamos a continuación que clasifiquen a las personas allí reunidas por su función, es decir, por el papel que desempeñan dentro del aula; la respuesta solo puede ser una: «alumnos y profesor». En el segundo caso, centramos nuestra atención no en la forma de los elementos, sino en cómo funcionan en un contexto determinado.

Las funciones pueden ser desempeñadas por un elemento o por un conjunto de elementos. En el ejemplo anterior, la función «profesor» era desempeñada por una persona, en tanto que la función «alumno» era desempeñada por un conjunto. De la misma forma, hay once jugadores en un campo de fútbol, son once unidades. Pensemos ahora cuántas funciones desempeñan estos jugadores en el campo de juego y una posible respuesta será que estas son las de portero, defensa, central y delantero. Una de estas funciones —portero— es desempeñada siempre por una unidad, mientras que las demás funciones son desempeñadas por un conjunto de elementos o uno solo, según la táctica que se decida en cada partido —defensiva u ofensiva—.

Lo importante, a partir del ejemplo, es que comprendamos que cuando hablamos de «función» estamos analizando cómo actúa —para qué está sirviendo— un elemento o grupo de elementos dentro de un conjunto. En el caso de la lengua, estos elementos son las palabras que podemos encontrar jugando solas o en grupos en el interior del campo, la oración.

La Morfología estudia y clasifica las palabras, solo las palabras, según su *forma*, en tanto que la Sintaxis estudia y clasifica las palabras o grupos de palabras según la *función* que desempeñan en el interior de su oración. Tomemos una palabra como «silla», por ejemplo:

- Morfología:
  Silla.- Sustantivo femenino singular.

- Sintaxis:
  Silla.- «La *silla* es nueva» = Sujeto.
  Silla.- «Mi padre rompió la *silla*» = Complemento Directo.
  Silla.- «Siéntate en la *silla*»= Complemento Circunstancial de Lugar.

Igual que a un jugador de fútbol podemos ponerlo a jugar de defensa, de central o de delantero, también un nombre («silla») podemos sacarlo a jugar de Sujeto, de Complemento Directo o de Complemento Circunstancial. El significado cambia según su función, según cómo se relaciona con los demás elementos. Cuando actúa como «Sujeto» es aquello (la silla) de lo que decimos algo («es nueva»), cuando actúa como Complemento Directo se transforma en el objeto sobre el que recae la acción (objeto roto), cuando actúa como Complemento Circunstancial de Lugar se convierte precisamente en el sitio elegido para sentarse.

2. Clasificación de las palabras desde un punto de vista funcional

Atendiendo a cómo funcionan en la oración, las unidades léxicas o palabras pueden clasificarse en términos *primarios, secundarios, terciarios y de relación.*

2.1. ¿Qué es un elemento primario?

Decimos que un término es *primario* cuando puede existir por sí mismo sin necesitar de ningún otro elemento: los elementos primarios son el nombre y el verbo. En una oración como *«Juan corre»*, tanto el Sujeto («Juan») como el Predicado («corre») aparecen desempeñados por un nombre y un verbo en forma personal respectivamente.

El mismo comportamiento puede observarse en el plano léxico[2]: el elemento primario es el «lexema» o parte invariable que soporta el significado, mientras que los morfemas serían la parte variable o intercambiable («niñ-o-s»). Y lo mismo sucede en el plano fónico donde la vocal sería el término primario, un sonido que puede ser pronunciado por sí solo sin el apoyo de otro como sucede con las consonantes. Este esquema tan sencillo funciona en todos los niveles de la lengua.

2.2. ¿Qué es un elemento secundario?

Decimos que un término es *secundario* cuando aparece referido a uno primario: en el plano sintagmático, el determinante y el adjetivo son términos secundarios del sustantivo (elemento prima-

---

[2] Plano léxico se refiere a aquel que toma como referencia la palabra. El léxico de una lengua es el conjunto de palabras.

rio), mientras que el adverbio es término secundario del verbo (elemento primario). En el plano léxico, los morfemas son elementos secundarios respecto al lexema, por ejemplo. En el plano fónico, las consonantes son elementos secundarios respecto a las vocales (elemento primario).

Ejemplo:

- Niño.- Sustantivo masculino singular.
- «El niño alto»: Sintagma nominal, consta de:
- El: Determinante, elemento secundario respecto a «niño».
- Niño: Sustantivo, elemento primario o núcleo.
- Alto: Adjetivo, elemento secundario respecto a «niño».

2.3. ¿Qué es un elemento terciario?

Decimos que un término es *terciario* cuando aparece referido a uno secundario: en el plano sintagmático solo hay una palabra que pueda actuar como término terciario, el adverbio. Si decimos «Corre mucho», el adverbio «mucho» se refiere al verbo «corre» y actúa, por tanto, como término secundario dado que aparece modificando a un término primario que es el verbo. Pero si decimos «María es *muy alta*» o «El pueblo está *muy cerca*», el adverbio «muy» aparece referido a «alta» y «cerca», adjetivo y adverbio respectivamente, es decir, aparece modificando el significado de un elemento secundario.

2.4. ¿Qué son elementos de relación?

Los *elementos de relación* son palabras que usamos para «enlazar» o «relacionar» palabras o grupos de palabras entre sí. En la lengua, las preposiciones y conjunciones son las encargadas de desempeñar esta función de enlace. Si decimos «*La casa de mis abuelos*», nos encontramos con dos grupos de palabras relacionadas a través de la preposición «de» que, como preposición, enlaza palabras —nunca oraciones— en relación de dependencia o subordinación. Así, lo introducido por la preposición —«*de mis abuelos*»— debemos entenderlo en clave o relación de subordinación con el elemento principal —*la casa*—; además, los elementos de relación aportan una cierta dosis de información —pertenencia, en este caso; otros pueden ser localización, dirección, finalidad, causalidad, etc.—.

En resumen:

Las palabras en la lengua, atendiendo a su función quedan organizadas como siguen:

Elementos Primarios:
   Nombres —sustantivos— y verbos.

Elementos Secundarios:
   Determinantes y adjetivos —respecto al nombre—.
   Adverbios —respecto al verbo—.

Elementos Terciarios:
   Adverbios —respecto a otros adjetivos o adverbios—.

Elementos de Relación:
   Preposiciones y conjunciones.

Enlace a ejemplos de ejercicios prácticos y comentarios a consultas recibidas sobre el tema en el Blog: https://wp.me/pTRlh-qX.

3.

Clases de oraciones simples

La clasificación de oraciones puede realizarse atendiendo a diversos criterios y, según el que adoptemos, obtendremos distintas categorías oracionales. Los criterios que vamos a seguir son dos: la *actitud del hablante frente a su interlocutor o su propio enunciado*, por un lado, y la *estructura del Predicado*, por otra. Veámoslo:

1. Atendiendo a la actitud del hablante

1.1. Actitud del hablante frente a su interlocutor (receptor)

1.1.1. Oraciones enunciativas

Podemos usar el mensaje para transmitir una información al receptor. Decimos entonces que estamos ante una oración *enunciativa*. Es lo que ocurre en ejemplos como: «Esta noche iremos al cine», «Tu padre te ha llamado por teléfono», «La tierra gira alrededor del sol» o «No tengo ganas de fiesta».

1.1.2. Oraciones interrogativas

También podemos usar el mensaje para solicitar una información al receptor. Decimos entonces que estamos ante una oración *interrogativa*. Es lo que ocurre en ejemplos como: «¿Tienes dinero?, «¿Has aprobado el examen?», «¿Quién te ha llamado?», «¿Por qué has llegado tarde?», etc. Ahora bien, las oraciones interrogativas pueden ser de dos tipos dependiendo de que las usemos directamente («¿Has bebido ya?») o introducidas a través de un verbo («Me preguntó si había bebido ya»). Según las utilicemos de una u otra forma, hablaremos de interrogativas directas o indirectas:

a) **Interrogativas directas:** Son oraciones interrogativas puras porque aparecen aisladas sin depender sintácticamente de ningún Predicado. Aparecen enmarcadas entre el signo de apertura de interrogación (¿) y el signo de cierre de interrogación (?). En español, los dos signos son obligados excepto para algunos usos que situamos entre paréntesis (expresan normalmente dato dudoso o ironía, por ejemplo: «Nació en 1350(?)»).

Entre las oraciones *interrogativas directas* distinguimos las totales de las parciales.

a.1.) *Interrogativas directas totales:* Preguntan sobre la totalidad del contenido de la oración. Se caracterizan por no llevar partículas interrogativas. Pueden responderse con un «sí» o un «no». Por ejemplo:

- «¿Vendrás a la fiesta?» = No;
- «¿Has aprobado?» = Sí.

a.2.) *Interrogativas directas parciales:* Afirman o niegan parte de la oración, y preguntan sobre algún elemento, de ahí que necesariamente lleven partículas interrogativas. Su repuesta es más compleja, un «sí» o un «no» son insuficientes. Por ejemplo:

- «¿Cómo has llegado hasta aquí?» = Se afirma que has llegado hasta aquí, se cuestiona el modo en que has llegado.
- «¿Dónde has estado?» = Afirmamos que has estado en alguna parte, preguntamos por el lugar, etc.

b) **Interrogativas indirectas:** Aparecen dependiendo sintácticamente de un Predicado cuyo verbo expresa acción de decir o pensar algo (verbos de lengua o pensamiento), desempeñan la función de Complemento Directo. No van entre interrogaciones. Por ejemplo:

- «Me preguntó dónde había estado esa noche».
- «No sabía si iría a clase».
- «Se cuestionaba cómo llegar hasta la plaza», etc.

Cuando reproducimos en estilo indirecto una oración interrogativa total, esta vendrá introducida por el nexo «si» («No sabía *si* iría a clase» = ¿Iré a clase?, no lo sé), si reproducimos en estilo indirecto una oración interrogativa parcial, esta vendrá introducida por el nexo interrogativo propio («Me pregunto *dónde* había estado esa noche», «Se cuestionaba *cómo* llegar hasta la plaza»)[3].

1.1.3. Oraciones exhortativas

Podemos usar el mensaje para transmitir una orden al receptor, en cuyo caso estaremos ante una oración *exhortativa* o *imperativa*. Por ejemplo:

- «Ven aquí».
- «¡Sal de clase!».
- «¡Siéntate de una vez!».

El énfasis en la orden nos lleva, con frecuencia, a marcar la entonación como exclamativa. Al igual que sucede con los signos de interrogación, también la exclamación debe marcarse en español con su signo de apertura («¡») y su signo de cierre («!»).

---

[3] En estos casos, es un error frecuente por redundancia mezclar la conjunción «que» —utilizada para introducir las oraciones enunciativas en estilo indirecto— con la partícula interrogativa, lo que sucede en ejemplos del tipo *«Me preguntó *que si* quería comer», *«Me preguntó *que dónde* había estado». Algunos gramáticos lo consideran un uso correcto (Gómez Torrego, L.). Pero esto lo tratamos en la segunda parte, la correspondiente a la oración compuesta, en el capítulo referido a las Oraciones Subordinadas Sustantivas de Complemento Directo.

1.2. Actitud del hablante frente a su propio enunciado

1.2.1. Oraciones afirmativas

El emisor puede optar por mostrarse de acuerdo con lo dicho, en cuyo caso construirá una oración *afirmativa*. Las oraciones afirmativas se caracterizan porque no necesitan de ningún adverbio ni partícula para expresarse. Si decimos «Tengo hambre» entenderemos la oración como afirmativa por la ausencia de marcas oracionales que pueden expresar otras actitudes. A veces, remarcamos la afirmación para otorgarle un cierto carácter enfático («Sí tengo hambre», «Tengo hambre, sí»).

1.2.2. Oraciones negativas

El emisor puede negar lo dicho, en cuyo caso construirá una oración *negativa*. A diferencia de las afirmativas, requieren de la presencia de una partícula negativa («no», «nunca», «jamás», por ejemplo). Es curioso que, en español, dos partículas negativas en una misma oración funcionan como una negación enfática, a diferencia de otras lenguas en las que negar una negación equivale a una afirmación. Por ejemplo, si decimos «*No* lo he visto» se trata de una negación simple; pero si decimos «*No* lo he visto *jamás*» estaremos ante una negación enfática.

También puede expresarse la modalidad negativa mediante un grupo preposicional donde no aparece adverbio de negación, en ejemplos del tipo «*En mi vida* me he visto en tal aprieto» (=»*Nunca* me he visto en tal aprieto»), pero son casos excepcionales.

1.2.3. Oraciones dubitativas

El hablante expresa sus dudas respecto a lo dicho en la oración. Se introducen mediante adverbios o locuciones adverbiales del tipo «quizás» o «tal vez», por ejemplo:

- «Quizás llegue tarde».
- «Tal vez tenga otro compromiso».

1.2.4. Oraciones desiderativas

El hablante puede manifestar su deseo ante lo dicho en la oración, decimos entonces que la oración es *desiderativa*. Esta actitud desiderativa puede expresarse mediante el uso de una partícula o locución de carácter adverbial del tipo «Ojalá» o «Dios lo quiera», pero también hay determinados usos en el verbo que pueden expresar deseo, como el condicional («Me tomaría ahora mismo un buen batido» = «Ojalá me tomara ahora mismo un buen batido»).

1.2.5. Oraciones exclamativas

También podemos expresar una reacción de ánimo ante el contenido de la oración o la situación. Para hacerlo basta con usar la entonación adecuada, la exclamativa. Se señala con el uso de los signos de exclamación y puede significar sorpresa, miedo, extrañeza, alegría, etc.; con frecuencia aparece reforzada con partículas exclamativas:

- «¡La ha cogido!».
- «¡Qué jugador ha fichado!».

Dado que la función dominante, en este caso, es la expresiva, con frecuencia se omite la estructura lógica oracional para centrarse en el objeto motivo de sorpresa, extrañeza, etc. («¡Qué ojazos!»).

2. ATENDIENDO A LA ESTRUCTURA DEL PREDICADO ORACIONAL

El único elemento imprescindible en cualquier Predicado es el verbo en forma personal que actúa como núcleo («Corro»). De este núcleo pueden depender distintos complementos (Atributo, Complemento Directo, Complemento de Régimen —regido o Suplemento—, Complemento Indirecto, Complementos Circunstanciales). Algunos de estos complementos rara vez aparecen juntos en un mismo Predicado; se trata del Atributo (At), el Complemento Directo (CD) y el Complemento de Régimen (CRég). Cualquiera de ellos puede aparecer junto a los demás Complementos Circunstanciales (CC) y el Complemento Indirecto (CI). Por eso, atendiendo a la estructura del Predicado, podemos clasificar las oraciones por la presencia del complemento clave, aquellos que rara vez aparecían juntos, o la ausencia de cualquiera de ellos en una oración dada.

Así tenemos:

2.1. Oraciones intransitivas

Son aquellas en cuyo Predicado no aparece ni un Atributo (At), ni un Complemento Directo (CD) ni un Complemento de Régimen (CRég). Por ejemplo:

- «Iré (núcleo) mañana (*Adv/CC de Tiempo*) por la tarde (*GPrep/CC de Tiempo*)».
- «Viene (núcleo) en buen momento (*GPrep/CC de Modo*)».
- «Llegaréis (núcleo) a las doce (*GPrep/CC de Tiempo*)».

2.2. Oraciones atributivas

Son aquellas en cuyo Predicado aparece la función de Atributo (At: la función Atributo la trataremos en su capítulo correspondiente). Por ejemplo:

- «El niño (*SN/Suj*) es (núcleo copulativo) alto (*Adj/Atributo*)».
- «Los trabajadores (*SN/Suj*) están (núcleo copulativo) satisfechos (*Adj/Atributo*) con la negociación (*GPrep/CAdj*)».
- «El payaso (*SN/Suj*) parecía (núcleo copulativo) triste (*Adj/Atributo*)».

2.3. Oraciones transitivas

Son aquellas en cuyo Predicado aparece la función Complemento Directo (CD) o Complemento de Régimen (CRég) (trataremos estas funciones en sus capítulos correspondientes). Por ejemplo:

a) Con Complemento Directo:

- «Hoy (*Adv /CC de Tiempo*) comemos (núcleo) habichuelas (*SN/CDirecto*)».
- «Mañana (*Adv /CC de Tiempo*) compraremos (*núcleo*) los libros nuevos (*SN/CDirecto*) para este curso (*GPrep/ CC de Finalidad*)».
- «Tengo (*núcleo*) un recado (*SN/CDirecto*) para ti (*GPrep/CIndirecto*)».

b) Con Complemento de Régimen (Suplemento):

- «Trataremos (*núcleo*) de esos asuntos (*GPrep/CRégimen*) en la próxima reunión (*GPrep/CC de Lugar*)».
- «Mis padres (*SN/Sujeto*) se acordaron (*núcleo*) tarde (*Adv /CC de Tiempo*) de la cita concertada (*GPrep/CRégimen*)».
- «Te arrepentirás (*núcleo*) de tus errores (*GPrep/CRégimen*)».

3. Dependiendo de la forma del verbo

Normalmente usamos el verbo en forma activa («veo», «como», «siento», etc.), pero también podemos encontrarlo conjugado en forma pasiva, es decir, mediante la perífrasis «ser + participio» («soy visto», «es sentido», «fue comido», etc.). En estos casos, decimos que la oración es «pasiva». Esta distinción es importante porque introduce alteraciones en los valores sintácticos y semánticos como veremos en el capítulo dedicado a la voz pasiva en español.

Es importante dejar claro que la «modalidad oracional» no siempre coincide con la «clase de oración». Así, una oración interrogativa se usa básicamente para solicitar información, pero podemos enunciar en forma interrogativa «peticiones («¿Me da usted lumbre?»), ofrecimientos («¿Desea usted algo?»), recriminaciones («¿No te da vergüenza?») [...]. A la inversa, los enunciados aseverativos no solo realizan afirmaciones («El hombre es mortal»), sino también órdenes («Usted se calla»), alabanzas («Es usted muy generoso»), etc.» (Ver RAE, *Nueva gramática básica de la lengua española*. Madrid: Espasa-Libros, 2011).

Enlace a ejemplos de ejercicios prácticos y comentarios a consultas recibidas sobre el tema en el Blog: https://wp.me/pTRlh-r2.

4.

Sujeto y Predicado
(Sintagma nominal y Sintagma verbal)

La oración gramatical se reconoce, como ya hemos dicho, porque en un primer nivel de análisis podemos descomponerla en dos constituyentes básicos: el Sujeto y el Predicado.

1. Sujeto

El Sujeto es la parte de la oración que ordena el número y la persona del verbo. Por ejemplo:

- «La casa está en el campo / La-s casa-s está-n en el campo».
- «Me gustaba esa actividad / Me gustaba-n esa-s actividad-es».
- «El río viene peligroso / Lo-s río-s viene-n peligroso-s».
- «Tu amigo vendrá también / Tu-s amigo-s vendrá-n también».

El Sujeto lógico —plano del significado— suele significar la persona u objeto de la que se dice algo y, a veces, coincide con quien realiza la acción expresada en el Predicado por lo que responde a las preguntas «¿quién?» o «¿qué? Veámoslo:

- «¿Qué está en el campo? = La casa».
- «¿Qué me gustaba? = Esa actividad».

- «¿Qué viene peligroso? = El río».
- «¿Quién vendrá también? = Tu amigo».

Solo el Sujeto responde a la pregunta «¿quién?» pero a la pregunta «¿qué?» responde también el Complemento Directo como ya veremos. De ahí la importancia de que, para determinar el Sujeto de una oración, siempre comprobemos que aquello que creemos Sujeto obliga la concordancia formal del verbo, es decir, que si lo cambiamos de número, de singular a plural o a la inversa, el verbo cambia de número con él.

En el plano morfológico, el nombre o sustantivo —y a través de él el sintagma nominal— desempeña esta función, y siempre actuará como núcleo. Por lo tanto, en la función Sujeto podremos encontrar un nombre (Pablo), un pronombre (tú), cualquier término sustantivado («*lo bueno* no dura») o un sintagma nominal (*el chico de la clase*). En muy raras ocasiones encontraremos el Sujeto introducido por una preposición, son fórmulas enfáticas o de refuerzo del tipo «*Entre Juan y Luis* cargaron las cajas» donde la función de la preposición es reforzar la relación copulativa («y») entre los nombres.

¿Pueden existir oraciones gramaticales sin sujeto?

En efecto, puede haber oraciones gramaticales sin sujeto, son las llamadas oraciones impersonales —o unimembres— y les dedicaremos una entrada independiente.

2. Predicado

El Predicado es aquello que se dice del Sujeto. El verbo como término primario y, a través de él, el sintagma verbal es el encargado de desempeñar esta función. El núcleo del Predicado es siempre un verbo en forma conjugada (1ª, 2ª o 3ª persona de singular o plural) (*Juan —Sujeto—* viene a casa —Predicado—). El que aparezca en una u otra persona, en singular o plural, dependerá de su Sujeto (*Yo* compr-*o, tú* compr-*as, él/ella* compr-*a, nosotros* compr-*amos, vosotros* compr-*áis, ellos/ellas* compr-*an*).

Así, para poder componer cualquier oración es necesario pensar primero el Sujeto, porque de él va a depender la forma del verbo en la oración. Sin embargo, una vez pensada y enunciada la oración, el verbo será la unidad fundamental porque gracias a su desinencia de persona («-o», 1ª persona singular; «-as», 2ª persona singular; «-a», 3ª persona singular; etc.) con frecuencia se omite el Sujeto («Ven —*tú*—»; «—*vosotros*— Corréis mucho», etc.). De esta forma, la única palabra imprescindible para que se constituya una oración gramatical es el verbo o núcleo en una forma personal que nos dirige el significado hacia un Sujeto concreto.

3. Concepto de sintagma nominal (SN)

Llamamos sintagma nominal al grupo de palabras que funciona como una unidad en el discurso y que se organiza en torno a un elemento primario —núcleo—, que es el nombre. El único elemento imprescindible para que haya un sintagma nominal es el nombre o pronombre («mesa», «Juan», «tú», etc.) pero lo normal es que aparezca junto a algunos elementos que sirven para actualizar su significado o para concretarlo delimitando su referente (ayuda a identificar al posible referente —objeto— entre los de su conjunto).

Aunque al sintagma nominal le está reservada la función Sujeto, puede aparecer en la oración desempeñando otras funciones sintácticas que iremos viendo. Por ejemplo:

- «*Los apuntes de clase* no están a limpios *(sintagma nominal = Suj)*».
- «Pásame *los apuntes de clase* (sintagma nominal = *CD*)».
- «Tu hermano es *un buen hombre* (sintagma nominal = *At*)».

Junto al nombre, en el sintagma nominal pueden aparecer los siguientes adyacentes:

- **Adyacentes simples:** determinante («*el* bocadillo») y adjetivo («un *buen* hombre / un hombre *bueno*»).
- **Adyacentes complejos:** Complemento del Nombre (CN) («lápiz *de madera*»), Aposición (Ap)(«Rafael, *el director*»), Proposición Subordinada Adjetiva («aquel hombre *que vino*»).

4. Concepto de sintagma verbal Predicado

Llamamos sintagma verbal al grupo de palabras que funciona como unidad en el discurso y que se organiza en torno a un elemento primario, núcleo, que es el verbo.

Para que exista un Predicado la única palabra imprescindible es el verbo conjugado. Pero lo normal es que el verbo aparezca acompañado de elementos que sirven para concretar su significado o aportar significados adicionales (Circunstanciales). Junto al verbo pueden aparecer los siguientes adyacentes:

- **Adyacentes simples**: adverbios (Adv) (afirmación, negación, duda, deseo, cantidad, tiempo, lugar, modo).
- **Adyacentes complejos**: las distintas funciones sintácticas que aparecen en el Predicado pueden hacerlo mediante distintos procedimientos léxicos y morfológicos que, en cada caso, iremos viendo en sucesivos capítulos. Por procedimientos complejos pueden aparecer los siguientes complementos:

Atributo (At): «María es *muy alta*».

Complemento Directo (CD): «He estudiado *la lección de Historia*».

Complemento de Régimen (CRég): «Se acordó *de las llaves olvidadas*».

Complemento Indirecto (CI): «_A tu hermano Luis_ le gusta la música».

Complementos Circunstanciales (CC):

– De tiempo: «_A las tres de la tarde_ quedaremos en la Biblioteca».

– De lugar: «_En aquel parque_ había demasiado ruido».

– De modo: «_Con unas tijeras sin punta_ puedes cortar».

– De causa: «_Por pura necesidad_, pedía en la calle».

– De finalidad: «_Para recibir correspondencia_ debes dar tu dirección».

De momento, conviene distinguir dentro de las funciones sintácticas del Predicado entre:

- **Incompatibles** (normalmente): no suelen aparecer simultáneamente en un mismo Predicado dependiendo del mismo verbo: _Atributo (At), Complemento Directo (CD) y Complemento de Régimen (CRég)._

- **Compatibles** (siempre): pueden aparecer conjuntamente en una misma oración y acompañando a cualquiera de las funciones anteriores. Son: _Complemento Indirecto (CI) y Complementos Circunstanciales (CC) (Tiempo, Lugar, Modo, Causa y Finalidad)._

Enlace a ejemplos de ejercicios prácticos y comentarios a consultas recibidas sobre el tema en el Blog: https://wp.me/pTRlh-rn.

5.

syntagm, phrase

Sintagma nominal

↳ grupo de palabras

1. Concepto y estructura

Hablamos de sintagma nominal para designar un grupo de palabras que funcionan como una unidad funcional referidas a un elemento primario que es el nombre o sustantivo. Así, si analizamos el ejemplo «Tu amigo rubio viene a verme mañana» podemos observar cómo las palabras se relacionan entre sí formando dos grupos claramente diferenciados:

Por una parte tenemos «Tu amigo rubio», son tres palabras que funcionan como una unidad funcional agrupadas en torno a «amigo», sustantivo que actúa como núcleo. «Amigo» es un sustantivo masculino singular, por eso los elementos secundarios que se refieren a él aparen en singular («tu» y no «tus»; «rubio» y no «rubios») y en masculino («rubio» y no «rubia»).

Además, tenemos el resto de la oración («viene a verme mañana») que formará otro sintagma (verbal de Predicado).

Para que exista un sintagma nominal, el único elemento imprescindible es el nombre o sustantivo, o, en su caso, un pronombre o cualquier otro elemento sustantivado a través de un determinante («lo bueno», «este blanco», «el bajito», etc.). Pero lo normal es que el nombre no aparezca solo, sino agrupado con elementos adyacentes que actualizan y concretan su significado. Estos elementos pueden ir antepuestos o pospuestos, ser simples o complejos y podemos representarlos siguiendo el siguiente esquema:

1.1. Antepuestos al nombre

- Determinante: «<u>El</u> niño», «<u>todo</u> hombre», «<u>tal</u> cuestión», etc.
- Adjetivo: «<u>Buen</u> día», «<u>pobre</u> hombre», «<u>tanto</u> problema», etc.

1.2. Pospuestos al nombre

1.2.1. Simples

- Determinante: «Ganas _ningunas_», «un día _cualquiera_», «madre _mía_», etc.
- Adjetivo: «Hierba _verde_», «casa _grande_», «tierra _húmeda_», etc.

1.2.2. Complejos

- Grupo preposicional (Complemento del Nombre) (CN): «Lápiz _de madera_», «grupo _de empresas_», «café _con leche_», etc.
- Sintagma nominal (Aposición) (Ap): «El profesor _Ernesto_», «aquel vecino, _un buen hombre_…», «Rafael, _el director del centro_», etc.
- Oración Subordinada Adjetiva: «La niña _que lloró_», «los apuntes _con los que aprobé_», «el barco _cuyo casco se rompió_», etc.

IDEAS CLAVE

1. El nombre es el núcleo de todo sintagma nominal, el único imprescindible.

2. Sustituyendo al nombre como núcleo puede aparecer un pronombre u otra palabra sustantivada por un determinante.

3. Junto al nombre suelen aparecer adyacentes para actualizar y orientar el significado u aportar información que lo concrete.

4. Unos adyacentes pueden ir delante, otros detrás y algunos delante o detrás, según iremos viendo.

5. Los adyacentes pueden ser simples (determinante y adjetivo) o complejos (en cuyo caso es necesario indicar la función: Complemento del Nombre, Aposición, Oración Subordinada Adjetiva).

Enlace a ejemplos de ejercicios prácticos y comentarios a consultas recibidas sobre el tema en el Blog: https://wp.me/pTRlh-rK.

6.

Sintagma nominal:
Determinante y nombre

Los determinantes son una clase de palabras que usamos para actualizar el significado del nombre al que acompañan. Esto es, sirven para asociar el significado esencial del nombre a un referente concreto —uno o varios, conocidos o no—. Si añadimos un determinante al sustantivo «mesa», dejará de significar «objeto mueble con un tablero superior»; «esta mesa» significa el mueble que tengo junto a mí, con sus cualidades concretas y definidas —es marrón, de madera, con cuatro patas, con un metro de altura, etc.—.

1. ¿CÓMO SE IDENTIFICAN?

Los determinantes pueden confundirse con los adjetivos, y la frontera entre unos y otros no siempre está clara, pero podemos considerar las siguientes diferencias en caso de duda:

- Los determinantes *no añaden significado* al nombre, solo lo actualizan, aunque pueden aportar matices como posesión, proximidad o lejanía, cantidad, etc.
- *No admiten gradación* —la mayoría de los adjetivos sí lo hacen—. La gradación es una capacidad que tienen los adjetivos y adverbios por la que pueden expresar su significado en distintos «grados» de intensidad. Obsérvese que

podemos decir «Pared blanca», «Pared muy blanca / poco blanca /blanquísima», pero no «Muy esta mesa» o «Muy mi mesa».

- *Suelen ir antepuestos* al nombre —muy pocos tienen la posibilidad de aparecer pospuestos—.
- *Admiten pronominalización, es decir, se convierten en pronombres* —excepto «cada» y los posesivos—.

En cualquier caso, es conveniente memorizar el cuadro de los determinantes para evitar errores.

2. Cuadro de determinantes

2.1. Determinantes artículo: *el/los; la/las:*

- «La casa / las casas».
- «El perro / los perros».

2.2. Determinantes demostrativos: *este/ese/aquel* (con variación de género y número:

- «Ese bolígrafo» / «esa bombilla» / «esos barcos», etc.
- «Estos perros» / «estas ardillas» / «este alumno», etc.
- «Aquellas colinas» / «aquel rayo» / «aquellas luces», etc.

2.3. Determinantes posesivos:

Varían según vayan antepuestos o átonos:

- Para un poseedor: *mi (-s), tu (-s), su (-s):* «Mi padre, tu madre y su tía».
- Para varios poseedores: *nuestro (-a/-s), vuestro (-a/-s), su (-s):* «Nuestros recuerdos, vuestras ideas y sus recursos».

O pospuestos o tónicos, para un poseedor: *mío (-a/-s), tuyo (-a/-s), suyo (-a/-s)*: «Ese libro mío/tuyo/suyo».

- Para varios poseedores: *nuestro (-a/-s), vuestro (-a/-s), suyo (-a/-s)*: «Esos pensamientos nuestros / vuestros / suyo (-a/-s)».

2.4. Determinantes totalizadores positivos y negativos:

- *Todo (-a/-s)*: «Todo hombre merece una oportunidad».
- *Cada:* «Cada día es lo mismo».
- *Cualquier* (positivo antepuesto: cualquier/ cualesquier; positivo pospuesto: cualquiera/cualesquiera): «Cualquier idea será bien recibida»; negativo antepuesto: ningún (-a/-s): «Ninguna nube en el horizonte».

2.5. Determinantes indefinidos

Está compuesto por un grupo diverso donde podemos distinguir los siguientes:

1. De individualización: Un (-a/-s) y algún (-a/-s).

   - «Un / algún entretenimiento».
   - «Una / alguna idea».

2. De cuantificación: *Más, menos, poco (-a/-s), mucho (-a/-s), demasiado (-a/-s), bastante (-s), varios (-a/-s)*, etc. (coinciden con adverbios de cantidad pero como determinantes acompañan al nombre: «*menos penas* y *más alegría*», por ejemplo. Cuando son determinantes, aquellos que pueden cambian de género y número para concertar con el sustantivo: «*poco dinero*» / «*pocas ganas*»).

   - «Tiene demasiado café».
   - «Compró poca sal».
   - «No hizo bastante esfuerzo».

3. De exclusión (y reiterativo): Otro (-a/ -s).

   - «Deme *otra manzana*».

4. De identidad: Tal (-es).

   - «En mi vida me he visto en *tal aprieto*».

5. Numerales: Dos, tres, cuatro, cinco, seis…

   - «Compré *cinco chicles*».

6. Determinantes distributivos:

   - Ambos (-a / -s) («*Ambos entrenadores* daban sus instrucciones»).
   - Entrambos (-as) («*Entrambos muchachos* resolvieron el problema»).
   - Sendos (-a/-s) («Juan y Luis llegaron con *sendas cámaras*»).

7. Determinantes interrogativos y exclamativos:

   - Qué («¿*Qué película*…?»; «¡*Qué desastre!*»).
   - Cuánto (-a/-s) («¿*Cuántos años*…?»; «¡*Cuánta miseria!*»).
   - Tanto (-a/-s) («¿*Tantas ganas*…?»; «¡*Tanto esfuerzo baldío!*»).

¿Qué función tiene el determinante?

Todo determinante es un «actualizador» del nombre. Esa es su función, por lo que basta decir que es un «adyacente» —palabra situada junto a otra— actualizador. Como sucede con el adjetivo, no le asignaremos función específica en el desarrollo del análisis a lo largo del libro.

¿Pueden ir dos o más determinantes referidos a un mismo nombre?

La respuesta es «sí» y, en algunos casos, es obligado. Por ejemplo, cuando usamos el determinante totalizador «todo» en plural: «*Todos los* días son importantes»; o usamos un demostrativo pospuesto al nombre («*ese* niño/ *el* niño *ese*»), o un posesivo pospuesto («*mi* libro / *el* libro *mío*»). También ocurre con «cualquier» («*cualquier* día / *un* día *cualquiera*»). De esta forma, podríamos encontrar incluso tres determinantes actuando simultáneamente sobre un mismo nombre, como sucede en «*todas aquellas* ilusiones *nuestras*».

Enlace a ejemplos de ejercicios prácticos y comentarios a consultas recibidas sobre el tema en el Blog: https://wp.me/pTRlh-sv.

7.

Sintagma nominal:
El Adjetivo (Ajd)

El adjetivo es una palabra variable en género y número que usamos referida a un nombre. Suele significar una cualidad del nombre que nos permite identificar o caracterizar al referente; así, si decimos «el niño alto», la cualidad «ser alto» debería ayudarnos a identificar a ese «niño» entre los demás.

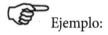 Ejemplo:

«El niño alto»

…..Sintagma nominal: «el niño alto». Consta de:
……….Determinante: «el».
……….Nombre (núcleo): «niño».
……….Adjetivo: «alto».

A diferencia del sustantivo, el adjetivo tiene variación de género y número salvo excepciones (por ejemplo: los terminados en «-e» se mantienen invariables en cuanto al género —«verde», «posible», «rebelde», etc.—. Esto les permite concertar con el nombre al que acompañan adoptando sus morfemas correspondientes. Obsérvese que el sustantivo, como término primario, posee género, pero rara vez posee alternancia de género. «Luz» es femenino, pero no posee masculino, esto determinará que los adyacentes —determinante y adjetivo— vayan en femenino y en singular o plural según acompañen a «luz» o «luces».

Diferencias entre los adjetivos y los determinantes

- Los adjetivos *aportan información*, los determinantes no lo hacían.
- *Pueden admitir gradación* en su significado como veremos más adelante.
- Su posición, el que aparezca *delante o detrás* del sustantivo, dependerá de la relación de su significado con el nombre al que acompaña —de que actúen como explicativos o especificativos—.
- *No admite la pronominalización*, para actuar como núcleo de un sintagma nominal deben aparecer precedidos de un determinante (sustantivación): «el licor verde» / «el verde».

1. CLASES DE ADJETIVOS

Según la relación de su significado con el nombre al que acompañan, los adjetivos pueden ser *especificativos o explicativos*. Esta diferencia es importante porque va a condicionar su posición respecto al sustantivo. Veámoslos:

1.2. Adjetivos Especificativos

Los adjetivos especificativos significan una cualidad no poseída por todos los referentes y que, por lo tanto, caracteriza a uno o varios referentes entre los demás de su conjunto. Por ejemplo: «Aquel libro *infantil*», «El chico *rubio*», no todos los libros son «infantiles», ni todos los chicos son «rubios», de ahí que el uso de estos adjetivos nos ayudaría a identificar aquel libro o aquel chico en concreto entre los demás.

¿Dónde se colocan los adjetivos especificativos?

Van situados detrás del nombre al que acompañan: «el niño *alto*», «la mesa *roja*», «el vaso *lleno*», son algunos ejemplos.

¿Puede ir un adjetivo especificativo antepuesto?
La importancia de la posición del adjetivo

El adjetivo especificativo puede ir antepuesto, pero en ese caso transforma su significado. Se convierte en «adjetivo explicativo relativo», es decir, el hablante al anteponerlo entiende que la cualidad es inherente a ese nombre por ser él. Tiene un valor expresivo propio del lenguaje poético, de ahí que debamos evitar la anteposición a no ser que busquemos efectos estilísticos muy precisos. Obsérvese el uso que Garcilaso de la Vega hace de la anteposición del adjetivo especificativo: «En vuestro hermoso cuello, blanco, enhiesto...». El cuello puede o no ser «hermoso», pero el poeta no puede concebir «su» cuello sino «hermoso» como una cualidad inherente o propia de «ese cuello» por el hecho de ser el suyo, el de su amada.

1.3. Adjetivos Explicativos

Los adjetivos explicativos indican una cualidad que poseen todos los referentes. Por ejemplo, «nieve blanca», toda nieve, por serlo, es «blanca», luego el adjetivo no nos aporta información nueva ni nos ayuda a identificar un referente entre los de su conjunto. Lo importante en este caso es que, entre las características o cualidades que posee el referente, destacamos esa en concreto.

La posición del adjetivo explicativo es más libre: puede ir antepuesto («la blanca nieve»), pospuesto («la nieve blanca»), o entre comas («la nieve, blanca...»).

Algunos adjetivos cambian de significado según su posición. Aunque no son numerosos, hay ciertos adjetivos que cambian el matiz de su significado según aparezcan antepuestos o pospuestos, lo que puede inducir a errores. Algunos casos son los siguientes:

1. «Un cierto rumor / rumor cierto».
2. «Un hombre pobre / un pobre hombre».
3. «Un simple estudiante / un estudiante simple».
4. «Un gran hombre / Un hombre grande».
5. «¡Menudo melón! / Un melón menudo».
6. «Una ocasión única / la única ocasión».

Obsérvese cómo, en algunos casos, la anteposición dota al adjetivo de un significado de índole moral frente al significado material transmitido por la posposición. Así, (2) «hombre pobre» significa «sin dinero», frente a «pobre hombre», «digno de lástima». Antepuesto «gran», en el ejemplo 4, significa «digno de admiración», pospuesto significa «de gran tamaño». Pero los matices pueden ser diversos: en el ejemplo 1, el adjetivo «cierto» antepuesto significa «uno más», pospuesto, «verídico». En el ejemplo 3, «simple» antepuesto significa que «no es más que», pero pospuesto significa «poco inteligente». También «menudo» tiene un significado material cuando aparece pospuesto, «de pequeño tamaño» (5), antepuesto puede usarse como ponderativo. En el ejemplo 6, la diferencia es de cualidad, si usamos «única» antepuesto significa que no hay otra; pospuesto, algo tan extraordinario que no volverá a repetirse.

2. La gradación del adjetivo

La gradación es la capacidad que poseen los adjetivos —junto con los adverbios— de expresar su significado en distintos grados de intensidad. Para expresar esta gradación disponemos de tres procedimientos:

1. Procedimiento léxico: Usamos distintas palabras para significar distintos grados. Por ejemplo: bueno / mejor, malo / peor, etc.

2. Por composición con adverbios: alto / muy alto; blanco / más, menos blanco; inteligente / bastante, poco inteligente, etc.

3. Por sufijación: añadiendo el sufijo «-ísimo» como en blanco / blanquísimo; alto / altísimo.

3. POSIBLES ADYACENTES DEL ADJETIVO

El adjetivo puede llevar sus propios adyacentes. Son dos:

1. **El adverbio modificador** a través del que expresamos la idea de cuantificación:

   «Un niño *muy* inteligente»

   ....Sintagma nominal: «Un niño muy inteligente». Consta de:
   ....Determinante: «un».
   ....Nombre (núcleo): «niño».
   ....Grupo adjetival: «muy inteligente». Consta de:
   ....Adverbio cuantificador: «muy».
   ....Adjetivo (núcleo): «inteligente».

2. **Un grupo preposicional, en función de Complemento del Adjetivo (CAdj).** Su función es delimitar el significado del adjetivo a una parte o cualidad del sustantivo y no a la totalidad del referente. Así, si decimos que un niño es «ancho», la cualidad la entendemos referida a todo el cuerpo; pero si decimos «un niño ancho de espaldas» entenderemos la cualidad referida solo a esa parte del referente —la espalda— y no a la totalidad. Los ejemplos pueden multiplicarse: «rubia de bote», «tonto del bote», «rápido de piernas / manos / ideas», etc.

   «Un boxeador muy rápido de piernas»

   ....Sintagma nominal: «Un boxeador muy rápido de piernas». Consta de:

..........Determinante: «Un».

..........Nombre (núcleo): «Boxeador».

..........Grupo adjetival: «muy rápido de piernas». Consta de:

...............Adverbio cuantificador: «muy».

...............Adjetivo (núcleo): «rápido».

...............Grupo preposicional (CAdj): «de piernas».
Consta de:

....................Preposición: «de».

....................Sintagma nominal: Nombre (núcleo): «piernas».

Enlace a ejemplos de ejercicios prácticos y comentarios a consultas recibidas sobre el tema en el Blog: https://wp.me/pTRlh-sD.

8.

Sintagma nominal:
El Complemento del Nombre (CN)

Un Complemento del Nombre (CN) es un grupo preposicional que sirve para concretar el significado del nombre al que se refiere («lápiz *de madera*», «café *con leche*», «pollo *al chilindrón*», etc.). Su función es, pues, equivalente a la del adjetivo con el que puede alternar en algunos casos («mesa de metal /metálica»), aunque debe usarse cuando el concepto que precisa no puede ser significado por un adjetivo o este resulta tan poco frecuente que puede dificultar la comprensión del mensaje («mesa de madera / *ebúrnea»).

El Complemento del Nombre resulta fácil de identificar dado que es siempre un grupo preposicional que aparece detrás del nombre al que se refiere («avión *por reacción*», «muñeca *de trapo*», «una falta *de ortografía*») y, en este caso, su movilidad en la oración es muy reducida. Si lo anteponemos al nombre, generamos una figura retórica por la extrañeza que produce (hipérbaton: «*de plata* los cubiertos»).

Estas dos características lo van diferenciar de otras funciones desempeñadas por los grupos preposicionales.

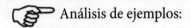 Análisis de ejemplos:

1. «Un bonito lápiz *de madera*»

.....Sintagma nominal: «Un bonito lápiz *de madera*». Consta de:
..........Determinante: «un».
..........Adjetivo: «bonito».
..........Nombre (núcleo): «lápiz».
..........Grupo preposicional (CN): «de madera». Consta de:
...............Preposición: «de».
...............Sintagma nominal: Nombre (núcleo): «madera».

2. «Aquella muñeca *de trapo*»

.....Sintagma nominal: «Aquella muñeca *de trapo*». Consta de:
..........Determinante: «aquella».
..........Nombre (núcleo): «muñeca».
..........Grupo preposicional (CN): «de trapo». Consta de:
...............Preposición: «de».
...............Sintagma nominal: Nombre (núcleo): «trapo».

Todo grupo preposicional consta normalmente de un sintagma nominal introducido por una preposición, aunque también podemos encontrar adverbios como sucede en «cerca de aquí» «se ve de lejos / de cerca». Insistimos en que el término de un grupo preposicional es normalmente un sintagma nominal porque esto quiere decir que en su interior podemos encontrar desde un nombre (núcleo) hasta una estructura completa desarrollada con su Determinante, Adjetivo, Complemento del Nombre, etc. Observad:

- «Un caballero *de Zamora*»: Sintagma nominal = Det + Nombre + Gprep (CN: Prep + SN —Nombre—).
- «Un caballero *de aquel pueblo*»: Sintagma nominal: Det + Nombre + Gprep (CN: Prep + SN —Det + Nombre—).
- «Un caballero *de algún lugar lejano*»: Sintagma nominal: Det + Nombre + Gprep (CN: Prep + SN —Det + Nombre + Adj—).

- «**Un caballero *de aquel lugar de La Mancha***»: Sintagma nominal: Det + Nombre + Gprep (CN: Prep + SN (Det + Nombre + Gprep —CN: Prep + SN (Nombre propio)—).

Y así podríamos seguir indefinidamente.

Aunque la preposición más frecuente es «de», el Complemento del Nombre puede aparecer con otras preposiciones, como sucede «café *con leche*», «pollo *al chilindrón*», «olla *a presión*», etc. Pero recuerda que también lo podemos encontrar con un adverbio como término del grupo preposicional como sucede en «un hombre *de aquí*».

Enlace a ejemplos de ejercicios prácticos y comentarios a consultas recibidas sobre el tema en el Blog: https://wp.me/pTRlh-t7.

9.

Sintagma nominal:
Aposición (Ap)

Se trata de otro procedimiento para concretar el referente significado por un nombre. La Aposición consiste en usar un nombre o un sintagma nominal referido a otro nombre sin que exista preposición de enlace, por ejemplo:

1. «Rafael, el director del colegio».
2. «El rey Alfonso».

Es fácil de identificar porque es la única función que desempeña un nombre o sintagma nominal en el interior de otro sintagma nominal sin que exista preposición intermedia. En los ejemplos anteriores aparecen las dos formas en que podemos encontrar la Aposición:

1. Separada por coma del nombre al que se refiere («Rafael, *el director*»). Esta coma es un signo doble, y debe cerrarse detrás de la Aposición. Cuando aparece encerrada entre comas decimos que es una **Aposición explicativa**.
2. El nombre aparece unido al núcleo sin que exista pausa entre ellos («El rey *Alfonso*»). En este caso decimos que es una **Aposición adjunta.**

Como ocurría con los demás adyacentes del nombre, a través de la Aposición expresamos un significado referido al núcleo que nos ayuda a identificar al referente. Cuando decimos «Alfonso» señalamos a un rey en concreto entre los posibles «reyes». De la misma forma, cuando decimos «el director del colegio», entre todas las personas conocidas que se llamen «Rafael» identificamos a aquella en concreto.

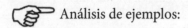 Análisis de ejemplos:

1. «La señora Rodríguez».

.....Sintagma nominal: «La señora Rodríguez». Consta de:
..........Determinante: «la».
..........Nombre (núcleo): «señora».
..........Sintagma nominal (Ap adjunta). Consta de:
..............Nombre (núcleo): «Rodríguez».

2. «Rafael, el director del colegio».

.....Sintagma nominal: «Rafael, el director del colegio».
    Consta de:
..........Nombre (núcleo): «Rafael».
..........Sintagma nominal (Ap explicativa): «el director del colegio». Consta de:
..............Determinante: «el».
..............Nombre (núcleo): «director».
..............Grupo preposicional (CN): «del colegio». Consta de:
.................Preposición: «de» (de + el: artículo contracto).
.................Sintagma nominal: «el colegio». Consta de:
......................Determinante: «el» (de + el).
......................Nombre (núcleo): «colegio».

3. «El señor Vicente, abogado de oficio».

.....Sintagma nominal: «El señor Vicente, abogado de oficio».
    Consta de:
..........Determinante: «el».

..........Nombre (núcleo): «señor».

..........Sintagma nominal (Ap adjunta): «Vicente». Consta de:

.............Nombre (núcleo): «Vicente».

.............Sintagma nominal (Ap explicativa): «abogado de oficio». Consta de:

................Nombre (núcleo): «abogado».

................Grupo preposicional (CN): «de oficio».
              Consta de:

.....................Preposición: «de».

.....................Sintagma nominal: Nombre (núcleo), «oficio».

En caso de duda sobre si una palabra es adjetivo o nombre, recuerda que los adjetivos —salvo excepciones— tienen cambio de género (rojo/a; alto/a, etc.); los sustantivos, en cambio, —salvo excepciones— tienen género (son masculinos o femeninos), pero no presentan alternancia («bombilla», femenino, pero no existe masculino; «pared», femenino, pero no existe el masculino, etc.). Si aún así persisten las dudas, consulta el diccionario, debe ser una herramienta de consulta continua en el aprendizaje.

Enlace a ejemplos de ejercicios prácticos y comentarios a consultas recibidas sobre el tema en el Blog: https://wp.me/pTRlh-uH.

10.

Funciones del Predicado: El Atributo (At)

En la lengua tenemos los llamados verbos copulativos o atributivos: «ser», «estar» y «parecer». Son verbos cuya característica principal es aportar una dosis mínima de significado léxico a la oración, a diferencia de los demás verbos llamados «predicativos». La función «Atributo» es característica en construcciones con estos verbos. Por ejemplo:

1. «Pedro es *alto*».
2. «María está *enferma*».
3. «Tus amigos parecen *buenas personas*».
4. «Sus padres son *de Madrid*».
5. «La cosa está *así*».
6. «El cuadro parece *de madera*».

El Atributo significa una cualidad, estado o circunstancia del Sujeto de la oración.

1. ¿Cómo se reconoce la función Atributo?

1. Cuando el verbo es copulativo puro —«ser», «estar» o «parecer»—, morfológicamente, la función Atributo puede aparecer desempeñada por un adjetivo («Pedro es *alto*»,

«María está *enferma*»), un sintagma nominal («Tus amigos parecen *buenas personas*»), un grupo preposicional («Sus padres son *de Madrid*», «El cuadro parece *de madera*») o, incluso, un adverbio («La cosa está *así*»).

2. Y, funcionalmente, admite la sustitución por el pronombre neutro inmovilizado «lo» —sin variación de género o número—:

   - «¿Pedro es alto? Sí, LO es».
   - «¿Tus amigos parecen buenas personas? Sí, LO parecen».
   - «¿Sus padres son de Madrid? Sí, LO son».
   - «¿La cosa está así? Sí, LO está».

3. Además, cuando puede, el Atributo presenta concordancia formal de género y número con el Sujeto. Por ejemplo, en la oración «Pedro es alto», «alto» se usa en masculino singular porque se refiere a «Pedro», nombre Sujeto masculino singular; en «Tus amigos parecen buenas personas», «buenas personas» aparece en plural porque se refiere a «amigos», nombre Sujeto plural; en la oración «María está enferma», «enferma» se usa en femenino singular porque se refiere a «María», nombre Sujeto femenino singular. Al tratarse de adjetivos —«alto», «enferma»—, nombres o sintagmas nominales —«buena persona»—, la concordancia es posible. Si realizamos un cambio en el género o número del Sujeto, automáticamente, variará el número y género del Atributo, así:

   - «Él es alto», pero «Ella es alta» / «Ellos son altos» / «Ellas son altas».

4. En cambio, en ejemplos como «El cuadro parece *de madera*», «Sus padres son *de Madrid*» y «La cosa está *así*», «de madera», «de Madrid» o «así» permanecerán invariables si cambiamos el género y número del Sujeto porque se trata de grupos preposicionales y adverbios, respectivamente:

- «La cosa está así» y «Las cosas/ los acontecimientos están así».
- «Sus padres son de Madrid» y «Su amiga es de Madrid».

2. Dos errores frecuentes

1. Cuando la función Atributo aparece desempeñada por un adjetivo o un adverbio, responderá a la pregunta «¿Cómo?» («Él es alto»: ¿Cómo es él? = alto; «Las cosas están así»: ¿Cómo están las cosas = así?). Si no estamos atentos, es frecuente la confusión con el Complemento Circunstancial de Modo. Debemos recordar 3 ideas para evitar el error:
   - Presencia del verbo atributivo («ser», «estar» o «parecer»).
   - Concordancia con el Sujeto —en el caso del adjetivo o el sintagma nominal—.
   - Posibilidad de sustitución por «lo» («Lo es / Lo están»).

2. La posibilidad de sustitución del Atributo por «lo» también nos puede llevar a la confusión con el Complemento Directo («Tu hija parece ya una mujer» = «Lo parece»). Para evitar esta confusión debemos recordar dos ideas:
   - La naturaleza copulativa del verbo «ser», «estar» o «parecer».
   - El «lo» que sustituye al Atributo es un pronombre neutro sin alteración de género ni de número.

En el ejemplo anterior lo vemos sustituyendo a «una mujer», nombre femenino singular. Si la función fuera de Complemento Directo, el pronombre presentaría concordancia. «Compré un cuaderno» = LO compré (masculino singular); pero «Compré unas libretas» = LAS compré (femenino plural). En estos casos, las preguntas tradicionales tampoco nos sirven porque cuando el Atributo es un nombre o sintagma nominal también responde a la pregunta ¿qué? («¿Qué compré? = un cuaderno / una libreta»; ¿Qué parece tu hija? = una mujer).

3. ¿Puede darse la función Atributo sin verbo copulativo? El Complemento Predicativo (CPred)

La función Atributo podemos encontrarla sin verbo copulativo en ejemplos del tipo:

- «El turista llegó *enfermo* de su viaje».
- «Las novias lucirán *espléndidas* el día de su boda».
- «Los peatones cruzaron *rápidos* el semáforo», etc.

Pero, en estos casos, la función Atributo «siempre» es desempeñada por un adjetivo que presenta concordancia formal con el Sujeto:

- «La/-s turista/-s llegaron enferma/-s».
- «El/los novio/-s lucirá/-n espléndido/-s».
- «El/los peatón/-es cruzó/aron rápido/-s».

Es muy frecuente en estos ejemplos la confusión con el Complemento Circunstancial de Modo porque:

1. No existe verbo atributivo.
2. El complemento responde a la pregunta ¿cómo? (¿Cómo llegaron?; ¿cómo lucirán las novias?; ¿cómo cruzaron los peatones?).

Debemos recordar en estos casos que el Complemento Circunstancial de Modo es una función adverbial y, por tanto, nunca presenta concordancia. Si al cambiar de género y número el Sujeto, el adjetivo cambia para concertar, no es un Complemento Circunstancial de Modo.

Estamos ante un complemento que se comporta como un Atributo (cualidad referida al Sujeto de la oración con el que presenta concordancia) pero se utiliza con el verbo predicativo (no es de naturaleza copulativa, no es «ser», «estar» ni «parecer»). De ahí que lo llamamos Complemento Predicativo.

4. Concordancia entre verbo y Atributo

Sucede cuando el Atributo queda expresado por un nombre o sintagma nominal en plural y el Sujeto está en singular. En estos casos, el verbo concuerda con el Atributo y no con el Sujeto, por ejemplo: «Mi infancia *son recuerdos...*» («Autorretrato», Antonio Machado). Sucede también en estructuras impersonales en las que el Atributo expresa la hora: «Es la una», pero «Son las tres» («Lo es» / «Lo son»).

☞ Análisis de ejemplos:

1. **«Pedro, mi hermano, es todavía un niño muy pequeño».** Oración simple, bimembre, enunciativa, afirmativa, atributiva. Consta de:

......Sintagma nominal (Sujeto): «Pedro, mi hermano».
     Consta de:
..........Nombre (núcleo): «Pedro».
..........Sintagma nominal (Ap explicativa): «mi hermano».
     Consta de:
...............Determinante: «mi».
...............Nombre (núcleo): «hermano».
......Sintagma verbal (Predicado nominal): «es todavía un niño muy pequeño». Consta de:
..........Verbo (núcleo, copulativo): «es».
..........Adverbio (CC de Tiempo): «todavía».
..........Sintagma nominal (At): «un niño muy pequeño».
     Consta de:

...............Determinante: «un».

...............Nombre (núcleo): «niño».

...............Grupo adjetival: «muy pequeño». Consta de:

.................Adverbio (cuantificador): «muy».

.................Adjetivo (núcleo): «pequeño».

2. **«Los ejercicios del cuaderno no son fáciles de resolver».**
   Oración simple, bimembre, enunciativa, negativa, atributiva.
   Consta de:

.....Sintagma nominal (Sujeto): «los ejercicios del cuaderno».
   Consta de:

..........Determinante: «los».

..........Nombre (núcleo): «ejercicios».

..........Grupo preposicional (CN): «del cuaderno». Consta de:

...............Preposición: «de» (+ el).

...............Sintagma nominal: «el cuaderno». Consta de:

.................Determinante: «el» (de +).

.................Nombre (núcleo): «cuaderno».

.....Sintagma verbal (Predicado nominal): «no son fáciles de resolver». Consta de:

..........Adverbio (marca oracional de negación): «no».

..........Verbo (núcleo copulativo): «son».

..........Grupo adjetival (At): «fáciles de resolver». Consta de:

...............Adjetivo (núcleo): «fáciles».

...............Grupo preposicional (CAdj): «de resolver».
   Consta de:

.................Preposición: «de».

.................Sintagma nominal: infinitivo[4]: «resolver».

---

[4] Debemos recordar que el infinitivo actúa como sustantivo en el discurso. De ahí que aparezca como término de un grupo preposicional en funciones nominales.

3. **«¿Están tus padres en Madrid mañana?»**. Oración simple, bimembre, interrogativa, afirmativa, atributiva. Consta de:

.....Sintagma nominal (Sujeto): «tus padres». Consta de:

..........Determinante: «tus».

..........Nombre (núcleo): «padres».

.....Sintagma verbal (Predicado nominal): «están en Madrid mañana». Consta de:

..........Verbo (núcleo copulativo): «están».

..........Grupo preposicional[5] (At): «en Madrid». Consta de:

...............Preposición: «en».

...............Sintagma nominal: Nombre (núcleo): «Madrid».

..........Adverbio (CC de Tiempo): «mañana».

Enlace a ejemplos de ejercicios prácticos y comentarios a consultas recibidas sobre el tema en el Blog: https://wp.me/pTRlh-E6.

---

[5] Hay muchos gramáticos que consideran que en estos ejemplos «estar» tiene valor predicativo, es decir, no funciona como verbo copulativo. De ahí que analicen el grupo preposicional «en Madrid» como Complemento Circunstancial de Lugar y no como Atributo; y, efectivamente, responde a la pregunta ¿dónde? (¿dónde están? = en Madrid) y admite la sustitución por un adverbio de lugar («Están en Madrid / allí»). En mi caso, como queda explicado, lo considero Atributo por su posible sustitución por «lo» («Sí, lo están»), inviable en cualquier Complemento Circunstancial. Obsérvese que la posibilidad de sustitución persiste incluso si el ejemplo lo hubiéramos construido con el adverbio («¿Están allí?» / «Sí, lo están»).

11.

Funciones del Predicado: El Complemento Directo (CD)

Es una de las funciones más frecuentes en el Predicado verbal. El Complemento Directo significa aquello sobre lo que recae o que recibe lo dicho en el Predicado. Si decimos «Veo *colinas*», las «colinas» es lo visto, aquello sobre lo que recae la acción de «ver». En «Llamé a tu amigo», «tu amigo» es quien recibió mi llamada.

1. ¿Cómo aparece en la oración?

Morfológicamente, la función de Complemento Directo podemos expresarla a través de un nombre o pronombre (sintagma nominal) cuando significamos un objeto inanimado o un animal. Así:

- «Compré *un perro*».
- «Pronunció *un discurso*».
- «Quieren *eso*».

O por un grupo preposicional introducido por «a» cuando significamos «persona», por ejemplo:

- «Vi *a tu madre*».
- «La empresa despidió *a los trabajadores*».
- «Necesitamos *a alguien*».

2. ¿CÓMO LO IDENTIFICAMOS?

a) El Complemento Directo responde a las preguntas ¿qué? o ¿a quién?:

- ¿Qué compré? = *un perro.*
- ¿Qué pronunció? = *Un discurso.*
- ¿Qué quieren? = *Eso.*
- ¿A quién vi? = *A tu madre.*
- ¿A quiénes despidió la empresa? = *A los trabajadores.*
- ¿A quién necesitamos? = *A alguien.*

Pero este criterio puede confundirnos y, por lo tanto, no es recomendable.

b) Admite la sustitución por el pronombre personal divergente de tercera persona «lo», «la», «los» o «las»:

- «*Lo* compré».
- «*Lo* pronunció».
- «*Lo* quieren».
- «*La* vi».
- «*Los* despidió».
- «Lo necesitamos».

Este es el sistema más fiable y el más recomendable para evitar errores.[6]

---

[6] Debemos recordar que también la función Atributo resultaba sustituible por «LO». Para no confundirnos, hemos de tener en cuenta dos diferencias: la función Atributo aparece con un verbo «copulativo» («ser», «estar» o «parecer»), en tanto que la función Complemento Directo aparece con verbo predicativo (no copulativo); y el pronombre que sustituye al Atributo es neutro e invariable («Ella es una niña» / »Él es un niño»/ «Ellas son unas niñas» / «Ellos son unos niños» = «LO es» / «LO son»), mientras que el pronombre personal que sustituye al Complemento Directo no es neutro, tiene variación de género («lo» / «la») y número («los» / «las») («Llamé a tu padre» = «Lo llamé» / «Llamé a tus hermanas» = «Las llamé»).

c) Además, normalmente, actúa como Sujeto paciente en la transformación a pasiva, otro procedimiento que podemos observar. Véase:

- «El perro (Sujeto) fue comprado por mí (CAg)».
- «El discurso (Sujeto) fue pronunciado por él (CAg)».
- «Eso (Sujeto) fue querido por ellos (CAg)».
- «Tu madre (Sujeto) fue vista por mí (CAg)».
- «Los trabajadores (Sujeto) fueron despedidos por la empresa (CAg)».
- «Alguien (Sujeto) es necesitado por nosotros (CAg)».

3. EL COMPLEMENTO DIRECTO EXPRESADO CON PRONOMBRES

Los pronombres personales que pueden actuar como Complemento Directo son «lo», «la», «los» y «las» como hemos visto en los ejemplos anteriores. Pero también pueden desempeñar la función de Complemento Directo los pronombres personales «me», «te», «se», «nos», «os» y «se», pronombres que también pueden desempeñar la función de Complemento Indirecto (CI), lo que ocasiona no pocas confusiones en el análisis. En este sentido, la regla general es la siguiente:

«Me», «te», «se», «nos», «os» y «se» asumen la función de Complemento Directo cuando no existe otro Complemento Directo, Atributo o Complemento de Régimen en su oración.

Reflexionemos sobre el siguiente ejemplo: «Yo me lavo» / «Yo me lavo las manos». En el caso de «Yo me lavo» la función del pronombre es de Complemento Directo. Lo podemos observar si pensamos en un referente femenino, «a ella», por ejemplo («Lavo a mí» = «me lavo» / «Lavo a ti / te lavo», pero «Lavo a ella» = «La lavo») y comprobamos la posibilidad de sustitución por el pronombre «la» que inequívocamente marca la función de

Complemento Directo. Al introducir «las manos» en el segundo ejemplo es este sintagma nominal el que asume la función de Complemento Directo, es decir, pasa a designar el objeto lavado, de ahí que podamos realizar la sustitución pronominal por «las» («Me *las* lavo»), mientras que «me» solo admitiría la sustitución por «le» («Lavo las manos a ella» = «*Le* lavo las manos»). Debemos observar también cómo se produce una alteración del significado. En el caso de «Me lavo» el objeto lavado es «todo yo, todo mi cuerpo». En el caso de «Me lavo las manos», lo lavado son «las manos» (CD), en tanto que «me» pasa a significar quien se beneficia o perjudica de la acción expresada en el Predicado (las manos son mías, yo soy el beneficiario de la acción = CI).

Por lo demás, cualquier otro pronombre o palabra, grupo de palabras u oración sustantivada a través de un determinante puede desempeñar la función Complemento Directo. Veamos algunos ejemplos:

1. «Quiero *eso*» (pronombre demostrativo neutro = Lo quiero).
2. «Escoge *el verde*» (adjetivo sustantivado = Escógelo).
3. «Prefiero *salir*» (infinitivo = Lo prefiero).
4. «Dijo *que vendría*» (Oración Subordinada Sustantiva = Lo dijo).

4. La transitividad y las oraciones transitivas

Llamamos transitividad al hecho de que el significado del Predicado se obtiene por la suma del significado del verbo (núcleo) más la del Complemento Directo o de Régimen. En efecto, el Complemento Directo o el Complemento de Régimen delimitan el significado del verbo al que se refieren constituyendo con él un conjunto, hasta el punto de que, a veces, podemos sustituirlo por un vocablo («Hizo trozos» = «troceó»; «echó una mirada» = miró; «ingirió alimentos» = comió, etc.). Por otra parte, es infrecuente que en una oración donde aparezca Complemento Directo, también aparezcan el Atributo o el Complemento de Régimen, de ahí que la presencia del Complemento Directo (o Complemento de Régimen como veremos) determine una clasificación oracional atendiendo al Predicado. Cuando aparece cualquiera de estas dos funciones, decimos que la oración es «transitiva».

☞ Análisis de ejemplos:

1. **«El Jefe de Estudios llamó *a los padres del alumno expulsado*».** Oración simple, bimembre, enunciativa, afirmativa, transitiva. Consta de:

.....Sintagma nominal (Sujeto): «el jefe de estudios». Consta de:
..........Determinante: «el».
..........Nombre (núcleo): «jefe».
..........Grupo preposicional (CN): «de estudios». Consta de:
...............Preposición: «de».
...............Sintagma nominal: Nombre (núcleo): «estudios».
.....Sintagma verbal (Predicado): «llamó a los padres del alumno expulsado». Consta de:
..........Verbo (núcleo): «llamó».
..........Grupo preposicional (CD): «a los padres del alumno expulsado». Consta de:
...............Preposición: «a».
...............Sintagma nominal: «los padres del alumno expulsado». Consta de:
..................Determinante: «los».
..................Nombre (núcleo): «padres».
..................Grupo preposicional (CN): «del alumno expulsado». Consta de:
.....................Preposición: «de» (+ el).
.....................Sintagma nominal: «el alumno expulsado». Consta de:
........................Determinante: «el».
........................Nombre (núcleo): «alumno».
........................Adjetivo: «expulsado».

2. «**Marta, profesora de literatura, recomendó *un libro muy difícil de leer*».** Oración simple, bimembre, enunciativa, afirmativa, transitiva. Consta de:

.....Sintagma nominal (Sujeto): «Marta, profesora de literatura». Consta de:

..........Nombre (núcleo): «Marta».

..........Sintagma nominal (Ap explicativa): «profesora de literatura». Consta de:

...............Nombre (núcleo): «profesora».

...............Grupo preposicional (CN): «de literatura».
Consta de:

....................Preposición: «de».

....................Sintagma nominal: Nombre (núcleo): «literatura».

.....Sintagma verbal (Predicado): «recomendó un libro muy difícil de leer». Consta de:

..........Verbo (núcleo): «recomendó».

..........Sintagma nominal (CD): «un libro muy difícil de leer».
Consta de:

...............Determinante: «un».

...............Nombre (núcleo): «libro».

...............Grupo adjetival: «muy difícil de leer». Consta de:

....................Adverbio (cuantificador): «muy».

....................Adjetivo: «difícil».

....................Grupo preposicional (CAdj): «de leer». Consta de:

.........................Preposición: «de».

.........................Sintagma nominal: Nombre (verbo infinitivo, núcleo): «leer».

3. «**¿No la viste?**». Oración simple, bimembre, negativa, interrogativa, transitiva. Consta de:

.....Sintagma nominal (Sujeto): elíptico (2ª persona de singular).

.....Sintagma verbal (Predicado): «no la viste». Consta de:

..........Adverbio (marca oracional de negación): «no».

..........Sintagma nominal (CD): pronombre: «la».

..........Verbo (núcleo): «viste».

4. **«Quizás no haya fiesta de fin de curso».** Oración simple, impersonal (unimembre), enunciativa, dubitativa, transitiva. Consta de:

.....Sintagma nominal (Sujeto): impersonal obligatoria (haber 3ª p. s. + CD).

.....Sintagma verbal (Predicado): «quizás no haya fiesta de fin de curso». Consta de:

.........Adverbio (marca oracional de duda): «quizás».

.........Adverbio (marca oracional de negación): «no».

.........Verbo (núcleo): «haya».

.........Sintagma nominal (CD): «fiesta de fin de curso».
Consta de:

.............Nombre (núcleo): «fiesta».

.............Grupo preposicional (CN): «de fin de curso».
Consta de:

.................Preposición: «de».

.................Sintagma nominal: «fin de curso». Consta de:

...................Nombre (núcleo): «fin».

...................Grupo preposicional (CN): «de curso».
Consta de:

...................Preposición: «de».

...................Sintagma nominal: Nombre (núcleo): «curso».

Enlace a ejemplos de ejercicios prácticos y comentarios a consultas recibidas sobre el tema en el Blog: https://wp.me/pTRlh-Ee.

12.

Funciones del Predicado: El Complemento de Régimen (CRég/Suplemento)

A veces, el significado del verbo exige o admite el uso de una preposición. Observemos estos dos ejemplos: «Se arrepintió *de sus actos*» o «Se acordó *de la pregunta* tras el examen»; en estos casos, la preposición «de» es exigida por el verbo. El objeto de nuestro arrepentimiento siempre aparece introducido por «de», y lo mismo ocurre cuando queremos expresar aquello «de» lo que nos acordamos. Podemos decir, entonces, que la preposición es exigida por el «régimen» del verbo, de ahí la denominación de «Complemento de Régimen» (o Suplemento).

También hay verbos que admiten doble construcción, bien con Complemento Directo («Eso pensé yo» = «eso» Complemento Directo), bien con Complemento de Régimen («Pensé *en aquel asunto*» = «en aquel asunto» CRég). Suele ocurrir con los llamados verbos de lengua o pensamiento. Observa:

- «Pensar algo / pensar *en o sobre algo*».
- «Comentar algo / comentar *sobre o de algo*».
- «Hablar algo / hablar *de o sobre algo*».[7]

---

[7] Hemos de observar que, en estos casos, el uso de Complemento Directo o Complemento de Régimen introduce matices de significado en la oración. Cuando usa-

En cuanto al significado, el Complemento de Régimen (o Suplemento) equivale a un Complemento Directo, es decir, expresa aquello sobre los que recae lo dicho en el Predicado (aquello de lo que se arrepintió = sus actos / aquello de lo que se acordó = la pregunta), de ahí que las oraciones en las que aparece Complemento de Régimen sean también «transitivas», aunque conviene añadir la coletilla «de Complemento de Régimen» (o de Suplemento) para establecer el matiz diferencial.

Varían respecto al Complemento Directo en la forma y en la función. Morfológicamente, el Complemento Directo aparecía expresado a través de un sintagma nominal («Quiero queso») cuando significaba objeto, o por un grupo preposicional introducido por «a» («Vi a tu madre») cuando se refería a persona; también podía aparecer expresado por un pronombre («lo», «la», «los», «las», «me», «te», «se», «nos», «os» o «se», o cualquier pronombre no personal). En cambio, el Complemento de Régimen siempre aparecerá expresado por un grupo preposicional, dado que la preposición viene mandada por el significado del verbo. El pronombre solo puede desempeñar esta función como término de un grupo preposicional. Es lo que sucede en estos ejemplos:

- «Se arrepintió *de sus actos*» = Se arrepintió *de eso*.
- «Se acordó *de la pregunta*» = Se acordó de eso (de ella, de mí, etc.).
- «No volvió a pensar *en aquel asunto*» = No volvió a pensar *en eso* (en él, en ti, etc.).

---

mos el Complemento Directo, el significado adquiere un sentido perfectivo, es decir, «Pensó eso» indica que está pensado, que hay una conclusión o un pensamiento perfecto y concluido; en cambio, cuando decimos «Pensó en eso» indicamos que fue el objeto que entretuvo su pensamiento sin indicar idea de conclusión alguna. Lo mismo podríamos decir de «Hablar algo» (quedó hablado) o «hablar de algo» (materia de conversación).

Estos verbos de lengua o pensamiento, además, admiten la construcción de doble complemento, es decir, pueden construirse con Complemento Directo más Complemento de Régimen («Hablar / pensar algo (CD) de alguien» (CRég)). En estos casos, el Complemento Directo expresa el objeto (materia) y el Complemento de Régimen la persona sobre la que recae el comentario o el pensamiento.

En cuanto a su comportamiento (funcionalmente), a diferencia del Complemento Directo, no admite la sustitución por «lo», «la», «los» o «las»:

- *«Se lo arrepintió».
- *«Se la acordó».
- *«No lo volvió a pensar».

Y no admite la transformación a pasiva:

- *«Sus actos fueron arrepentidos por él».
- *«La pregunta se fue acordada por él».
- *«Aquel asunto no fue vuelto a pensar por él»[8].

Coincide con el Complemento Directo en que su posición en la oración es inmediatamente detrás del verbo núcleo del Predicado.

1. ¿Cómo identificamos un Complemento de Régimen?

Por lo que hemos visto, vamos a recordar que:

1. Siempre es un grupo preposicional.
2. Responde a la pregunta «¿qué?» precedida de la preposición correspondiente:
   - «¿*De qué* se arrepintió? = de sus actos».
   - «¿*En qué* no volvió a pensar? = en aquel asunto».
3. Suele aparecer inmediatamente detrás del verbo que actúa como núcleo.
4. El grupo preposicional no admite la sustitución por «lo» («la», «los» o «las»), ni por «le» («les»), ni por un adverbio (lo que nos demostraría, en su caso, que se trata de un Complemento Circunstancial).

---

[8] Como hemos visto en la nota anterior, estos verbos admiten la doble construcción, de ahí que la sustitución por LO en el ejemplo «pensar en él» y que la transformación a pasiva puedan parecernos aceptables. Hemos de insistir, no obstante, en que no significan lo mismo «pensar algo» (Complemento Directo = algo fue pensado) que «pensar en algo».

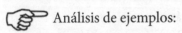 Análisis de ejemplos:

1. **«El nuevo alumno destaca en el área lingüística».** Oración simple, bimembre, enunciativa, afirmativa, transitiva de Complemento de Régimen. Consta de:

.....Sintagma nominal (Sujeto): «el nuevo alumno». Consta de:
..........Determinante: «el».
..........Adjetivo: «nuevo».
..........Nombre (núcleo): «alumno».
.....Sintagma verbal (Predicado): «destaca en el área lingüística».
    Consta de:
..........Verbo (núcleo): «destaca».
..........Grupo preposicional (CRég): «en el área lingüística».
        Consta de:
...............Preposición: «en».
...............Sintagma nominal: «el área lingüística». Consta de:
...................Determinante: «el».
...................Nombre (núcleo): «área».
...................Adjetivo: «lingüística».

2. **«¿Pensarán los miembros del Consejo en nuevas técnicas más fáciles de aplicar?».** Oración simple, bimembre, interrogativa, afirmativa, transitiva de Complemento de Régimen. Consta de:

.....Sintagma nominal (Sujeto): «los miembros del consejo».
    Consta de:
..........Determinante: «los».
..........Nombre (núcleo): «miembros».
..........Grupo preposicional (CN): «del consejo». Consta de:
...............Preposición: «de» (+el).
...............Sintagma nominal: «el consejo». Consta de:
...................Determinante: «el» (de +).
...................Nombre (núcleo): «consejo».
.....Sintagma verbal (Predicado): «pensarán en nuevas técnicas más fáciles de aplicar». Consta de:

..........Verbo (núcleo): «pensarán».

..........Grupo preposicional (CRég): «en nuevas técnicas más fáciles de aplicar». Consta de:

.............Preposición: «en».

.............Sintagma nominal: «nuevas técnicas más fáciles de aplicar». Consta de:

................Adjetivo: «nuevas».

................Nombre (núcleo): «técnicas».

................Grupo adjetival: «más fáciles de aplicar». Consta de:

....................Adverbio (cuantificador del adjetivo): «más».

....................Adjetivo: «fáciles».

....................Grupo preposicional (CAdj): «de aplicar». Consta de:

.......................Preposición: «de».

.......................Sintagma nominal: Nombre: infinitivo: «aplicar».

3. **«¡Cree en mí!».** Oración simple, bimembre, exclamativa, afirmativa, transitiva de Complemento de Régimen. Consta de:

.....Sintagma nominal (Sujeto): elíptico (2ª persona de singular).

.....Sintagma verbal (Predicado): «cree en mí». Consta de:

..........Verbo (núcleo): «cree».

..........Grupo preposicional (CRég): «en mí». Consta de:

.............Preposición: «en».

.............Sintagma nominal: pronombre (núcleo): «mí».

Enlace a ejemplos de ejercicios prácticos y comentarios a consultas recibidas sobre el tema en el Blog: https://wp.me/pTRlh-En.

13.

Funciones del Predicado:
El Complemento Indirecto (CI)

A través del Complemento Indirecto designamos en la oración a la persona —rara vez el objeto— que resulta beneficiado o perjudicado por lo dicho en el Predicado. Así, si decimos «Yo me lavo las manos», lo lavado —objeto sobre el que recae la acción de lavar— son «las manos», es decir, el Complemento Directo, en tanto que «me» significa que la primera persona es quien resulta beneficiada de la acción de «lavar las manos».

Morfológicamente, el Complemento Indirecto puede aparecer expresado en la oración mediante un pronombre personal —«le» o «les», «me», «te», «se», «nos», «os» o «se»— o por un grupo preposicional introducido por «a» o «para» como sucede en «Lavo la cara a mi hermanito» o «Compro flores para la Virgen».

Para identificarlo, debemos sustituir por «le», por ejemplo:

* «Lavo la cara *a mi hermanito*» = **LE** lavo la cara.
* «Compro flores *para la Virgen*» = **LE** compro flores.

Para evitar confusiones en la sustitución, siempre procuraremos trabajar con el referente en femenino. Así, si estamos ante una oración del tipo «Di el recado a mis compañeros», procuraremos primero transformar «compañeros» a femenino («mis compañeras») y después comprobar la validez de la conmutación. Así:

- «Di el recado *a mis compañeros*» / «Di el recado *a mis compañeras*» = **LES** di el recado.

La razón de usar este procedimiento es evitar una posible confusión derivada del «leísmo». De ser leístas, nos resultaría aceptable la sustitución por «le» con el Complemento Directo masculino. Por ejemplo: «Vi *a tu padre*» = *«**Le** vi*» (leísmo) por «*Lo* vi» que sería lo correcto. Observad que si cambiamos el referente a femenino («Vi *a tu madre*») aparecerá inequívocamente el pronombre «la» indicando la función de Complemento Directo («*LA* vi»). Si a esto unimos que también el Complemento Directo puede aparecer mediante un grupo preposicional introducido por «a», la confusión está servida.

Por esta misma razón, no resulta válido preguntar «¿A quién?», dado que es una pregunta que también puede responderse por el Complemento Directo cuando se refiere a persona («Saludé *a un viejo amigo*» = ¿A quién saludé? = A un viejo amigo = **LO** saludé; «Vi *a mi hija*» = ¿A quién vi? = A mi hija = **LA** vi).

Aunque es menos frecuente, el Complemento Indirecto también puede significar objeto como sucede en ejemplos del tipo: «Pasa el paño *al cristal*», «Quita la alarma *al coche*» donde «al cristal» y «al coche» funcionan como Complemento Indirecto de «pasa» y «quita» respectivamente («Pása**LE** el paño» o «Quíta**LE** la alarma»).

Normalmente, el Complemento Indirecto aparece en oraciones donde ya existe un Complemento Directo, un Atributo o un Complemento de Régimen, como sucede en:

- «Entregué *el manuscrito* (CD) al editor (CI)».
- «El esfuerzo pareció *inútil* (At) a aquellos estudiantes (CI)».
- «Hablamos *de ti* (CRég) a los representantes (CI)».

Y suele aparecer situado detrás del Complemento Directo, Atributo o Complemento de Régimen. Es una de las funciones clave, de tal manera que su anteposición al Predicado provoca la aparición de un pronombre reflejo delante del verbo núcleo que indica la alteración del orden lógico oracional. Por ejemplo:

- «Al editor "le" (pronombre reflejo) entregué el manuscrito».
- «A aquellos estudiantes, el esfuerzo "les" (pronombre reflejo) pareció inútil».
- «A los representantes, "les" (pronombre reflejo) hablamos de ti».

Salvo en oraciones medias —oraciones con verbo en voz activa pero con sentido pasivo, «Me gustan las fresas», por ejemplo—, los pronombres «me», «te», «se, «nos», «os» y «se» asumen la función de Complemento Directo en ausencia de otro Complemento Directo, Atributo o Complemento de Régimen, y lo hacen alterando su significado. Observemos la transformación: cuando decimos «*Me* miró las preguntas», «las preguntas» —Complemento Directo— significa lo mirado, aquello que recibe la acción, en tanto que «me» significa que es la primera persona quien se beneficia o resulta perjudicada con esa acción. En cambio, cuando decimos «*Me* miró», «me» actúa de Complemento Directo y significa que ahora «todo yo» recibe la acción de mirar, se ha transformado en «lo mirado». Si sustituimos el pronombre por un grupo preposicional con referente femenino, veremos el juego pronominal: «Miró las preguntas *a mi hija*» = «**LE** miró las preguntas» («a mi hija» = Complemento Indirecto)/ «Miró *a mi hija*» = **LA** miró («a mi hija» = Complemento Directo).

☞ Análisis de ejemplos:

1. **«A aquellos estudiantes, el esfuerzo les pareció inútil».** Oración simple, bimembre, enunciativa, afirmativa, atributiva.

   …..Sintagma nominal (Sujeto): «el esfuerzo». Consta de:
   ……….Determinante: «el».
   ……….Nombre (núcleo): «esfuerzo».
   …..Sintagma verbal (Predicado nominal): «a aquellos estudiantes les pareció inútil». Consta de:
   ……….Grupo preposicional (CI): «a aquellos estudiantes».
   Consta de:

..................Preposición: «a».
..............Sintagma nominal: «aquellos estudiantes». Consta de:
...................Determinante: «aquellos».
...................Nombre (núcleo): «estudiantes».
..........Sintagma nominal (pronombre reflejo de CI): «les».
..........Verbo (núcleo atributivo): «pareció».
..........Adjetivo (At): «inútil».

2. **«¿Diste el último manuscrito a David, director de Berenice?».** Oración simple, bimembre, interrogativa, afirmativa, transitiva. Consta de:

......Sintagma nominal (Sujeto): elíptico (2ª persona de singular).
......Sintagma verbal (Predicado): «diste el último manuscrito a David, director de Berenice». Consta de:
..........Verbo (núcleo): «diste».
..........Sintagma nominal (CD): «el último manuscrito».
        Consta de:
..............Determinante: «el».
..............Adjetivo: «último».
..............Nombre (núcleo): «manuscrito».
..........Grupo preposicional (CI): «a David, director de Berenice». Consta de:
..............Preposición: «a».
..............Sintagma nominal: «David, director de Berenice». Consta de:
...................Nombre (núcleo): «David».
...................Sintagma nominal (Ap explicativa): «director de Berenice». Consta de:
........................Nombre (núcleo): «director».
........................Grupo preposicional (CN): «de Berenice». Consta de:
...........................Preposición: «de.
...........................Sintagma nominal: Nombre (núcleo): «Berenice».

92

3. **«Quizás compremos algún regalo para nuestros familiares»**. Oración simple, bimembre, enunciativa, dubitativa, transitiva. Consta de:

.....Sintagma nominal (Sujeto): elíptico (1ª persona del plural).

.....Sintagma verbal (Predicado): «quizás compremos algún regalo para nuestros familiares». Consta de:

..........Adverbio (marca oracional dubitativa): «quizás».

..........Verbo (núcleo): «compremos».

..........Sintagma nominal (CD): «algún regalo». Consta de:

...............Determinante: «algún».

...............Nombre (núcleo): «regalo».

..........Grupo preposicional (CI): «para nuestros familiares». Consta de:

...............Preposición: «para».

...............Sintagma nominal: «nuestros familiares». Consta de:

...................Determinante: «nuestros».

...................Nombre (núcleo): «familiares».

4. **«No nos ayudó a ganar»**. Oración simple, bimembre, enunciativa, negativa, transitiva —de Complemento de Régimen—. Consta de:

.....Sintagma nominal (Sujeto): elíptico (3ª persona de singular).

.....Sintagma verbal (Predicado): «no nos ayudó a ganar». Consta de:

..........Adverbio (marca oracional de negación): «no».

..........Sintagma nominal: pronombre (CI): «nos».

..........Verbo (núcleo): «ayudó».

..........Grupo preposicional (CRég): «a ganar». Consta de:

...............Preposición: «a».

...............Nombre (núcleo en infinitivo): «ganar».

Enlace a ejemplos de ejercicios prácticos y comentarios a consultas recibidas sobre el tema en el Blog: https://wp.me/pTRlh-ED.

14.

Funciones del Predicado:
Los Complementos Circunstanciales

1. Nociones generales y clasificación

Con la denominación de «Complementos Circunstanciales» englobamos un conjunto de complementos heterogéneo que tienen en común el aportar información de diferente índole dentro del Predicado. Por ejemplo:

- «Sacó la puntilla *con unos alicates*» (modo).
- «*Mañana* vendrá» (tiempo).
- «Bebió *demasiado*» (cantidad).
- «Comerán *en el parque*» (lugar).
- «Pagó la deuda *por obligación*» (causa).
- «Usa el libro de instrucciones *para montarlo*» (finalidad).

Los gramáticos utilizamos diferentes criterios para su clasificación, según el que usemos las categorías pueden variar. Si empleamos un criterio exclusivamente funcional, todos ellos cabrían en una única categoría, la de «aditamentos» del Predicado[9]. Si utilizamos un criterio exclusivamente semántico —atendiendo a su sig-

---

[9] Propuesta realizada por Emilio Alarcos Llorach.

nificado— la clasificación puede incluir matices diferenciales que separen el Circunstancial de Modo, del Circunstancial de Instrumento o Medio, o del Circunstancial de Compañía. Si atendemos a un criterio meramente morfológico, tendríamos que separar los llamados Complementos Adverbiales —que pueden ser expresados a través de un adverbio: tiempo, lugar, modo y cantidad—, de los llamados Complementos Prepositivos —solo pueden ser expresados a través de un grupo preposicional: causa y finalidad—.

Hemos preferido mantener la clasificación tradicional utilizando la denominación «Complementos Circunstanciales» para englobar dentro de la misma tanto a los llamados Complementos Adverbiales como a los Prepositivos. Mantenemos la clasificación de carácter semántico porque entendemos que resulta útil para la didáctica del aula y pone de manifiesto la íntima relación entre forma, función y significado. No obstante, hemos simplificado las categorías, como veremos en cada apartado, incluyendo el llamado «Complemento Circunstancial de Instrumento o Medio» («Lo rompió *con un martillo*», «Se cubrió *con un paraguas*», etc.) y el llamado «Complemento Circunstancial de Compañía» («Saldré *con un amigo*», «Fui al cine *con tus hermanos*», etc.) dentro del «Complemento Circunstancial de Modo».

Como cuadro general, veremos los siguientes Complementos Circunstanciales:

2. Complementos Circunstanciales Adverbiales

Pueden ser expresados a través de un adverbio, no de forma exclusiva. Distinguimos:

2.1. Complemento Circunstancial de Tiempo (CC de Tiempo)

- «Nos veremos *entonces*» (también por un grupo preposicional —«Quedamos *a las tres*»— o un sintagma nominal —«Quedamos *el martes*»—).

2.2. Complemento Circunstancial de Modo (CC de Modo)

- «Lo haremos así» (también por un grupo preposicional —«Comió *con ansia*»—).

2.3. Complemento Circunstancial de Lugar (CC de Lugar)

- «Iremos *allí*» (también por un grupo preposicional —«Lo vi *en el parque*»—).

2.4. Complemento Circunstancial de Cantidad (CC de Cantidad)

- «Quiero *más*».

3. Complementos circunstanciales prepositivos

Solo pueden ser expresados, de forma exclusiva, a través de un grupo preposicional. Distinguimos:

3.1. Complemento Circunstancial de Causa (CC de Causa)

- «Murió *de / por una pulmonía*».

3.2. Complemento Circunstancial de Finalidad (CC de Finalidad)

- «Estudia *para aprobar*».

Enlace a ejemplos de ejercicios prácticos y comentarios a consultas recibidas sobre el tema en el Blog: https://wp.me/pTRlh-EP.

15.

Complementos del Predicado: El Complemento Circunstancial de Tiempo (CC de Tiempo)

Se trata de un complemento del Predicado que sirve para concretar o matizar el instante o el desarrollo del tiempo en el que transcurre la idea significada. Puede aparecer expresado por diversos procedimientos morfosintácticos, a saber:

1. Un adverbio: «Llegó *ayer / temprano / entonces*».
2. Un sintagma nominal: «Quedamos *el martes*».
3. Un grupo preposicional: «El tren sale *a las cuatro*».

Para reconocerlo, basta con preguntar *«¿cuándo?»* al verbo y comprobar la posible sustitución del elemento por un adverbio de tiempo como *«entonces»*.
Por ejemplo:

1. ¿Cuándo llegó? = entonces (*«ayer»*, *«temprano»* = CC de Tiempo).
2. ¿Cuándo quedamos? = entonces (*«el martes»* = CC de Tiempo).
3. ¿Cuándo sale el tren? = entonces (*«a las cuatro»* = CC de Tiempo).

Hemos de tener en cuenta que cada procedimiento de los mencionados puede recibir adyacentes hasta presentar estructuras más complejas. Tomemos el caso del adverbio:

- «Llegó *antes* / Llegó *antes de hora*» (de hora = GPrep —CAdv—).

Algunos adverbios pueden recibir un grupo preposicional que delimite su significado (Complemento del Adverbio / CAdv) como hemos visto en el ejemplo anterior o en:

- «Nos *vemos después de clase*» /«*…antes de clase*» / «*…entre clase y clase*».
- «Llegó *temprano* / *muy temprano*» (muy = Adv. Cuantificador).

Cuando el significado del adverbio admite grados, otro adverbio de cantidad puede expresar cuantificación o gradación («mucho», «poco», «bastante», «demasiado», etc.). En el caso del sintagma nominal, podríamos encontrarnos todos los adyacentes propios de un núcleo nominal. Veamos algunos casos:

- «Quedamos *el martes de Cuaresma*» («de Cuaresma»: GPrep / CN).
- «Nos vimos un *precioso* día *de primavera, el martes*». («Precioso», adjetivo; «de primavera», CN; y, «el martes», Ap explicativa).

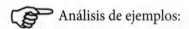 Análisis de ejemplos:

1. **«Los asistentes a la recepción llegaron antes de hora».** Oración simple, bimembre, enunciativa, afirmativa, intransitiva. Consta de:

   …..Sintagma nominal (Sujeto): «los asistentes a la recepción».
      Consta de:
   ……….Determinante: «los».

..........Nombre (núcleo): «asistentes».

..........Grupo preposicional (CN): «a la recepción». Consta de:

...............Preposición: «a».

...............Sintagma nominal: «la recepción». Consta de:

..................Determinante: «la».

..................Nombre (núcleo): «recepción».

.....Sintagma verbal (Predicado): «llegaron antes de hora».
    Consta de:

..........Verbo (núcleo): «llegaron».

..........Grupo adverbial (CC de Tiempo): «antes de hora».
    Consta de:

...............Adverbio: «antes».

...............Grupo preposicional (CAdv): «de hora». Consta de:

..................Preposición: «de».

..................Sintagma nominal: Nombre (núcleo): «hora».

2. **«¿No tendremos el examen de Lengua el martes?»**. Oración simple, bimembre, interrogativa, negativa, transitiva. Consta de:

......Sintagma nominal (Sujeto): elíptico (1ª persona del plural).

......Sintagma verbal (Predicado): «no tendremos el examen de Lengua el martes». Consta de:

..........Adverbio (marca oracional de negación): «no».

..........Verbo (núcleo): «tendremos».

..........Sintagma nominal (CD): «el examen de lengua».
    Consta de:

...............Determinante: «el».

...............Nombre (núcleo): «examen».

...............Grupo preposicional (CN): «de lengua». Consta de:

..................Preposición: «de».

..................Sintagma nominal: Nombre (núcleo): «lengua».

..........Sintagma nominal (CC de Tiempo): «el martes».
    Consta de:

...............Determinante: «el».

...............Nombre (núcleo): «martes».

3. **«¡Ojalá nos veamos al anochecer!»**. Oración simple, bimembre, exclamativa, desiderativa, transitiva. Consta de:

....Sintagma nominal (Sujeto): elíptico (1ª persona de plural).
....Sintagma verbal (Predicado): «ojalá nos veamos al anochecer».
Consta de:
.........Interjección (marca oracional de deseo): «ojalá».
.........Pronombre (recíproco de CD): «nos».
.........Verbo (núcleo): «veamos».
.........Grupo preposicional (CC de Tiempo): «al anochecer».
Consta de:
..............Preposición: «a» (+el).
..............Sintagma nominal: «anochecer».

Enlace a ejemplos de ejercicios prácticos y comentarios a consultas recibidas sobre el tema en el Blog: https://wp.me/pTRlh-EZ.

16.

Complementos del Predicado: El Complemento Circunstancial de Modo (CC de Modo)

El Complemento Circunstancial de Modo es un complemento que se refiere al Predicado aportando información sobre la manera, forma o modo en que se produce lo dicho en la oración. Así, si decimos «Rompió el cristal *con una piedra*», «con una piedra» expresa cómo fue roto el cristal, la forma, modo o manera en que se produjo esta acción[10].

La función de Complemento Circunstancial de Modo puede aparecer en la oración expresada mediante un grupo preposicional o un adverbio de Modo. Veamos algunos ejemplos:

- «Mi hermano anda *así*».
- «El barco navegaba *lentamente*».

---

[10] Es frecuente la confusión entre el Atributo (At), Complemento Predicativo (CPred) y Complemento Circunstancial de Modo (CC de Modo). Conviene recordar respecto al Atributo que aparece con verbos atributivos —«ser, estar o parecer»—, y admite la sustitución por «lo» («María es guapa» / ¿Cómo es María? = guapa), pero debemos observar que la oración presenta Predicado nominal con verbo «ser» y la sustitución por «lo» («María lo es»). El Complemento Predicativo también responde a la pregunta «¿cómo?» pero es siempre un adjetivo y presenta concordancia en género y número con el Sujeto a diferencia del Complemento Circunstancial de Modo que es un adverbio invariable («Mi padre llegó *cansado* / Mi madre llegó *cansada*/ Llegaron *cansados*»).

- «Pegó el libro *con cola blanca*».
- «Me recibió en su casa *con una sonrisa*».

Para identificarlo, podemos preguntar «¿cómo?» al verbo, o sustituir por un adverbio modal como «así», por ejemplo:

- ¿Cómo anda mi hermano? = *Así*.
- ¿Cómo navegaba el barco? = *Lentamente/* Así, ¿cómo?, *lentamente*.
- ¿Cómo pegó el libro? = *Con cola blanca* / Así, ¿cómo?, *con cola blanca*.
- ¿Cómo me recibió? = *Con una sonrisa* /Así, ¿cómo?, *con una sonrisa*.

Lo ideal es combinar ambos procedimientos tal y como hemos hecho en las secuencias anteriores.

Análisis de ejemplos:

1. **«Mi hermano Pedro anda así por las mañanas».** Oración simple, bimembre, enunciativa, afirmativa, intransitiva. Consta de:

.....Sintagma nominal (Sujeto): «mi hermano Pedro». Consta de:
..........Determinante: «mi».
..........Nombre (núcleo): «hermano».
..........Sintagma nominal (Ap adjunta): Nombre: «Pedro».
.....Sintagma verbal (Predicado): «anda así por las mañanas». Consta de:
..........Verbo (núcleo): «anda».
..........Adverbio (CC de Modo): «así».
..........Grupo preposicional (CC de Tiempo): «por las mañanas». Consta de:
...............Preposición: «por».
...............Sintagma nominal: «las mañanas». Consta de:
..................Determinante: «las».
..................Nombre (núcleo): «mañanas».

2. **«¿El barco de vela navegaba velozmente?»**. Oración simple, bimembre, interrogativa, afirmativa, intransitiva. Consta de:

.....Sintagma nominal (Sujeto): «el barco de vela». Consta de:
..........Determinante: «el».
..........Nombre (núcleo): «barco».
..........Grupo preposicional (CN): «de vela». Consta de:
...............Preposición: «de».
...............Sintagma nominal: Nombre (núcleo): «vela».
.....Sintagma verbal (Predicado): «navegaba velozmente». Consta de:
..........Verbo (núcleo): «navegaba».
..........Adverbio (CC de Modo): «velozmente».

3. **«¡El viejo profesor arregló el libro de Ciencias con cola blanca!»**. Oración simple, bimembre, exclamativa, afirmativa, transitiva. Consta de:

.....Sintagma nominal (Sujeto): «el viejo profesor». Consta de:
..........Determinante: «el».
..........Adjetivo: «viejo».
..........Nombre (núcleo): «profesor».
.....Sintagma verbal (Predicado): «arregló el libro de Ciencias con cola blanca». Consta de:
..........Verbo (núcleo): «arregló».
..........Sintagma nominal (CD): «el libro de ciencias». Consta de:
...............Determinante: «el».
...............Nombre (núcleo): «libro».
...............Grupo preposicional (CN): «de Ciencias». Consta de:
..................Preposición: «de».
..................Sintagma nominal: Nombre (núcleo): «Ciencias».
..........Grupo preposicional (CC de Modo): «con cola blanca». Consta de:
...............Preposición: «con».
...............Sintagma nominal: «cola blanca». Consta de:
..................Nombre (núcleo): «cola».
..................Adjetivo: «blanca».

4. **«Aquel viejo maestro, Ernesto, me recibió en su casa con una sonrisa».** Oración simple, bimembre, enunciativa, afirmativa, transitiva. Consta de:

…..Sintagma nominal (Sujeto): «aquel viejo maestro». Consta de:
………..Determinante: «aquel».
………..Adjetivo: «viejo».
………..Nombre (núcleo): «maestro».
…..Sintagma verbal (Predicado): «me recibió en su casa con una sonrisa». Consta de:
………..Sintagma nominal (CD): pronombre: «me».
………..Verbo (núcleo): «recibió».
………..Grupo preposicional (CC de Lugar): «en su casa».
………..Consta de:
………....…..Preposición: «en».
……………..Sintagma nominal: «su casa». Consta de:
…………………Determinante: «su».
…………………Nombre (núcleo): «casa».
………..Grupo preposicional (CC de Modo): «con una sonrisa».
………..Consta de:
……………..Preposición: «con».
……………..Sintagma nominal: «una sonrisa». Consta de:
…………………Determinante: «una».
…………………Nombre: «sonrisa».

Enlace a ejemplos de ejercicios prácticos y comentarios a consultas recibidas sobre el tema en el Blog: https://wp.me/pTRlh-Fg.

17.

Complementos del Predicado: El Complemento Circunstancial de Lugar (CC de Lugar)

Como su propio nombre indica, es un complemento que sirve para precisar el lugar donde transcurre la acción. En el Predicado, puede aparecer desempeñado por un adverbio («aquí», «allí», «cerca», «lejos», «encima», «debajo», etc.) o un grupo preposicional («en la carretera», «por el camino», «hacia Madrid», «sobre la mesa», etc.) donde la preposición aporta un significado locativo (situación) o direccional («a», «de», «desde», «hacia», etc.). No tendremos problema en identificar la función cuando aparece desempeñada por un adverbio o grupo adverbial:

- «Encima (adv.) de la mesa (CAdv)».
- «Lejos (adv.) de la ciudad (CAdv)».

Y lo podremos identificar sin dificultad en el caso de que aparezca desempeñada por un grupo preposicional porque responderá a la pregunta «¿dónde?» precedida, en su caso, por la preposición correspondiente. En cualquier caso, siempre admitirá la sustitución por un adverbio de lugar. Veámoslo con algunos ejemplos:

- «Tus parientes llegaron *a la ciudad*» = «Tus parientes llegaron *allí*» / ¿Dónde? = *a la ciudad*.

- «Los peregrinos iban *por el bosque*» = «Los peregrinos iban *por allí*» / ¿Por dónde? = *por el bosque.*
- «Los turistas venían *de Francia*» = «Los turistas venían *de allí*» / ¿De dónde? = *de Francia.*

☞ Análisis de ejemplos:

1. **«Tus parientes, primos y tíos, no vinieron a la fiesta de cumpleaños».** Oración simple, bimembre, enunciativa, negativa, intransitiva. Consta de:

.....Sintagma nominal (Sujeto): «tus parientes, primos y tíos». Consta de:

.........Determinante: «tus».

.........Nombre (núcleo): «parientes».

.........Sintagma nominal (Ap): «primos y tíos». Consta de:

.............SN 1: Nombre (núcleo): «primos».

.................Conjunción Coordinada Copulativa: «y».

.............SN 2: Nombre (núcleo): «tíos».

.....Sintagma verbal (Predicado): «no vinieron a la fiesta de cumpleaños». Consta de:

.........Adverbio (marca oracional de negación): «no».

.........Verbo (núcleo): «vinieron».

.........Grupo preposicional (CC de Lugar): «a la fiesta de cumpleaños». Consta de:

.............Preposición: «a».

.............Sintagma nominal: «la fiesta de cumpleaños». Consta de:

.................Determinante: «la».

.................Nombre (núcleo): «fiesta».

.................Grupo preposicional (CN): «de cumpleaños». Consta de:

.................Preposición: «de».

.................Sintagma nominal: Nombre (núcleo): «cumpleaños».

2. **«Los peregrinos más preparados iban por los caminos del bosque».** Oración simple, bimembre, enunciativa, afirmativa, intransitiva. Consta de:

.....Sintagma nominal (Sujeto): «los peregrinos más preparados». Consta de:

..........Determinante: «los».

..........Nombre (núcleo): «peregrinos».

..........Grupo adjetival: «más preparados». Consta de:

...............Adverbio (cuantificador): «más».

...............Adjetivo: «preparados».

.....Sintagma verbal (Predicado): «iban por los caminos del bosque». Consta de:

..........Verbo (núcleo): «iban».

..........Grupo preposicional (CC de Lugar): «por los caminos del bosque». Consta de:

...............Preposición: «por».

...............Sintagma nominal: «los caminos del bosque». Consta de:

...................Determinante: «los».

...................Nombre (núcleo): «caminos».

...................Grupo preposicional (CN): «del bosque». Consta de:

........................Preposición: «de» (+ el).

........................Sintagma nominal: «el bosque». Consta de:

.............................Determinante: «el» (de +).

.............................Nombre (núcleo): «bosque».

3. **«¡Sal de casa!».** Oración simple, bimembre, exclamativa, afirmativa, intransitiva. Consta de:

.....Sintagma nominal (Sujeto): elíptico (2ª persona de singular).

.....Sintagma verbal (Predicado): «sal de casa». Consta de:

..........Verbo (núcleo): «sal».

..........Grupo preposicional (CC de Lugar): «de casa». Consta de:

...............Preposición: «de».

...............Sintagma nominal: Nombre (núcleo): «casa».

4. **«Quizás tenga correo dentro del buzón».** Oración simple, bimembre, enunciativa, dubitativa, transitiva. Consta de:

.....Sintagma nominal (Sujeto): elíptico (1ª/3ª persona de singular).

.....Sintagma verbal (Predicado): «quizás tenga correo dentro del buzón». Consta de:

.........Adverbio (marca oracional de duda): «quizás».

.........Verbo (núcleo): «tenga».

.........Sintagma nominal (CD): Nombre (núcleo): «correo».

.........Grupo adverbial (CC de Lugar): «dentro del buzón». Consta de:

..............Adverbio: «dentro».

..............Grupo preposicional (CAdv): «del buzón». Consta de:

..................Preposición: «de» (+ el).

..................Sintagma nominal: «el buzón». Consta de:

.......................Determinante: «el» (de +).

.......................Nombre (núcleo): «buzón».

Enlace a ejemplos de ejercicios prácticos y comentarios a consultas recibidas sobre el tema en el Blog: https://wp.me/pTRlh-Fv.

18.

Complementos del Predicado: El Complemento Circunstancial de Causa (CC de Causa)

El Complemento Circunstancial de Causa introduce en el Predicado el motivo que induce o provoca la acción expresada. Se presenta en la oración siempre como un grupo preposicional y la preposición más usada como enlace es «por». Veamos algunos ejemplos:

- «Pedía por la calle *por pura necesidad*».
- «Guardó silencio *por cortesía*».
- «Lloraba *de impotencia*».

Para identificar el Complemento Circunstancial de Causa podemos preguntar «¿Por qué?» al verbo núcleo del Predicado. La respuesta será el complemento. En los ejemplos anteriores, tendríamos:

- *¿Por qué* pedía? = *Por necesidad*.
- *¿Por qué* guardó silencio? = *Por cortesía*.
- *¿Por qué* lloraba? = *Por/de impotencia*.

Cuando hayamos analizado bastantes ejemplos, no tendremos dificultad para identificar el Complemento Circunstancial de Causa; pero, al principio, podemos tener dificultades para identificar aquellos que no van introducidos por la preposición «por». Este problema será aún mayor cuando analicemos oraciones compuestas. Por eso es conveniente que nos acostumbremos a usar una preposición guía, en nuestro caso «por», y utilizarla para comprobar si, efectivamente, el grupo preposicional puede construirse con esta preposición sin alterar su significado. Así, en el tercer ejemplo podríamos decir «Lloraba por impotencia». Si el significado se viera alterado, estaríamos ante otra función sintáctica. Observad la posible dificultad planteada en la siguiente oración compuesta: «*Como no tenía dinero*, no podía ir al cine». Si usamos la sustitución podríamos leer sin dificultad «No podía ir al cine *porque no tenía dinero*», será esta sustitución de «como» por «por» la que nos dará la clave de que estamos ante una Proposición Subordinada Circunstancial de Causa.

 Análisis de ejemplos:

1. **«Aquel mendigo del barrio pedía dinero por pura necesidad».** Oración simple, bimembre, enunciativa, afirmativa, transitiva. Consta de:

   .....Sintagma nominal (Sujeto): «aquel mendigo del barrio».
       Consta de:
   ....Determinante: «aquel».
   ....Nombre (núcleo): «mendigo».
   ....Grupo preposicional (CN): «del barrio». Consta de:
   ....Preposición: «de» (+ el).
   ....Sintagma nominal: «el barrio». Consta de:
   ....Determinante: «el» (de +).
   ....Nombre (núcleo): «barrio».
   .....Sintagma verbal (Predicado): «pedía dinero por necesidad».
       Consta de:
   ....Verbo (núcleo): «pedía».
   ....Sintagma nominal (CD): Nombre (núcleo): «dinero».
   ....Grupo preposicional (CC de Causa): «por necesidad».
       Consta de:

..............Preposición: «por».
..............Sintagma nominal: Nombre (núcleo): «necesidad».

2. **«¿Pedro, un hombre tan violento, guardó silencio por cortesía?»**. Oración simple, bimembre, interrogativa, afirmativa, transitiva. Consta de:

.....Sintagma nominal (Sujeto): «Pedro, un hombre tan violento».
Consta de:
.........Nombre (núcleo): «Pedro».
.........Sintagma nominal (Ap explicativa): «un hombre tan violento». Consta de:
..............Determinante: «un».
..............Nombre (núcleo): «hombre».
..............Grupo adjetival: «tan violento». Consta de:
.................Adverbio intensificador: «tan».
.................Adjetivo: «violento».
.....Sintagma verbal (Predicado): «guardó silencio por cortesía».
Consta de:
.........Verbo (núcleo): «guardó».
.........Sintagma nominal (CD): Nombre (núcleo): «silencio».
.........Grupo preposicional (CC de Causa): «por cortesía».
Consta de:
..............Preposición: «por».
..............Sintagma nominal: Nombre (núcleo): «cortesía».

3. **«En pleno bombardeo, todos lloraban de impotencia y desesperación»**. Oración simple, bimembre, enunciativa, afirmativa, intransitiva. Consta de:

.....Sintagma nominal (Sujeto): pronombre: «todos».
.....Sintagma verbal (Predicado): «lloraban de impotencia y desesperación en pleno bombardeo». Consta de:
.........Verbo (núcleo): «lloraban».
.........Grupo preposicional (CC de Causa): «de impotencia y desesperación». Consta de:
..............Preposición: «de».

...............Sintagma nominal (consta de dos Sintagmas nominales en relación Coordinada Copulativa a través de la conjunción «y»): impotencia «y» desesperación.
Consta de:
.....................SN 1: Nombre (núcleo): «impotencia».
.......................Conjunción (Coordinada Copulativa): «y».
.....................SN 2: Nombre (núcleo): «desesperación».

Enlace a ejemplos de ejercicios prácticos y comentarios a consultas recibidas sobre el tema en el Blog: https://wp.me/pTRlh-FE.

19.

Complementos del Predicado: El Complemento Circunstancial de Finalidad (CC de Finalidad)

El Complemento Circunstancial de Finalidad es un complemento del Predicado que aporta a la oración la idea del fin que se persigue mediante lo dicho en la oración. Se expresa mediante un grupo preposicional introducido normalmente por la preposición «para». Por ejemplo[11]:

- «El director no llamó a Pedro *para hablar*».

---

[11] Observa que es muy frecuente la aparición del infinitivo como término del grupo preposicional. Debemos recordar que el infinitivo actúa como sustantivo en el discurso —excepto cuando aparece formando parte de perífrasis verbales—, pero no pierde su naturaleza verbal y recibe complementos de Predicado. Así, por ejemplo, en «para divertirte» vemos un pronombre «te» actuando como reflexivo de Complemento Directo del infinitivo; en «a buscar a Enrique, «a Enrique» es un grupo preposicional que actúa como Complemento Directo de «buscar»; en «para estar fuerte», observamos un adjetivo, «fuerte», actuando como Atributo; o en «para hacerlo bien», donde vemos cómo del infinitivo depende un pronombre, «lo», en función del Complemento Directo del infinitivo, y un adverbio «bien», en función de Complemento Circunstancial de Modo.

Observamos el mismo comportamiento en el caso del participio, que actúa como adjetivo del discurso pero no pierde su capacidad de recibir complementos de Predicado («una mesa rota por el tablero»); o en el gerundio, que actúa como adverbio pero, igualmente, sin perder su capacidad de recibir complementos verbales («corriendo por el parque»). En todos estos casos, equivalen a Oraciones Subordinadas de infinitivo, participio y gerundio respectivamente.

- «La familia quizás fue allí *para descansar*».
- «¿Julia y tú quedasteis *para estudiar*?».
- «Nos citaron en Rabanales *para las pruebas de Selectividad*».

Como el Complemento Indirecto puede aparecer introducido por «a» o «para», pero a diferencia de este, no admite la sustitución por «le/-s». Responde a la pregunta «¿A qué?» o «¿Para qué?». En los ejemplos anteriores tendríamos:

- ¿Para qué no llamó el director a Pedro? = Para hablar.
- ¿Para qué fue allí? = Para descansar.
- ¿Para qué quedasteis Julia y tú? = Para estudiar.
- ¿Para qué nos citaron en Rabanales? = Para las pruebas de Selectividad.

☞ Análisis de ejemplos:

1. **«El director no llamó a Pedro para hablar».** Oración simple, bimembre, enunciativa, negativa, transitiva. Consta de:

.....Sintagma nominal (Sujeto): «el director». Consta de:

..........Determinante: «el».

..........Nombre (núcleo): «director».

.....Sintagma verbal (Predicado): «no llamó a Pedro para hablar». Consta de:

..........Adverbio (marca oracional de negación): «no».

..........Verbo (núcleo): «llamó».

..........Grupo preposicional (CD): «a Pedro». Consta de:

...............Preposición: «a».

...............Sintagma nominal: Nombre (núcleo): «Pedro».

..........Grupo preposicional (CC de Finalidad): «para hablar». Consta de:

...............Preposición: «para».

...............Sintagma nominal: Nombre (infinitivo: núcleo): «hablar».

116

2. **«La familia quizás fue allí para descansar».** Oración simple, bimembre, enunciativa, dubitativa, intransitiva. Consta de:

…..Sintagma nominal (Sujeto): «la familia». Consta de:

……….Determinante: «la».

……….Nombre (núcleo): «familia».

…..Sintagma verbal (Predicado): «quizás fue allí para descansar». Consta de:

……….Adverbio (marca oracional de duda): «quizás».

……….Verbo (núcleo): «fue».

……….Adverbio (CC de Lugar): «allí».

……….Grupo preposicional (CC de Finalidad): «para descansar». Consta de:

……………Preposición: «para».

……………Sintagma nominal: Nombre (infinitivo: núcleo): «descansar».

3. **«¿Julia y tú quedasteis en la Biblioteca para estudiar?».** Oración simple, bimembre, interrogativa, afirmativa, intransitiva. Consta de:

…..Sintagma nominal (Sujeto): «Julia y tú». Consta de:

……….SN 1: Nombre (núcleo): «Julia».

…………Conjunción (Coordinada Copulativa): «y».

……….SN 2: Pronombre (núcleo): «tú».

…..Sintagma verbal (Predicado): «quedasteis en la Biblioteca para estudiar». Consta de:

……….Verbo (núcleo): «quedasteis».

……….Grupo preposicional (CC de Lugar): «en la biblioteca». Consta de:

……………Preposición: «en».

……………Sintagma nominal: «la biblioteca». Consta de:

………………..Determinante: «la».

………………..Nombre (núcleo): «biblioteca».

……….Grupo preposicional (CC de Finalidad): «para estudiar». Consta de:

..............Preposición: «para».
..............Sintagma nominal (infinitivo: núcleo): «estudiar».

4. **«Nos citaron en Rabanales para las pruebas de Selectividad».** Oración simple, bimembre, enunciativa, afirmativa, transitiva. Consta de:

.....Sintagma nominal (Sujeto): elíptico (3ª persona de plural/impersonal optativa).

.....Sintagma verbal (Predicado): «nos citaron en Rabanales para las pruebas de Selectividad». Consta de:

..........Pronombre (CD): «nos».

..........Verbo (núcleo): «citaron».

..........Grupo preposicional (CC de Lugar): «en Rabanales». Consta de:

..............Preposición: «en».

..............Sintagma nominal: Nombre (núcleo): «Rabanales».

..........Grupo preposicional (CC de Finalidad): «para las pruebas de Selectividad». Consta de:

..............Preposición: «para».

..............Sintagma nominal: «las pruebas de selectividad». Consta de:

.................Determinante: «las».

.................Nombre (núcleo): «pruebas».

.................Grupo preposicional (CN): «de Selectividad». Consta de:

.....................Preposición: «de».

.....................Sintagma nominal: Nombre (núcleo): «Selectividad».

Enlace a ejemplos de ejercicios prácticos y comentarios a consultas recibidas sobre el tema en el Blog: https://wp.me/pTRlh-FM.

20.

La voz pasiva en español

Llamamos voz pasiva a una forma precisa de conjugar el verbo en español mediante una perífrasis verbal formada por el verbo «ser» (auxiliar) más el participio del verbo correspondiente (auxiliado). Así, si el presente de indicativo del verbo «ver» en voz activa es «yo veo», «tú ves», «él ve», etc., el presente de indicativo en voz pasiva sería «yo soy visto», «tú eres visto», «él es visto», etc. donde el verbo auxiliar «ser» aparecería conjugado en presente de indicativo acompañado del participio («visto») del verbo auxiliado.

Es importante estudiar la voz pasiva porque en la transformación se producen algunas alteraciones en las funciones sintácticas y semánticas que venimos analizando. Veámoslo a partir de un ejemplo:

1. **Oración en voz activa**: «Los profesores (Suj. Agente) repartieron (V) los folios del examen (CD)».
2. **Oración en voz pasiva**: «Los folios del examen (Suj. Paciente) fueron repartidos (V) por los profesores (CAg)».

En la oración activa (a), el Sujeto se denomina «agente» porque es el que normalmente realiza la acción. En este caso, «los profesores» son quienes reparten los folios. El Complemento Directo («los folios del examen») es, en cambio, «paciente», significa aquello sobre lo que recae la acción, es decir, «los folios del examen», lo que se reparte. En la oración activa (1), el agente desempeña la función de Sujeto porque ordena el número y persona del verbo. Si cambiamos de número «los profesores» veremos cómo obliga a cambiar el número del verbo núcleo del Predicado: «*El profesor repartió* los folios del examen».

El Complemento Directo, según vimos, responde a las preguntas «¿qué?» o «¿a quién? y admite la sustitución por «lo / la / los / las»: «El profesor *los* repartió».

Pues bien, los elementos que se ven alterados en la oración pasiva son los siguientes:

1. El núcleo del Predicado pasa a voz pasiva a través de la perífrasis «ser + participio»: repartió > *fueron repartidos*.

2. El Complemento Directo de la oración activa (1), pasa a desempeñar la función de «Sujeto paciente» en la oración pasiva (2): «*Los folios del examen* fueron repartidos...». Es Sujeto porque es la parte de la oración que, ahora, obliga la concordancia formal del núcleo del Predicado. Si lo cambiamos de número, obligamos al verbo a cambiar de número para concertar: «*El folio* del examen *fue* repartido...». Y es «paciente» porque aunque actúe como Sujeto sigue significando «lo repartido», es decir, aquello sobre lo que recae o que sufre la acción expresada en el Predicado.

3. El Sujeto agente de la oración activa (1) («los profesores») pasa a ser un grupo preposicional (2) («por los profesores») cuya función es Complemento Agente. El Complemento Agente es una función que aparece dependiendo exclusivamente de un participio como el que forma la voz pasiva («Fue dicho *por Martín*», «La liebre huyó acosada *por los perros*», «La nueva empresa inaugurada *por el Presidente* abrirá sus puertas al público»). Los llamamos «agente» porque significa quien realiza la acción a pesar de que aparezca en forma de grupo preposicional.

Por último, no todas las oraciones activas admiten la transformación a pasiva. Para que podamos transformar una oración activa en pasiva es imprescindible que la oración activa sea transitiva (y no todas las transitivas pueden transformarse). Veamos algunos ejemplos:

- «Mi hija ha comprado ropa en el centro comercial» / «La ropa ha sido comprada por mi hija en el centro comercial».
- «Los bomberos apagaron el incendio producido» / «El incendio producido fue apagado por los bomberos».
- «El gato tiró el plato de sopa» / «El plato de sopa fue tirado por el gato».

 Análisis de ejemplos:

1. **«La ropa ha sido comprada por mi hija en el centro comercial».** Oración simple, bimembre, enunciativa, afirmativa, pasiva. Consta de:

.....Sintagma nominal (Sujeto): «la ropa». Consta de:

..........Determinante: «la».

..........Nombre (núcleo): «ropa».

.....Sintagma verbal (Predicado): «ha sido comprada por mi hija en el centro comercial». Consta de:

..........Verbo (núcleo: perífrasis pasiva): «ha sido comprada».

..........Grupo preposicional (CAg): «por mi hija». Consta de:

...............Preposición: «por».

...............Sintagma nominal: «mi hija». Consta de:

....................Determinante: «mi».

....................Nombre (núcleo): «hija».

..........Grupo preposicional (CC de Lugar): «en el centro comercial». Consta de:

...............Preposición: «en».

...............Sintagma nominal: «el centro comercial». Consta de:

...................Determinante: «el».

...................Nombre (núcleo): «centro».

...................Adjetivo: «comercial».

2. **«El incendio producido fue apagado por los bomberos».**
Oración simple, bimembre, enunciativa, afirmativa, pasiva.
Consta de:

....Sintagma nominal (Sujeto): «el incendio producido».
   Consta de:
.........Determinante: «el».
.........Nombre (núcleo): «incendio».
.........Adjetivo: «producido».
....Sintagma verbal (Predicado): «fue apagado por los bomberos».
   Consta de:
.........Verbo (núcleo: perífrasis pasiva): «fue apagado».
.........Grupo preposicional (CAg): «por los bomberos».
   Consta de:
...............Preposición: «por».
...............Sintagma nominal: «los bomberos». Consta de:
..................Determinante: «los».
..................Nombre (núcleo): «bomberos».

3. **«El examen de Lengua, demasiado extenso, no fue terminado a tiempo por los alumnos».** Oración simple, bimembre, enunciativa, negativa, pasiva. Consta de:

.....Sintagma nominal (Sujeto): «el examen de lengua, demasiado extenso». Consta de:
.........Determinante: «el».
.........Nombre (núcleo): «examen».
.........Grupo preposicional (CN): «de lengua». Consta de:
...............Preposición: «de».
...............Sintagma nominal: Nombre (núcleo): «lengua».
.........Grupo adjetival: «demasiado extenso». Consta de:
...............Adverbio cuantificador: «demasiado».
...............Adjetivo (núcleo): «extenso».
.....Sintagma verbal (Predicado): «no fue terminado a tiempo por los alumnos». Consta de:
.........Adverbio (marca oracional de negación): «no».
.........Verbo (núcleo: perífrasis pasiva): «fue terminado».

..........Grupo preposicional (CC de Modo): «a tiempo».

Consta de:

...............Preposición: «a».

...............Sintagma nominal: Nombre (núcleo): «tiempo».

..........Grupo preposicional (CAg): «por los alumnos».

Consta de:

...............Preposición: «por».

...............Sintagma nominal: «los alumnos». Consta de:

....................Determinante: «los».

....................Nombre (núcleo): «alumnos».

Enlace a ejemplos de ejercicios prácticos y comentarios a consultas recibidas sobre el tema en el Blog: https://wp.me/pTRlh-FV.

21.

Funciones sintácticas
de los pronombres personales

Los pronombres personales constituyen un grupo especial entre los demás pronombres porque aglutinan, además de las funciones básicas, otras específicas que suelen suponer dificultades para la identificación. Trataremos de ser lo más didácticos indicando en cada caso la mejor forma para la identificación de la función específica. Para ello, veremos en primer lugar las formas y las funciones básicas y, más tarde, desarrollaremos las funciones específicas.

1. PRONOMBRES PERSONALES: FORMAS Y FUNCIONES BÁSICAS

Con los pronombres personales designamos a los participantes en cualquier acto de comunicación. Distinguiremos la 1ª persona con la que significamos al emisor (singular: yo, me, mí, conmigo/ plural: nosotros, nos), 2ª persona, con la que significamos al receptor (singular: tú/usted, te/le, ti, contigo/plural: vosotros/ustedes, os) y 3ª persona, con la que significamos a quien no es emisor ni receptor (singular: él, se, sí, consigo, lo (-a), le/plural: ellos (-as), los (-as), les) —hemos omitido en plural las formas coincidentes—.

La razón de esta variedad de formas obedece a una causa histórica: es la única palabra que conserva en español restos de la antigua declinación latina. Esto significa que la forma de la palabra cambia para expresar la función sintáctica que desempeña en la oración. Veamos ahora cómo se clasifican los pronombres según sus funciones:

1.1. Pronombres personales de Sujeto

- Singular: 1ª **yo**, 2ª **tú/usted**, 3ª **él (ella)**;
- Plural: 1ª **nosotros (-as)**, 2ª **vosotros (-as) /ustedes**, 3ª **ellos (-as)**.

Cuando conjugamos cualquier verbo, usamos normalmente los pronombres de Sujeto como presentación. Así, si conjugamos el presente de indicativo del verbo «amar», diríamos: *yo* amo; *tú* amas / *usted* ama; *él* ama; *nosotros* amamos; *vosotros* amáis /*ustedes* aman, y *ellos* aman.

De esta forma tan sencilla podemos recordar qué pronombres desempeñan la función de Sujeto. Y es importante insistir en que solo estos pronombres, entre los personales, pueden actuar como Sujeto de la oración.

Debemos recordar, también, que cuando usamos el pronombre de cortesía en segunda persona («usted») debemos combinarlo con la tercera persona verbal. Es decir:

- «Usted ama» o «Ustedes aman» (correcto).
- *«Usted amas» o *«Ustedes amáis» (incorrecto).

1.2. Pronombres personales de Complemento Directo o indirecto (convergentes)

- Singular: 1ª **me**, 2ª **te/le**, 3ª **se**.
- Plural: 1ª **nos**, 2ª **os/les**, 3ª **se**.

Llamamos «convergentes» a los pronombres que pueden coincidir en significar el mismo referente que el Sujeto. Si decimos «Yo me lavo», tanto el pronombre «yo» como el pronombre «me» están designando a la misma persona, al mismo referente. Pero debemos observar que estos pronombres también pueden ser usados como «divergentes», es decir, designando un referente distinto al Sujeto. Por ejemplo, si decimos «Yo te hablo», «yo» se refiere al hablante y «te» significa el oyente, designan por lo tanto distintos referentes.

Cuando usamos el trato de cortesía y hablamos de «usted» al receptor, debemos sustituir «te» por «le» en singular, y «os» por «les» en plural. Así:

- «Yo *te* hablo», «Yo *os* hablo» (uso familiar de confianza).
- «Yo *le* hablo (a usted)», «Yo *les* hablo (a ustedes)» (uso de cortesía).

El que estos pronombres actúen como Complemento Directo o Indirecto en la oración dependerá, normalmente, de la existencia o no de otro Complemento Directo o de Régimen en la misma oración dependiendo del mismo verbo. Es importante señalar que el cambio de función conlleva también un cambio en el significado de los pronombres. Recordemos el juego de valores sintácticos y semánticos a partir de un ejemplo ya mencionado: «Yo *me* lavo la cara».

«La cara» actúa como Complemento Directo (admite la sustitución por «la» —Yo me la lavo—) y significa el objeto lavado, es decir «la cara» es aquello sobre lo que se ejerce la acción de lavar. En este ejemplo, «me» aparece actuando como Complemento Indirecto. Para comprobarlo, pasamos a tercera persona y pensamos en un referente femenino («Lavo la cara a mi hermana») y observamos cómo la posible sustitución se realizaría por «le» («Yo le lavo la cara»). «Me» como Complemento Indirecto significa la persona que se beneficia o perjudica de lo dicho. ¿Qué ocurre si suprimimos el Complemento Directo de la oración anterior?: «Yo *me* lavo».

«Me» actúa ahora como Complemento Directo. Para comprobarlo, volvemos a proceder como hicimos antes, es decir, pasamos a tercera persona y pensamos en un referente femenino («Yo lavo *a mi hermana*») y observamos cómo la posible sustitución se realiza por «la» («Yo *la* lavo»). Como Complemento Directo, el pronombre «me» significa ahora que «toda» la persona es lo lavado, con el sentido propio de la función.

La técnica de pensar en un referente femenino obedece, como ya vimos, a evitar el problema del «leísmo» cada vez más extendido que podría inducirnos a error entre el Complemento Directo y el Indirecto al determinar la función.

Para memorizar estos pronombres personales bastará pensar en la conjugación de un verbo pronominal, por ejemplo:

- «*Yo me* arrepiento».
- «*Tú te* arrepientes».
- «*Él se* arrepiente».
- «*Nosotros nos* arrepentimos».
- «*Vosotros os* arrepentís».
- «*Ellos se* arrepienten».

Aquí tenemos tanto los pronombres de Sujeto (yo, tú, él, nosotros, vosotros, ellos) como los pronombres de Complemento Directo/Indirecto (me, te, se, nos, os, se). El resto son fáciles de memorizar.

1.3. Pronombres personales de Complemento Directo divergentes

Solo 3ª persona: singular: **lo / la**; plural: **los / las**. En este caso, los pronombres «divergentes» solo los usamos para significar un referente distinto y no coincidente con el Sujeto. Ejemplos:

- «*Lo* vi ayer».
- «*La* reservé hace una semana».
- «Me *los* he comido todos».
- «Déja*las* en el mismo sitio».
- «Bébe*lo* despacio».
- «Colóca*los* arriba», etc.

1.4. Pronombres personales de Complemento Indirecto divergentes

Solo 3ª persona: singular: **le**; plural: **les**.

Ejemplos:

- «El director *le* envió un aviso (a él/ella)».
- «El director *les* envió un aviso (a ellos/as)».
- «Aquel amigo *le* habló claro (a él/a ella)».
- «Aquel amigo *les* habló claro (a ellos/as)».
- «Di*le* eso de mi parte».
- «Avísa*les* de la llegada»; etc.

1.5. Pronombres personales en grupo preposicional

- Singular: 1ª *mí* (conmigo), 2ª *ti* (contigo), 3ª **sí** (consigo) / él (ella).
- Plural: 1ª **nosotros (-as)**, 2ª **vosotros (-as)**, 3ª **sí/ellos(-as)**.

Ejemplos:

- «Lo hizo *por mí/ti/sí*».
- «Se fue *sin mí/ti/él*».
- «Está detrás *de mí/ti/él*».
- «Se puso fuera *de sí*».
- «Siempre piensa *en sí mismo*».
- «*A través de ti* resultará más fácil».
- «*A mí* me gusta ese tema».
- «Vendrá *conmigo* a Francia».
- «Me acordaré *de ti*».
- «¿Está *contigo* el niño?», etc.

1.6. Otras posibles funciones pronominales y su determinación

Los pronombres personales que presentan una especial dificultad de análisis son «me», «te», «se», «nos», «os», «se», es decir, los que hemos nombrado como convergentes de Complemento Directo o Indirecto.

Para explicar las distintas funciones y significados que pueden desempeñar vamos a seguir unos pasos determinados. En cada paso iremos explicando el procedimiento y las claves que van a ayudarnos a definir la función. Se trata de un método de acercamiento que da buenos resultados.

Imaginemos algunos ejemplos donde aparezcan pronombres del tipo indicado:

- «Te arrepentirás de no llamar».
- «Me acordé de ti».
- «Se lavó el pelo».
- «Te imaginaste una ciudad distinta».
- «Se venden libros usados».
- «Se comió dos hamburguesas», etc.

A continuación vamos a ir distinguiendo las distintas funciones realizadas por los pronombres siguiendo unos pasos concretos que nos ayudarán, por exclusión, a precisar cada caso:

— PASO 1: *Comprobamos si el verbo puede construirse sin pronombre en español:*
Hay verbos que solo existen en la lengua en forma pronominal, no podemos imaginar un ejemplo en el que aparezcan usados sin su pronombre correspondiente. Es lo que ocurre con «te arrepentirás». El verbo «arrepentirse», siempre lo utilizamos en forma pronominal. No podemos imaginar oraciones del tipo *«Arrepiente a tu hermano de sus pecados» o en cualquier otra construida sin el pronombre personal. Otro verbo tipo en esta situación es «suicidarse», por ejemplo. Cuando esto ocurre, es decir, el verbo solo

130

existe en la lengua como pronominal —construido con pronombre personal convergente— consideramos el pronombre como si fuera una sílaba más del lexema del verbo y decimos que es un pronombre lexema verbal, sin especificar ninguna otra función.

Pronombre lexema verbal

Son los pronombres que aparecen con verbos de carácter pronominal, aquellos que no existen en la lengua sin pronombre como sucede con «arrepentirse» o «suicidarse». Puede ocurrir, sin embargo, que el verbo sí exista en la lengua en forma no pronominal. En ese caso seguiremos avanzando en nuestra reflexión:

— PASO 2: *Comprobamos si el verbo, al usarse sin pronombre, altera o cambia su significado:*
Algunos verbos cambian de significado según aparezcan con o sin pronombre. Observemos el caso de «acordar» y «acordarse». En los ejemplos anteriores aparecía la oración «Me acordé de ti». El verbo «acordarse», en forma pronominal, significa «recordar»; en cambio, «acordar», en forma no pronominal, significa «alcanzar o realizar un acuerdo entre partes» («Los presidentes *acordaron* un recorte del gasto público»). Cuando esto ocurre, consideramos el pronombre como si se tratara de un morfema que altera el significado del conjunto, como sucedería con el prefijo «re-» en «reorganizar». Por eso, a estos pronombres los nombramos como «morfema verbal» sin asignarles ninguna otra función sintáctica, como tampoco asignaríamos función sintáctica al prefijo «re-» en la oración «Reorganizó el despacho», por ejemplo.
Entrarían en estos usos los verbos de movimiento que cambian el sentido direccional según los usemos o no en forma pronominal. Así «ir» indica «a o hacia un lugar», mientras que «irse» indica «de o desde un lugar» o «marchar» («a o hacia un lugar»),

«marcharse» («de un lugar»). Otros cambios de significado son: «llegar» a un sitio, frente a «llegarse» con el sentido de «visitar».[12]

Pronombre morfema verbal

Designamos así los pronombres cuya presencia o ausencia cambia el significado del verbo como sucede con «acordarse/acordar», «llegarse/llegar», «llevar/llevarse», etc. Pero es posible que el verbo pueda existir sin pronombre y la presencia o ausencia del pronombre no altere el significado del verbo. En ese caso, pasamos al siguiente paso en nuestra reflexión:

— PASO 3: *Comprobamos si podemos suprimir el pronombre de la oración sin que se pierda significado:*
El pronombre puede no tener ningún significado relevante en la oración, y usarse para marcar la función expresiva del discurso, es decir, una reacción de ánimo del hablante que subraya a través del pronombre lo llamativo o extraordinario que para él tiene lo dicho. Es lo que ocurre en dos de los ejemplos propuestos: «Te imaginaste una ciudad distinta» y «Se comió dos hamburguesas». Podemos observar cómo, en ambos casos, *podemos suprimir los pronombres sin que se pierda información en la oración*: «Imaginaste una ciudad distinta» y «Comió dos hamburguesas»; pero ahora la información que transmitimos es objetiva, no trasladamos al oyente el énfasis o reacción de ánimo ante el acontecimiento que estaba presente en el primer ejemplo. Por eso, tampoco asignamos un valor sintáctico específico a estos pronombres, los consideramos «pronombres expletivos o enfáticos».

---

[12] Cuando el sentido direccional se mantiene a pesar del pronombre, es porque se usa con sentido expletivo o enfático como veremos más adelante, por ejemplo: «Me voy a París».

Pronombre expletivo o enfático
(dativo ético o de interés)

Son aquellos pronombres que podemos suprimir de la oración sin que se produzca pérdida de información. Sirven para expresar reacción de ánimo, énfasis expresivo, hacia el contenido transmitido en la oración.

Pero puede ocurrir que la supresión del pronombre sí conlleve pérdida o alteración de la información. Procedemos, entonces, al siguiente paso:

— **PASO 4:** *Comprobamos que si suprimimos el pronombre se pierde la información de reversión de la acción hacia el propio Sujeto:*

En los ejemplos propuestos al principio aparecía «Se lavó el pelo», el verbo «lavar» existe en la lengua en forma no pronominal («Lavé el coche») y la ausencia de pronombre no altera el significado del verbo —limpiar algo con agua u otro líquido—. Pero a diferencia del caso anterior, si suprimimos el pronombre («Lavó el pelo») sí se pierde información, dejamos de informar de que el pelo era el suyo, el del Sujeto, y no el de cualquier otro («Lavó el pelo a su hijo»/«Le lavó el pelo»). A través del pronombre significamos que la acción realizada por el Sujeto es recibida por el propio Sujeto (revierte sobre el propio Sujeto). A este uso lo llamamos «reflexivo».

Pero también puede suceder que en la expresión de la acción realizada intervenga más de un Sujeto. Pasamos, entonces, al siguiente paso:

133

Pronombre reflexivo

Son aquellos que señalan al sujeto como agente y paciente de la acción (la realiza y la recibe): «Me levanto temprano», «Te afeitas cada mañana», «Nos duchamos con agua caliente», «Se duerme muy tarde», etc. El pronombre reflexivo puede actuar como Complemento Directo o como Complemento Indirecto, y debemos especificar la función sintáctica que desempeñan. Observemos la diferencia que existe entre estos dos ejemplos:

1. «Me miro al espejo».
2. «Me miro la cara al espejo».

En el ejemplo 2 el sintagma nominal «la cara» desempeña la función de Complemento Directo (admite la sustitución por «la»: «Me la miro al espejo»), por lo que el pronombre personal, «me», desempeña la función de Complemento Indirecto y significa quien se beneficia o perjudica de lo dicho. En el ejemplo 1, en cambio, no existe ninguna palabra que desempeñe las funciones de Complemento Directo, de Complemento de Régimen, ni de Atributo, y el pronombre, «me», asume la función de Complemento Directo significando ahora «lo mirado», aquello sobre lo que recae la acción significada en la oración. Para comprobarlo, pasamos a tercera persona y pensamos en un referente femenino, «Miro a mi madre al espejo», y observamos cómo admitiría la sustitución por «la» («La miro al espejo»). En el ejemplo 2, si hacemos la misma prueba, resultaría la sustitución por «le» («Miro a mi madre la cara al espejo» > «Le miro la cara al espejo»).

— PASO 5: *Comprobamos si al suprimir el pronombre se pierde información de reciprocidad entre Sujetos:*
Hablamos de acción recíproca cuando dos o más Sujetos realizan la misma acción, pero el Sujeto A recibe la acción produ-

cida por B, y el Sujeto B recibe la acción producida por A. Así, si decimos «Juan y yo nos tuteamos» significamos que Juan y yo realizamos la misma acción —«tutear»—, que Juan es tuteado por mí, y yo soy tuteado por Juan. Por eso, la acción recíproca exige el uso del verbo siempre en plural («Pedro y tú os mirasteis», «Ellos se hicieron muchos favores», «Nosotros nos ayudamos»), pero el simple hecho del uso del verbo en plural no significa necesariamente un significado recíproco.

En ejemplos como «María y Juana se pelearon en el colegio», el sentido puede ser recíproco si significamos que María peleó con Juana y Juana con María; pero también podríamos estar significando que las dos pelearon juntas contra el grupo, en cuyo caso el pronombre tendría un sentido expletivo o enfático. Si decimos «Por la mañana nos lavamos la cara», entenderlo con sentido recíproco significaría que yo le lavo la cara a alguien y ese alguien me la lava a mí; es más probable que el sentido sea reflexivo en este caso, es decir, que tratemos de significar que cada uno lava su propia cara.

Pronombre recíproco

Son aquellos pronombres que usamos para significar una acción idéntica y simultánea realizada por varios sujetos de tal forma que lo realizado por uno recae sobre el otro y viceversa («Juan y Pedro se gritaron» > «Juan gritó a Pedro mientras Pedro gritaba a Juan»).

Como ocurría en el caso de los reflexivos, también los pronombres recíprocos pueden desempeñar las funciones de Complemento Directo o Indirecto. Si en la oración aparece un sintagma nominal o grupo preposicional desempeñando la función de Complemento Directo («Nos devolvimos las cartas» > «las cartas» Complemento Directo), el pronombre asume la función de Complemento Indirecto significando quien se beneficia o perjudica de lo dicho en la oración, «las cartas» significan lo que ha sido devuelto (objeto).

En cambio, si no apareciera en la oración ninguna palabra o grupo de palabras que desempeñaran la función de Complemento Directo, esta sería asumida por el pronombre recíproco. En un ejemplo como «Nos miramos», el pronombre «nos» significa que «tú» eres lo mirado por mí, en tanto que yo soy lo mirado por ti.

Como ya vimos para el pronombre reflexivo, la mejor prueba para determinar si el pronombre personal desempeña la función de Complemento Directo o Indirecto consiste en sustituir el pronombre por un referente femenino en tercera persona. Así, «Devolvimos las cartas a la novia» > «LE devolvimos las cartas», la sustitución por «le» nos demostraría que la función de «nos» en el ejemplo original es de Complemento Indirecto. De la misma forma, si hacemos la comprobación en el segundo ejemplo, encontramos «Miramos a mi hermana» > «*La* miramos», donde la sustitución por «la» nos demuestra que la función del pronombre «nos» en el ejemplo original es de Complemento Directo.

1.7. Otros valores pronominales

1.7.1. Pronombre reflejo o indicador de alteración del orden lógico oracional

Este uso lo apreciamos tanto en los pronombres convergentes («me», «te», «se», «nos», «os», «se») como en los divergentes de 3ª persona («lo (-s)», «la (-s)», «le (-s)»). Veamos en qué consiste.

El orden lógico oracional es el que habitualmente usamos al construir una oración. Consiste en colocar en primer lugar el Sujeto, luego el verbo núcleo del Predicado, después el Complemento Directo, de Régimen o Atributo y, por último, los Complementos Circunstanciales.

El esquema sería, pues, el siguiente:

- Sujeto (mi hermano) + Verbo (compró) + Complemento base (CD: una piruleta) + Complementos Circunstanciales (ayer (tiempo) en la tienda (lugar).

Observamos cómo el Complemento Directo aparece explícito en la oración anterior («una piruleta»). Cuando el Complemento Directo explícito lo situamos delante del Predicado y no detrás, genera o puede generar un pronombre reflejo que nos indica esta alteración. Así: «La piruleta LA compró ayer mi hermano en el estanco».

Lo mismo sucede si la anteposición la realizamos con un Complemento Indirecto explícito: «Cada día el profesor toma la lección *a sus alumnos* (CI) > «*A sus alumnos les* toma el profesor la lección cada día».

Este mismo comportamiento lo podemos observar en los pronombres convergentes. Así: «Dio las gracias *a los presentes*» > «*A los presentes nos / os / les* dio las gracias».

En este caso, es más frecuente la aparición del grupo preposicional con valor enfático. Por ejemplo:

- «*Me* gusta bailar» > «*A mí me* gusta bailar».
- «*Te* resulta sospechoso» > «*A ti te* resulta penoso».
- «*Nos* gustó la película» > «*A nosotros nos* gustó la película».

En los ejemplos anteriores, el elemento enfático es el grupo preposicional («a mí», «a ti», «a nosotros») dado que es el que podemos suprimir sin alterar la estructura sintáctica y sin pérdida de información en la oración.

1.7.2. Dos usos exclusivos de «se»

a) «Se» indicador de pasiva refleja:

Observemos este ejemplo: «*Se* venden pisos». El verbo «venden» presenta concordancia formal con «pisos». Eso significa que si «pisos» lo pasamos a singular, obligamos a la concordancia en singular del verbo, «Se vende piso», es decir, que el sustantivo «piso» está actuando como Sujeto gramatical en la oración. Sin embargo sabemos que «pisos» es lo vendido, el objeto sobre el que recae la acción de «vender» o, lo que es lo mismo, el Complemento Directo lógico como ocurría en la estructura pasiva.

Para comprobar que se trata de una pasiva refleja bastará una pequeña prueba: sustituir «se» por «él» y comprobar que el Sujeto paciente pasa a desempeñar la función de Complemento Directo: «*Se* vende piso»/«*Se* venden pisos» > «Él vende piso»/«Él vende pisos»/«Él lo (-s) vende».

b) «Se» indicador de impersonal optativa:

En los ejemplos «*Se* habló de política», «*Se* reflexionó sobre el cambio climático», «*Se* trata de un asunto serio», etc., encontramos una estructura similar a la anterior. La diferencia consiste en que ahora el verbo aparece inmovilizado en tercera persona del singular, no hay ningún sintagma nominal que obligue la concordancia formal del verbo.

Se trata ahora, en este caso, de omitir el Sujeto agente de la acción expresando el contenido como impersonal. Decimos que es una «impersonal optativa» porque desconocemos o preferimos ignorar el agente (alguien ha hablado, reflexionado o tratado, pero desconocemos quién ha sido o preferimos no mencionarlo).

Es interesante destacar que en ambos casos, «pasiva refleja» e «impersonal optativa», lo importante es la ausencia de Sujeto agente, es decir, se trata de fórmulas de impersonalización. Hasta tal punto que se considera incorrecta la construcción del «se» pasiva refleja con Sujeto paciente en ejemplos del tipo *«*Se* apagó el fuego *por los bomberos*» (incorrecto). Si queremos mencionar el Sujeto paciente, debemos recurrir a la estructura pasiva: «El fuego fue apagado por los bomberos».

 Análisis de ejemplos:

1. **«En el pueblo, al pasar por la plaza, me acordé de ti».** Oración simple, bimembre, enunciativa, afirmativa, transitiva. Consta de:

    .....Sintagma nominal (Sujeto): elíptico (1ª persona de singular).

    .....Sintagma verbal (Predicado): «me acordé de ti en el pueblo al pasar por la plaza». Consta de:

    ....Pronombre (morfema verbal): «me».

    ....Verbo (núcleo): «acordé».

    ....Grupo preposicional (CRég): «de ti». Consta de:

    ....Preposición: «de».

    ....Sintagma nominal: pronombre: «ti».

    ....Grupo preposicional (CC de Lugar): «en el pueblo». Consta de:

    ....Preposición: «en».

    ....Sintagma nominal: «el pueblo». Consta de:

    ....Determinante: «el».

    ....Nombre (núcleo): «pueblo».

    ....Grupo preposicional (CC de Tiempo): «al pasar por la plaza». Consta de:

    ....Preposición: «a» (+ el).

    ....Sintagma nominal: «el pasar por la plaza». Consta de:

    ....Determinante: «el».

    ....Nombre (núcleo: infinitivo): «pasar».

    ....Grupo preposicional (CC de Lugar): «por la plaza». Consta de:

    ....Preposición: «por».

    ....Sintagma nominal: «la plaza». Consta de:

    ....Determinante: «la».

    ....Nombre (núcleo): «plaza».

2. **«Avísales de la llegada».** Oración simple, bimembre, exhortativa, afirmativa, transitiva. Consta de:

.....Sintagma nominal (Sujeto): elíptico (2ª persona de singular).
.....Sintagma verbal (Predicado): «avísales de la llegada».
   Consta de:
..........Verbo (núcleo): «avisa».
..........Sintagma nominal: pronombre (CI): «les».
..........Grupo preposicional (CRég): «de la llegada». Consta de:
...............Preposición: «de».
...............Sintagma nominal: «la llegada». Consta de:
.................Determinante: «la».
.................Nombre (núcleo): «llegada».

3. **«El miércoles nos comeremos dos cochinillos asados en Casa Matías».** Oración simple, bimembre, enunciativa, afirmativa, transitiva. Consta de:

......Sintagma nominal (Sujeto): elíptico (1ª persona de plural).
......Sintagma verbal (Predicado): «el miércoles nos comeremos dos cochinillos asados en casa Matías». Consta de:
..........Sintagma nominal (CC de Tiempo): «el miércoles».
   Consta de:
...............Determinante: «el».
...............Nombre (núcleo): «miércoles».
..........Pronombre expletivo o enfático: «nos».
..........Verbo (núcleo): «comeremos».
..........Sintagma nominal (CD): «dos cochinillos asados».
   Consta de:
...............Determinante: «dos».
...............Nombre: «cochinillos».
...............Adjetivo: «asados».
..........Grupo preposicional (CC de Lugar): «en casa Matías».
   Consta de:
...............Preposición: «en».
...............Sintagma nominal: «casa Matías». Consta de:
.................Nombre (núcleo): «casa».

..................Sintagma nominal (Ap adjunta): Nombre (núcleo): «Matías».

4. **«Mi hijo y yo nos llamamos por teléfono todos los días».** Oración simple, bimembre, enunciativa, afirmativa, transitiva (recíproca). Consta de:

.....Sintagma nominal (Sujeto): «mi hijo y yo». Consta de:

..........SN1: «mi hijo». Consta de:

...............Determinante: «mi».

...............Nombre: «hijo».

...................Nexo copulativo: SN 1 «y» SN 2.

..........SN2: pronombre: «yo».

.....Sintagma verbal (Predicado): «nos llamamos por teléfono todos los días». Consta de:

..........Pronombre recíproco (CD): «nos».

..........Verbo (núcleo): «llamamos».

..........Grupo preposicional (CC de Modo): «por teléfono». Consta de:

...............Preposición: «por».

...............Sintagma nominal: Nombre (núcleo): «teléfono».

..........Sintagma nominal (CC de Tiempo): «todos los días». Consta de:

...............Determinante (1): «todos».

...............Determinante (2): «los».

...............Nombre (núcleo): «días».

5. **«Se encontraron dos vehículos abandonados por sus dueños en un parque comercial».** Oración simple, bimembre, enunciativa, afirmativa, pasiva refleja. Consta de:

.....Sintagma nominal (Sujeto): «dos vehículos abandonados por sus dueños». Consta de:

..........Determinante: «dos».

.........Nombre (núcleo): «vehículos».

.........Grupo adjetival: «abandonados por sus dueños». Consta de:

...............Adjetivo (participio): «abandonados».

...............Grupo preposicional (Sujeto paciente): «por sus dueños». Consta de:

....................Preposición: «por».

....................Sintagma nominal: «sus dueños». Consta de:

.........................Determinante: «sus».

.........................Nombre (núcleo): «dueños».

.......Sintagma verbal (Predicado): «se encontraron en un parque».
Consta de:

..........Pronombre (marca de pasiva refleja): «se».

..........Verbo (núcleo): «encontraron».

..........Grupo preposicional (CC de Lugar): «en un parque».
Consta de:

...............Preposición: «en».

...............Sintagma nominal: «un parque comercial».
Consta de:

....................Determinante: «un».

....................Nombre (núcleo): «parque».

....................Adjetivo: «comercial».

6. **«Este año me resulta difícil coordinar el horario».** Oración
simple, bimembre, enunciativa, afirmativa, atributiva. Consta
de:

.......Sintagma nominal (Sujeto): «coordinar el horario».
Consta de:

..........Nombre (infinitivo: núcleo): «coordinar».

..........Sintagma nominal (CD del infinitivo): «el horario».
Consta de:

...............Determinante: «el».

...............Nombre (núcleo): «horario».

.......Sintagma verbal (Predicado nominal): «este año me resulta difícil». Consta de:

..........Sintagma nominal (CC de Tiempo): «este año».
Consta de:

...............Determinante: «este».

...........Nombre (núcleo): «año».
..........Sintagma nominal (pronombre: CI): «me».
..........Verbo (núcleo copulativo): «resulta».
..........Adjetivo (Atributo): «difícil».

7. **«Se afeita diariamente con gel»**. Oración simple, bimembre, enunciativa, afirmativa, reflexiva. Consta de:

.....Sintagma nominal (Sujeto): elíptico (3ª persona de singular).
.....Sintagma verbal (Predicado): «se afeita diariamente con gel».
   Consta de:
..........Sintagma nominal (pronombre reflexivo de CD): «se».
..........Verbo (núcleo): «afeita».
..........Adverbio (CC de Modo): «diariamente».
..........Grupo preposicional (CC de Modo): «con gel».
   Consta de:
...........Preposición: «con».
...........Sintagma nominal (núcleo): Nombre: «gel».

8. **«En la estación de metro se suicidó una señora mayor ayer por la mañana»**. Oración simple, bimembre, enunciativa, afirmativa, intransitiva. Consta de:

.....Sintagma nominal (Sujeto): «una señora mayor». Consta de:
..........Determinante: «una».
..........Nombre (núcleo): «señora».
..........Adjetivo: «mayor».
.....Sintagma verbal (Predicado): «se suicidó en la estación ayer por la mañana». Consta de:
..........Pronombre (marca de lexema verbal): «se».
..........Verbo (núcleo): «suicidó».
..........Grupo preposicional (CC de Lugar): «en la estación».
   Consta de:
...........Preposición: «en».
...........Sintagma nominal: «la estación». Consta de:
.............Determinante: «la».
.............Nombre (núcleo): «estación».

..........Adverbio (CC de Tiempo): «ayer».

..........Grupo preposicional (CC de Tiempo): «por la mañana».
Consta de:

..............Preposición: «por».

..............Sintagma nominal: «la mañana». Consta de:

..................Determinante: «la».

..................Nombre (núcleo): «mañana».

9. **«Durante la reunión se tratará de alcanzar un acuerdo».**
Oración simple, unimembre, enunciativa, afirmativa, transitiva. Consta de:

.....Sintagma nominal (Sujeto): impersonal optativa.

.....Sintagma verbal (Predicado): «durante la reunión se tratará de
alcanzar un acuerdo». Consta de:

........Grupo preposicional (CC de Tiempo): «durante la reunión».
Consta de:

..............Preposición (impropia): «durante».

..............Sintagma nominal: «la reunión». Consta de:

..................Determinante: «la».

..................Nombre (núcleo): «reunión».

........Sintagma nominal (pronombre marca de impersonal optativa): «se».

..........Verbo (núcleo): «tratará».

..........Grupo preposicional (CRég): «de alcanzar un acuerdo».
Consta de:

..............Preposición: «de».

..............Sintagma nominal: «alcanzar un acuerdo».
Consta de:

..................Nombre (núcleo, infinitivo): «alcanzar».

..................Sintagma nominal (CD del infinitivo): «un acuerdo». Consta de:

......................Determinante: «un».

......................Nombre (núcleo): «acuerdo».

10. **«A los muchachos de tu clase les molesta tu actitud».** Oración simple, bimembre, enunciativa, afirmativa, media. Consta de:

.....Sintagma nominal (Sujeto): «tu actitud». Consta de:

..........Determinante: «tu».

..........Nombre (núcleo): «actitud».

.....Sintagma verbal (Predicado): «a los muchachos de tu clase les molesta». Consta de:

..........Grupo preposicional (CI): «a los muchachos de tu clase». Consta de:

...............Preposición: «a».

...............Sintagma nominal: «los muchachos de tu clase». Consta de:

...................Determinante: «los».

...................Nombre (núcleo): «muchachos».

...................Grupo preposicional (CN): «de tu clase». Consta de:

........................Preposición: «de».

........................Sintagma nominal: «tu clase». Consta de:

............................Determinante: «tu».

............................Nombre (núcleo): «clase».

..........Sintagma nominal (pronombre reflejo de CI): «les».

..........Verbo (núcleo): «molesta».

Enlace a ejemplos de ejercicios prácticos y comentarios a consultas recibidas sobre el tema en el Blog: https://wp.me/pTRlh-Gc.

22.

Oraciones impersonales

Ya hemos visto cómo la estructura básica de la oración gramatical consta siempre de Sujeto y Predicado. El Sujeto es aquello de lo que decimos algo, el Predicado lo que decimos del Sujeto. Pero hay unas estructuras diferentes cuya característica es la ausencia del Sujeto, son las denominadas Oraciones Impersonales o Unimembres. Algunos ejemplos son:

1. «Llueve».
2. «Es de día».
3. «Se habló de política».
4. «Está anocheciendo».
5. «Hace calor».
6. «Dicen que lloverá».

En estas oraciones, las preguntas «¿qué?» o «¿quién?», las usadas para la localización del Sujeto agente, no ofrecen respuesta, y los verbos aparecen inmovilizados en cuanto al número, es decir, no hay ninguna palabra o grupo de palabras que fuercen la concordancia. Sin embargo, podemos apreciar una diferencia sustancial entre los ejemplos anteriores. En los ejemplos 1, 2, 4 y 5 no podemos imaginar un Sujeto agente, alguien o algo que realice la acción de «llover», «ser de día», «estar anocheciendo» o «hacer calor»; en cambio, en los ejemplos 3 y 6 sí existe un Sujeto agente, alguien que «habló» o «dijo». La cuestión es que en estos últimos ejemplos, el hablante ignora quién es el Sujeto o prefiere omitirlo intencionadamente. A las primeras las llamaremos *Impersonales obligatorias*, a las segundas, *Impersonales optativas*.

1. Impersonales obligatorias

Estas oraciones se expresan con el verbo en 3ª persona del singular, sin variación de número. Entre ellas tenemos las siguientes:

1. Verbos que expresan agentes meteorológicos: «nevar», «llover», «tronar», «ventear», «chispear», etc.

   - «Llovió muchísimo esta primavera».
   - «No nevó en la zona norte de la provincia».
   - «¿Comenzó a tronar en aquel momento?».

2. Verbos que significan fenómenos naturales o de naturaleza: «amanecer», «anochecer», «atardecer», etc.

   - «Al llegar quizás ya anochezca».
   - «En aquella granja, amanecía con el canto de los gallos».

3. Verbo «haber» más Complemento Directo. El referente ha de afirmarse («Hay fiestas en el pueblo»), situarse («Hay más muebles en el salón») y ser indefinido, es decir, no puede construirse con un referente concreto y conocido como puede ser un nombre propio (*«Hay Juan en la plaza»).

   - «Aún hay muchos kilómetros por delante».
   - «Tal vez haya disturbios por el apresamiento del prófugo».
   - «Durante el último mes no ha habido ningún otro naufragio en el Mediterráneo».

4. Verbo «hacer» más Complemento Directo que signifique fenómeno natural o circunstancia temporal:

   - «En Córdoba, hace mucho calor en verano».
   - «Hace ya tres meses del accidente aéreo».

5. Verbo «ser» o «parecer» más un complemento preposicional o adverbial que significa fenómeno natural o circunstancia temporal:

- «Aún es de noche».
- «Todavía parece temprano para ir a la fiesta».

2. Impersonales optativas

En estas oraciones, es fácil imaginar un Sujeto agente de la acción, pero el hablante lo desconoce o prefiere no mencionarlo. Hay dos fórmulas:

1. Verbo usado en 3ª persona de plural:
   - «Dicen muchas tonterías».
   - «Aseguran que habrá nuevos recortes».[13]

2. «Se» más verbo en 3ª persona inmovilizado en singular.
   - «Se habló del tema de los refugiados en la reunión».
   - «Se respeta a quienes respetan a los demás».

☞ Análisis de ejemplos:

1. **«Llovió muchísimo esta primavera»**. Oración simple, impersonal (unimembre), enunciativa, afirmativa, intransitiva. Consta de:

   …..Sintagma nominal (Sujeto): impersonal obligatoria.
   …..Sintagma verbal (Predicado): «llovió muchísimo esta primavera». Consta de:
   ……….Verbo (núcleo): «llovió».

---

[13] En estos casos, sin contexto, no podemos saber si el hablante está pensando en un Sujeto concreto previamente mencionado (ellos o ellas dicen o aseguran) o ha usado la 3ª persona como impersonal por desconocimiento u omisión intencionada del agente de la acción.

..........Adverbio (CC de Cantidad): «muchísimo».
..........Sintagma nominal (CC de Tiempo): «esta primavera».
    Consta de:
.............Determinante: «esta».
.............Nombre (núcleo): «primavera».

2. **«No nevó en la zona norte de la provincia».** Oración simple, impersonal (unimembre), enunciativa, negativa, intransitiva. Consta de:

.....Sintagma nominal (Sujeto): impersonal obligatoria.
.....Sintagma verbal (Predicado): «No nevó en la zona norte de la provincia». Consta de:
..........Adverbio (marca oracional de negación): «no».
..........Verbo (núcleo): «nevó».
..........Grupo preposicional (CC de Lugar): «en la zona norte de la provincia». Consta de:
.............Preposición: «en».
.............Sintagma nominal: «la zona norte de la provincia». Consta de:
...................Determinante: «la».
...................Nombre (núcleo): «zona».
...................Adjetivo: «norte».
...................Grupo preposicional (CN): «de la provincia». Consta de:
.........................Preposición: «de».
.........................Sintagma nominal: «la provincia». Consta de:
.............................Determinante: «la».
.............................Nombre (núcleo): «provincia».

3. **«¿Comenzó a tronar en aquel momento?».** Oración simple, impersonal (unimembre), interrogativa, afirmativa, intransitiva. Consta de:

.....Sintagma nominal (Sujeto): impersonal obligatoria.
.....Sintagma verbal (Predicado): «comenzó a tronar en aquel momento». Consta de:

..........Verbo (núcleo: perífrasis verbal de infinitivo): «comenzó a tronar».

..........Grupo preposicional (CC de Tiempo): «en aquel momento». Consta de:

..............Preposición: «en».

..............Sintagma nominal: «aquel momento». Consta de:

.................Determinante: «aquel».

.................Nombre (núcleo): «momento».

4. **«Al llegar, quizás ya anochezca».** Oración simple, impersonal (unimembre), enunciativa, dubitativa, afirmativa, intransitiva. Consta de:

.....Sintagma nominal (Sujeto): impersonal obligatoria.

.....Sintagma verbal (Predicado): «Al llegar, quizás ya anochezca». Consta de:

..........Grupo preposicional (CC de Tiempo): «al llegar». Consta de:

..............Preposición: «a» (+ el).

..............Sintagma nominal: «el llegar». Consta de:

.................Determinante: «el».

.................Nombre (núcleo: infinitivo): «llegar».

..........Adverbio (marca oracional de duda): «quizás».

..........Adverbio (CC de Tiempo): «ya».

..........Verbo (núcleo): «anochezca».

5. **«En aquella granja, amanecía con el canto de los gallos».** Oración simple, enunciativa, impersonal (unimembre), afirmativa, intransitiva. Consta de:

....Sintagma nominal (Sujeto): impersonal obligatoria.

....Sintagma verbal (Predicado): «en aquella granja, amanecía con el canto de los gallos». Consta de:

..........Grupo preposicional (CC de Lugar): «en aquella granja». Consta de:

..............Preposición: «en».

..............Sintagma nominal: «aquella granja». Consta de:

151

...................Determinante: «aquella».

...................Nombre (núcleo): «granja».

............Verbo (núcleo): «amanecía».

............Grupo preposicional (CC de Modo): «con el canto de los gallos». Consta de:

..............Preposición: «con».

..............Sintagma nominal: «el canto de los gallos». Consta de:

.................Determinante: «el».

.................Nombre (núcleo): «canto».

.................Grupo preposicional (CN): «de los gallos». Consta de:

........................Preposición: «de».

......................Sintagma nominal: «los gallos». Consta de:

............................Determinante: «los».

............................Nombre (núcleo): «gallos».

6. **«Aún hay muchos kilómetros por delante».** Oración simple, enunciativa, impersonal (unimembre), afirmativa, transitiva. Consta de:

......Sintagma nominal (Sujeto): impersonal obligatoria.

......Sintagma verbal (Predicado): «aún hay muchos kilómetros por delante». Consta de:

..........Adverbio (CC de Tiempo): «aún».

..........Verbo (núcleo): «hay».

..........Sintagma nominal (CD): «muchos kilómetros». Consta de:

...............Determinante: «muchos».

...............Nombre (núcleo): «kilómetros».

..........Grupo preposicional (CC de Modo): «por delante». Consta de:

...............Preposición: «por».

...............Adverbio (núcleo): «delante».

7. **«Tal vez haya disturbios por el apresamiento del prófugo».** Oración simple, impersonal (unimembre), enunciativa, dubitativa, transitiva. Consta de:

.....Sintagma nominal (Sujeto): impersonal obligatoria.

.....Sintagma verbal (Predicado): «tal vez haya disturbios por el apresamiento del prófugo». Consta de:

..........Adverbio (locución, marca oracional de duda): «tal vez».

..........Verbo (núcleo): «haya».

..........Sintagma nominal (CD): Nombre (núcleo): «disturbios».

..........Grupo preposicional (CC de Causa): «por el apresamiento del prófugo». Consta de:

...............Preposición: «por».

...............Sintagma nominal: «el apresamiento del prófugo». Consta de:

...................Determinante: «el».

...................Nombre (núcleo): «apresamiento». *deserter, fugitive*

...................Grupo preposicional (CN): «del prófugo». Consta de:

.......................Preposición: «de» (+ el).

.......................Sintagma nominal: «el prófugo». Consta de:

...........................Determinante: «el».

...........................Nombre (núcleo): «prófugo».

8. **«Durante el último mes no ha habido ningún otro naufragio en el Mediterráneo».** Oración simple, impersonal (unimembre), enunciativa, negativa, transitiva. Consta de:

......Sintagma nominal (Sujeto): impersonal obligatoria.

......Sintagma verbal (Predicado): «durante el último mes no ha habido ningún otro naufragio en el Mediterráneo». Consta de:

..........Grupo preposicional (CC de Tiempo): «durante el último mes». Consta de:

...............Preposición: «durante».

...............Sintagma nominal: «el último mes». Consta de:

...................Determinante: «el».

...................Adjetivo: «último».

...................Nombre (núcleo): «mes».

.........Adverbio (marca oracional de negación): «no».

.........Verbo (núcleo): «ha habido».

.........Sintagma nominal (CD): «ningún otro naufragio».
Consta de:

...............Determinante 1: «ningún».

...............Determinante 2: «otro».

...............Nombre (núcleo): «naufragio».

.........Grupo preposicional (CC de Lugar): «en el Mediterráneo».
Consta de:

...............Preposición: «en».

...............Sintagma nominal: «el Mediterráneo». Consta de:

...................Determinante: «el».

...................Nombre (núcleo): «Mediterráneo».

9. **«Ojalá aún sea de noche».** Oración simple, enunciativa. Impersonal (unimembre), <u>desiderativa</u>, *que expresa deseo* atributiva. Consta de:

....Sintagma nominal (Sujeto): impersonal obligatoria.

....Sintagma verbal (Predicado nominal): «Ojalá aún sea de noche». Consta de:

.........Interjección (marca oracional desiderativa): «ojalá».

.........Adverbio (CC de Tiempo): «aún».

.........Verbo (núcleo: copulativo): «sea».

.........Grupo preposicional (At): «de noche». Consta de:

...............Preposición: «de».

...............Sintagma nominal, nombre (núcleo): «noche».

10. **«Todavía parece temprano para ir a la fiesta».** Oración simple, enunciativa, impersonal (obligatoria), afirmativa, atributiva. Consta de:

.....Sintagma nominal (Sujeto): impersonal obligatoria.

.....Sintagma verbal (Predicado nominal): «todavía parece temprano para ir de fiesta». Consta de:

..........Adverbio (CC de Tiempo): «todavía».

..........Verbo (núcleo): «parece».

..........Adverbio (At): «temprano».

..........Grupo preposicional (CC de finalidad): «para ir de fiesta».
Consta de:

...............Preposición: «para».

...............Sintagma nominal: «ir de fiesta». Consta de:

..................Infinitivo (núcleo): «ir».

..................Grupo preposicional (CRég[14]): «de fiesta».
Consta de:

.....................Preposición: «de».

.....................Sintagma nominal: Nombre (núcleo): «fiesta».

11. **«Aseguran que habrá nuevos recortes».** Oración compuesta, enunciativa, impersonal (unimembre), afirmativa, transitiva. Consta de:

.....Sintagma nominal (Sujeto): impersonal optativa.

.....Sintagma verbal (Predicado): «Aseguran que habrá nuevos recortes». Consta de:

............Verbo (núcleo): «aseguran».

............Proposición Subordinada Sustantiva (CD): «que habrá nuevos recortes», introducida por el nexo (conjunción anunciativa) «que». Consta de:

...............Sintagma nominal (Sujeto): impersonal obligatoria.

...............Sintagma verbal (Predicado): «habrá nuevos recortes». Consta de:

..................Verbo (núcleo): «habrá».

..................Sintagma nominal (CD): «nuevos recortes».
Consta de:

.......................Adjetivo: «nuevos».

.......................Nombre (núcleo): «recortes».

---

[14] Recordar que el infinitivo asume funciones propias del nombre o sustantivo, de ahí que lo veamos actuando como núcleo de un Sintagma nominal, pero recibe complementos propios de su naturaleza verbal como sucede en este caso con el Complemento de Régimen.

12. «**Se habló del tema de los refugiados en la reunión**». Oración simple, enunciativa, impersonal (unimembre), afirmativa, transitiva. Consta de:

......Sintagma nominal (Sujeto): impersonal optativa.

......Sintagma verbal (Predicado): «se habló del tema de los refugiados en la reunión». Consta de:

.........Pronombre (marca de impersonal optativa): «se».

.........Verbo (núcleo): «habló».

.........Grupo preposicional (CRég): «del tema de los refugiados». Consta de:

...............Preposición: «de» (+ el).

...............Sintagma nominal: «el tema de los refugiados». Consta de:

...................Determinante: «el» (de +).

...................Nombre (núcleo): «tema».

...................Grupo preposicional (CN): «de los refugiados». Consta de:

...........................Preposición: «de».

...........................Sintagma nominal: «los refugiados». Consta de:

...............................Determinante: «los».

...............................Nombre (núcleo, adjetivo sustantivado): «refugiados».

Enlace a ejemplos de ejercicios prácticos y comentarios a consultas recibidas sobre el tema en el Blog: https://wp.me/pTRlh-222.

23.

El vocativo,
un caso especial en el sintagma nominal

El vocativo es el nombre que usamos para interpelar [*question*] a nuestro interlocutor, es decir, un Sintagma nominal cuya función es meramente apelativa, sirve para llamar al receptor. Su función no es Sujeto. Lo analizaremos fuera del esquema sintáctico oracional, y le asignaremos como función la de «vocativo». La razón es que se encuentra a distinto nivel lingüístico. Mientras que el resto del discurso transmite una información —plano discursivo—, el vocativo únicamente trata de llamar la atención del oyente —plano apelativo—. Es fácil de reconocer porque siempre va entre comas, a diferencia del Sujeto que nunca debe separarse de su Predicado por una pausa, ni siquiera cuando su extensión es excesiva. Lo analizaremos así:

1. **«Juan, ¡ven aquí!»**. Oración simple, bimembre, exclamativa, afirmativa, intransitiva. Consta de un Vocativo («Juan»), y la estructura oracional compuesta de:

    .....Sintagma nominal (Sujeto): elíptico (2ª persona del singular).
    .....Sintagma verbal (Predicado): «ven aquí».
    ....Verbo (núcleo): «ven».
    ....Adverbio (CC de Lugar): «aquí».

SEGUNDA PARTE

Análisis morfosintáctico de la oración compuesta

1.

Identificando oraciones compuestas

Para construir una oración pensamos primero en el Sujeto y luego construimos el Predicado. Para poder usar un verbo, núcleo del Predicado, primero hemos de tener claro qué o quién es aquello de lo que vamos a decir algo. Y es imprescindible porque será ese Sujeto el que ordene el número y la persona de la forma verbal. Pero una vez pensado, la desinencia verbal nos permite omitir el Sujeto. Esto quiere decir que solo existe un elemento imprescindible para que hablemos de oración: un verbo en forma personal (1ª, 2ª, 3ª persona de singular o plural).

Así pues, lo primero que debemos hacer al enfrentarnos a un texto es contar los verbos conjugados que aparezcan y ellos nos dirán el número de oraciones que componen dicho texto.

Veamos un ejemplo:

«La Mariuca, la niña, se crio con leche de cabra y el mismo Quino le preparó los biberones hasta que cumplió el año. Cuando la abuela materna le insinuó una vez que ella podía hacerse cargo de la niña, Quino, el Manco, lo tomó tan a pecho y se irritó tanto que él y su suegra ya no volvieron a dirigirse la palabra». (Miguel Delibes: *El camino*, cap. XI).

Los verbos que encontramos son:

• Línea 1: «crio», pretérito simple de «criar».

- Línea 1: «preparó», pretérito simple de «preparar».
- Línea 2: «cumplió», pretérito simple de «cumplir».
- Línea 2: «insinuó», pretérito simple de «insinuar».
- Línea 3: «podía», pretérito imperfecto de indicativo de «poder».
- Línea 3: «tomó», pretérito simple de «tomar».
- Línea 4: «irritó», pretérito simple de «irritar».
- Línea 4: «volvieron», pretérito simple de «volver».

Además de los verbos que hemos enumerado, existen otros en el texto («hacer», infinitivo, línea 3; «dirigir», infinitivo, línea 4), pero recordad que solo tomaremos en consideración los verbos conjugados, ya que el infinitivo funciona como sustantivo verbal, el participio como adjetivo verbal y el gerundio como adverbio, fuera de las perífrasis verbales y construcciones absolutas que iremos estudiando a lo largo de los distintos tipos de oraciones compuestas.

Así, la pregunta que nos hacemos ahora es ¿cuántas oraciones hay en el texto? Después de haber contado los verbos, veamos cuántos puntos y seguido hay en el texto: encontramos solo uno en la línea dos. Esto quiere decir que hay solo dos oraciones independientes. La coma y el punto y coma no separan nunca oraciones, son pausas menores que por su entonación señalan al oyente que la comunicación aún no ha concluido. El punto es, en cambio, una pausa mayor que nos señala que ahí termina una oración. *Debemos recordar que solo los puntos separan oraciones.*

Ahora ya sabemos que hay dos oraciones. La siguiente pregunta es *¿son simples o compuestas?* Por el recuento de formas verbales que hemos llevado a cabo, podemos afirmar que en la primera oración (desde «La Maruca…», hasta «…cumplió un año») hay tres verbos, luego es una oración compuesta de tres oraciones. Y, en la segunda (desde «Cuando la abuela…», hasta «…dirigirse la palabra»), hay cinco verbos, luego es también una oración compuesta por cinco oraciones.

Hemos seguido los siguientes pasos:

- Habrá tantas oraciones como puntos en el texto, bien entendido que un punto separa dos oraciones entre sí.
- Si la oración consta de un solo verbo conjugado en forma personal, estaremos ante una oración simple.
- Si la oración consta de más de un verbo conjugado en forma personal, estaremos ante una oración compuesta por tantas oraciones como verbos conjugados hayamos encontrado.

Enlace a ejemplos de ejercicios prácticos y comentarios a consultas recibidas sobre el tema en el Blog: https://wp.me/pTRlh-5Q.

2.

¿Cómo pueden relacionarse las oraciones en un párrafo? Relaciones asindéticas o polisindéticas

Observa estos tres ejemplos:

a) «Juan jugaba en la habitación. Su padre leía».
b) «Juan jugaba en la habitación, su padre leía».
c) «Juan jugaba en la habitación mientras que su padre leía».

Los tres ejemplos contienen dos oraciones puesto que hay dos verbos conjugados («jugaba» y «leía) pero su relación sintáctico-oracional es diferente en cada caso: en el ejemplo «a» las dos oraciones están separadas por un punto y seguido. Diremos que son dos oraciones simples independientes. (Oración 1: «Juan jugaba en la habitación» y Oración 2: «Su padre leía»).

En el ejemplo «b», las oraciones están separadas entre sí por una coma. La coma no separa oraciones, es una pausa menor. La entonación nos indica que el hablante piensa estas dos oraciones trabadas con alguna relación lógica —sucesión, causa, tiempo, modo, consecuencia, alternancia, etc.— pero no ha usado ningún nexo —conjunción, locuciones, adverbios, etc.— que exprese esa relación. Diremos que son dos oraciones en relación de yuxtaposición, o yuxtapuestas entre sí. Cuando esto ocurre, la relación es «asindética» —no nexos—. Al no haber nexo que nos indique la relación lógica entre las partes, el oyente interpretará aquella que le parezca oportuna. Imaginemos a una persona que echa de menos el cariño paterno. Es fácil que interprete algo como «Aunque Juan jugaba en la habitación, su padre leía». Es decir, pondría el énfasis en la indiferencia del padre ante los juegos del niño. En cambio, imaginemos que el mensaje es leído por una persona ansiosa de tranquilidad; es fácil que interpretara algo como: «Juan jugaba a pesar de que su padre leía». Pondría el énfasis en la descortesía del niño por las molestias producidas que, sin duda, impedirían al padre una lectura reposada. O bien, podríamos entenderlo de una manera neutra, considerando las dos acciones compatibles, algo como: «Juan jugaba y su padre leía». Lo importante es que comprendamos que cuando se usa la yuxtaposición —relación asindética— en un texto, dejamos libertad al oyente para posibles interpretaciones siempre dentro de los límites lógicos del significado de los términos. Esto da lugar a un margen de ambigüedad que puede ser buscado intencionadamente en lenguajes como el publicitario o el literario para multiplicar las posibles connotaciones del mensaje. Puede ser un grave error, en cambio, en lenguajes donde la precisión es necesaria, como el lenguaje científico o el jurídico.

En el ejemplo «c», a diferencia de los dos casos anteriores, entre las dos partes aparece un nexo: «mientras que». Este nexo marca de forma inequívoca cómo ha pensado el hablante la relación lógica entre los dos enunciados y, además, es una marca formal que indica la relación sintáctico-semántica entre las dos «oraciones». Cuando hay nexo de relación entre las oraciones, hablamos de relación polisindética. El tipo de relación que se establezca —coordinación o subordinación— dependerá de este nexo. La relación polisintética es propia de un lenguaje denotativo, que busca la precisión en la expresión imprescindible en ámbitos como el científico, el humanístico o el jurídico-administrativo.

Enlace a ejemplos de ejercicios prácticos y comentarios a consultas recibidas sobre el tema en el Blog: https://wp.me/pTRlh-66.

3.

Clases de oraciones compuestas: Coordinadas y Subordinadas[15]

Ya hemos visto cómo hablamos de oraciones compuestas polisindéticas cuando entre dos pausas mayores encontramos dos o más verbos conjugados entre los que aparece un nexo de relación. Pero las relaciones que pueden establecerse entre cada uno de los Predicados pueden ser diferentes. La clave estará en ese nexo de relación que sirve de enlace.

1. Oración compleja

Hay oraciones en cuyo esquema sintáctico oracional encontramos un elemento (Sujeto, Complemento Directo, Complemento del Nombre, Complemento Agente, etc.) que se desarrolla en una estructura oracional (Sujeto y Predicado).

---

[15] La gramática tradicional no habla de «Proposiciones», solo menciona las *Oraciones Coordinadas* y *Oraciones Subordinadas*. El término «oración» debería ser redefinido para usar la terminología de una manera más precisa: está claro que no son equivalentes las estructuras oracionales que aparecen en el apartado 1 y 2, como tampoco lo son las que aparecen en los apartados 2.1 y 2.2. Dentro de la denominación «Oraciones Subordinadas» se incluyen las Sustantivas, Adjetivas, Circunstanciales, Concesivas, Condicionales, Comparativas y Consecutivas. No se establece distinción según sean Subordinadas Sintácticas (y Semánticas) o solo semánticas. Entre las Coordinadas, no consideran las Ilativas ni las Distributivas.

Observa este ejemplo: «Me gusta el pastel» (me —Complemento Indirecto—, gusta —Verbo Núcleo Predicado—, el pastel —Sujeto—); podemos tomar el Sujeto y desarrollarlo mediante una estructura oracional introducida por la conjunción «que», así: «Me gusta que me llames», donde «que me llames» actúa de Sujeto.

Veamos ahora este otro ejemplo: «El árbol viejo ha ardido». En ella encontramos un Sujeto («El árbol viejo») expresado a través de un sintagma nominal desarrollado por un determinante (el) + nombre (árbol) + adjetivo (viejo). Ahora podemos tomar el adjetivo y desarrollarlo en una estructura oracional (Sujeto y Predicado) usando un nexo, en este caso un pronombre relativo, así: «El árbol *que plantamos* ha ardido». «Que plantamos» se refiere al sustantivo «árbol» en función adjetiva, expresa un significado que nos ayuda a identificar al referente de forma inequívoca.

También la función adverbial puede desarrollarse a través de una estructura oracional usando los nexos (transpositores[16]) adecuados, por ejemplo: «Te llamaré más tarde». En esta oración, encontramos un adverbio desempeñando la función de Complemento Circunstancial de Tiempo («más tarde»), esta función podemos expresarla a través de una estructura oracional introducida por «cuando», por ejemplo: «Te llamaré *cuando llegue a la ciudad*».

Son, por tanto, estructuras oracionales compuestas con Predicado propio, que aparecen desempeñando una función sintáctica en el interior de una estructura sintáctica oracional superior. Según la función que desempeñen las clasificaremos en Sustantivas (desempeñan la función propia de un nombre o sintagma nominal), Adjetivas (desempeñan la función propia de un adjetivo) y Circunstanciales[17].

---

[16] El término «transpositor» se utiliza para aquellos nexos que «transponen» o logran insertar una estructura oracional —Proposición Subordinada— como una función sintáctica integrada en una estructura superior —Oración Principal—: así, podemos hablar de transpositor a la función sustantiva, adjetiva o adverbial —circunstancial—.

[17] Preferimos la denominación «circunstanciales» a «adverbiales» porque hay dos Complementos Circunstanciales que no podemos expresar mediante adverbios, causa y finalidad, que también quedan así integrados en esta categoría.

Para este tipo de oraciones, vamos a reservar el término Oración Compleja. Por contraposición a «simple» —consta de un solo Predicado—, la oración «compleja» consta de más de un Predicado y aparece integrada en una estructura oracional. O, dicho de otra forma, la oración compleja presenta una estructura oracional base (Sujeto y Predicado) en la que uno de sus elementos aparece desarrollado en forma de «Proposición»[18], esto es, una estructura oracional introducida por un transpositor, nexo, que desempeña una función sintáctica concreta en la estructura de la Oración Principal o base.

2. Nexos coordinados y subordinados

Hay oraciones que se relacionan entre sí a través de conjunciones o locuciones conjuntivas. A diferencia de las anteriores, presentan relaciones lógicas que no están presentes en el esquema de funciones de la oración simple, pero tampoco constituyen un grupo homogéneo. La clave vuelve a estar en los nexos de relación.

2.1. Nexos coordinados: Oraciones Coordinadas

Hay nexos que pueden enlazar tanto palabras como grupos de palabras u oraciones. Observa:

a) «*Juan* y *Pedro* juegan al parchís».
b) «Tenía muchos muebles *en el piso* y *en el apartamento*».
c) «*Fui a la fiesta* y *bailé hasta el amanecer*».

---

[18] Sigo a algunos autores, como José Andrés de Molina o Guillermo Rojo, que prefieren para estas estructuras oracionales integradas el término de «Proposición» para diferenciarlas de las «oraciones» por carecer de independencia sintáctica. En la didáctica del aula utilizo indistintamente los términos «Proposiciones dependientes» y «Oraciones Subordinadas». Lo importante es comprender el concepto y utilizar una terminología concreta durante el aprendizaje básico. Cuando llegan a un nivel superior, hemos de estar atentos a la terminología que se utiliza en los exámenes a los que han de enfrentarse tipo Reválida o Selectividad.

La conjunción «y» aparece en el ejemplo «a» enlazando dos palabras de la misma naturaleza morfológica y que desempeñan la misma función sintáctica, Sujeto (es imprescindible que los elementos sean homogéneos): en este caso, se trata de dos nombres («Juan»/«Pedro»). En el ejemplo B, aparece enlazando dos grupos de palabras, dos grupos preposicionales que desempeñan una misma función, Complemento Circunstancial de Lugar («en el piso» / «en el apartamento»). En el ejemplo C, la conjunción «y» aparece enlazando dos oraciones («Fui a la fiesta» / «bailé hasta el amanecer»).

En estos casos, cualquiera de los elementos relacionados a través de la conjunción podría haber funcionado aisladamente con sentido completo:

- «Juan juega al parchís».
- «Tenía muchos muebles en el piso».
- «Fui a la fiesta».

Cuando esto sucede, hablamos de «relación Coordinada» entre elementos. Si el nexo coordinado enlaza dos oraciones, decimos que son «Oraciones Coordinadas». Entre las Oraciones Coordinadas podemos distinguir las siguientes clases: Copulativas, Disyuntivas, Adversativas, Explicativas, Distributivas e Ilativas.[19]

2.2. Nexos subordinados: Oraciones Subordinadas

link, nexus, connection, connector

En cambio, hay otros nexos que coinciden con los anteriores en que establecen relaciones lógicas que no están presentes en el esquema de funciones de la oración simple. A diferencia de las anteriores, solo aparecen relacionando oraciones, nunca palabras o grupos de palabras en el interior de una misma oración. Observa este ejemplo: «*Si* me llamas, iré a verte».

---

[19] No todas las gramáticas y libros de texto siguen esta clasificación. Iremos explicando las razones en su lugar correspondiente. No obstante, mantengo esta estructura por metodología y didáctica.

En este caso, la conjunción «si» no podemos encontrarla enlazando palabras o grupos de palabras. Cuando aparece, relaciona dos oraciones. Pero, a diferencia de las coordinadas, en este caso hay una oración que puede funcionar aislada, como independiente («iré a verte») y otra que no tendría sentido sin el apoyo de la anterior («me llamas»). Su significado está incompleto si no lo interpretamos en relación con lo expresado en la otra oración. En estos casos, hablamos de «Oración Subordinada». Toda Oración Subordinada («Si me llamas») se refiere a una «Oración Principal», aquella que tiene sentido completo por sí misma y puede funcionar de modo independiente («iré a verte»).

Entre las Subordinadas, distinguiremos las siguientes: Concesivas, Condicionales, Comparativas, Consecutivas (las 4 «ces»).

Enlace a ejemplos de ejercicios prácticos y comentarios a consultas recibidas sobre el tema en el Blog: https://wp.me/pTRlh-6c.

4.

Oraciones Subordinadas Sustantivas

1. PROPOSICIONES SUSTANTIVAS. NOCIONES GENERALES

Hablamos de Proposición Sustantiva cuando en lugar de un nombre o un sintagma nominal encontramos una estructura oracional con Sujeto y Predicado. Lo que debemos repasar ahora son las funciones en las que podíamos encontrar un nombre o un sintagma nominal actuando en el esquema sintáctico de una oración simple. Así sabremos los tipos de Proposiciones Sustantivas que existen.

Un esquema podría ser el siguiente:

Funciones del nombre o del sintagma nominal en la oración:

1. A través del sintagma nominal:

   - **Sujeto**: «*La gente* se divierte».
   - **Complemento Directo** (objeto): «Vimos *una mesa*».
   - **Atributo**: «María es *un nombre propio*».

2. A través de un grupo preposicional (preposición + nombre o sintagma nominal):

   - **Complemento Directo** (persona): «Vimos *a Enrique*».
   - **Atributo**: «La ensalada es *de atún*».
   - **Complemento Indirecto**: «Enviamos una carta *al director*».

- **Complemento de Régimen:** «Nos enteramos *de tu aprobado*».
- **Complemento del Nombre:** «El libro *de Lengua Española* es azul».
- **Complemento del Adjetivo:** «Los asistentes, entusiastas *del deporte*, aplaudieron».

Habrás observado que hemos dejado atrás algunas funciones: un sintagma nominal también podía desempeñar la función de Complemento Circunstancial de tiempo (Llegaremos *el martes*); y como término de un grupo preposicional podía actuar como Complemento Circunstancial de todo tipo, además de como Complemento del Adverbio. De estos, los que alteran el orden regular del esquema son el Complemento Circunstancial de Finalidad y el de Causa porque solo podemos expresarlos a través del grupo preposicional y no de adverbios. De ahí que algunos autores los integren en el apartado de Proposiciones Sustantivas, y con razón. No obstante, por tradición, seguiremos incorporándolas en el grupo de Subordinadas Circunstanciales.

Según este cuadro, tendremos Proposiciones Sustantivas en función de Sujeto, de Complemento Directo, de Complemento Indirecto, de Complemento de Régimen, de Complemento del Nombre, de Complemento del Adjetivo y de Atributo.

El nexo «transpositor» común a casi todas ellas será la conjunción anunciativa «que», e irá precedida o no de preposición según requiera la función sintáctica desempeñada por la Proposición.

Se tratará ahora de ir viéndolas una a una y hacer las suficientes prácticas como para familiarizarnos con ellas.

Enlace a ejemplos de ejercicios prácticos y comentarios a consultas recibidas sobre el tema en el Blog: https://wp.me/pTRlh-6v.

1.1. Oraciones Subordinadas Sustantivas en función de Sujeto

La función de Sujeto es desempeñada en la estructura oracional por un nombre, pronombre o sintagma nominal (sin preposición). A través de la conjunción anunciativa «que» podemos introducir una estructura oracional funcionando como Sujeto de su oración.

Análisis de ejemplos:

1. **«Me gustaría *que vinieras a casa*»**. Oración compleja, bimembre, enunciativa, afirmativa, media. Consta de:

   …..Proposición Sustantiva (Sujeto): «que vinieras a casa».
   Consta de:
   ……….Sintagma nominal (Sujeto): elíptico (2ª persona del singular).
   ……….Sintagma verbal (Predicado): «que vinieras a casa».
   Consta de:
   ……………Verbo (núcleo): «vinieras».
   ……………Grupo preposicional (CC lugar): «a casa». Consta de:
   ……………….Preposición: «a».
   ……………….Sintagma nominal: Nombre (núcleo): «casa».
   …..Sintagma verbal (Predicado): «me gustaría».
   ……….Pronombre (CI): «me».
   ……….Verbo (núcleo): «gustaría».

2. **«*Que fuera amable en la fiesta* resultó agradable».** Oración compleja, bimembre, enunciativa, afirmativa, atributiva, que consta de:

.....Proposición Sustantiva (Sujeto) «que fuera amable en la fiesta». Consta de:

..........Sintagma nominal (Sujeto): elíptico (3ª persona del singular).

..........Sintagma verbal (Predicado): «fuera amable en la fiesta». Consta de:

...............Verbo (núcleo): «fuera».

...............Adjetivo (At): «amable».

...............Grupo preposicional (CC de Lugar): «en la fiesta».

...................Preposición: «en».

...................Sintagma nominal: «la fiesta». Consta de:

.........................Determinante: «la».

.........................Nombre (núcleo): «fiesta».

.....Sintagma verbal (Predicado): «resultó agradable».

..........Verbo (núcleo): «resultó».

..........Adjetivo (Atributo): «agradable».

La cuestión que nos planteamos ahora es cómo reconocemos la Proposición Sustantiva en función de Sujeto. Si equivale a un nombre, podremos sustituirla por un nombre o un pronombre sin que se altere la estructura oracional. Para comprobarlo, vamos a usar el pronombre demostrativo neutro «eso»: «*Me gustaría que vinieras a casa*» = «*Me gustaría ESO*».

Y ahora podemos proceder como si se tratara de una oración simple. Si ponemos el pronombre en plural, observamos que el verbo también pasa a plural: «*Me gustaría eso*» pero «*Me gustarían esos*».

Al pasar el pronombre al plural, hemos obligado a pasar el verbo a plural para concertar con él. Eso nos demuestra que está actuando como Sujeto de ese verbo.

Un error muy frecuente en el aprendizaje es enseñar a identificar el Sujeto preguntando «*¿quién?*» al verbo. Este procedimiento nos resulta útil en bastantes casos, pero no en todos. Cuando lo utilices, recuerda que debes siempre realizar la prueba de concordancia del verbo, así no fallaremos en casos como este donde el Sujeto responde a la pregunta «*¿qué?*» (ocurre siempre que el Sujeto es objeto: «*¿Qué me gustaría?*» = **eso**. Recuerda que preguntar «¿quién?» no es fiable).

Antes de pasar al apartado de ejercicios, recuerda que las Proposiciones Sustantivas en función de Sujeto son especialmente frecuentes en dos estructuras:

1. Verbo Copulativo + Atributo + Prop. Sustantiva (Sujeto): «No e*s* (Verbo Copulativo) *bueno* (Adjetivo Atributo) *que el hombre esté solo* (Prop. Sust. Sujeto)».
2. Pronombre (CI) + Verbo de emoción o sentimiento + Prop. Sustantiva (Sujeto): «*Me* (Pr. CI) *gusta* (V. gusto, apetencia, sentimiento) *que seáis puntuales* (Prop. Sust. Sujeto)».

Enlace a ejemplos de ejercicios prácticos y comentarios a consultas recibidas sobre el tema en el Blog: https://wp.me/pTRlh-6Q.

1.2. Oraciones Subordinadas Sustantivas en función de Complemento Directo

Otra de las funciones propias del sintagma nominal sin preposición es el Complemento Directo (CD). Semánticamente el Complemento Directo expresa la idea, objeto o hecho sobre el que recae la acción expresada por el verbo. Por ejemplo: «Calentamos *agua (SN de CD)*». Donde «agua» es lo calentado.

Para localizar y comprobar la función Complemento Directo se suele preguntar «*¿qué?*» (¿Qué calentamos? = agua), pero ya hemos visto que no se trata de un procedimiento fiable porque puede llevarnos a cometer errores. El sistema más sencillo y seguro para identificar un Complemento Directo es la sustitución por los pronombres personales «*lo*», «*la*», «*los*», «las», teniendo en cuenta siempre que la sustitución no puede alterar el significado de la oración («Calentamos agua» / «*La* calentamos») y el pronombre debe concertar con el nombre sustituido en género y número («*la*» es femenino singular porque «agua», el nombre sustituido, es femenino singular).

Debemos recordar también la posibilidad de que el Complemento Directo de una oración en voz activa asuma la función de Complemento Agente al pasar la oración a pasiva («Vimos una película (CD-activo)»/ «Una película (Sujeto paciente) fue vista por nosotros»).

Como ocurría en el caso de la función Sujeto, también el Complemento Directo puede desarrollarse mediante una estructura oracional utilizando el nexo transpositor *que*: «Los profesores siempre quieren *que sus asignaturas no resulten aburridas*».

Igual que el elemento simple, la Proposición Subordinada Sustantiva asume la función de Sujeto Paciente en la transformación a pasiva: «*Que sus asignaturas no resulten aburridas* (Sujeto paciente) siempre es querido por los profesores (CAg)»; y admite la sustitución por un pronombre personal «*lo*», «*la*», «*los*», «*las*»: «Los profesores siempre *lo* quieren».

Para su identificación y análisis, recomendamos el mismo procedimiento que ya hemos visto para las Proposiciones Subordinadas Sustantivas de Sujeto:

1. Sustituir la Proposición por un pronombre o un sintagma nominal («Los profesores quieren *eso*»).
2. Actuar en el análisis como si se tratara de una oración simple («Los profesores (Sujeto) quieren (Verbo núcleo del Predicado) *eso* (pronombre CD)» = «Los profesores (Sujeto) *lo* (pronombre CD) quieren»).

 Análisis de ejemplos:

1. **«Los profesores quieren que sus asignaturas no resulten aburridas».** Oración compleja, bimembre, enunciativa, activa, afirmativa, transitiva. Consta de:

.....Sintagma nominal (Sujeto): «los profesores». Consta de:
..........Determinante: «los».
..........Nombre (núcleo): «profesores».
.....Sintagma verbal (Predicado): «quieren que sus asignaturas no resulten aburridas». Consta de:
..........Verbo (núcleo): «quieren».
..........Proposición Sustantiva introducida por «que» (CD): «que sus asignaturas no resulten aburridas». Consta de:
..............Sintagma nominal (Sujeto): «sus asignaturas». Consta de:
...................Determinante: «sus».
...................Nombre (núcleo): «asignaturas».
..............Sintagma verbal (Predicado): «no resulten aburridas». Consta de:
...................Adverbio (marca oracional de negación): «no».
...................Verbo (núcleo): «resulten».
...................Adjetivo (At): «aburridas».

2. **«Que sus asignaturas no resulten aburridas es querido por los profesores».** Oración compleja, bimembre, enunciativa, pasiva, afirmativa. Consta de:

...Proposición Sustantiva (Sujeto paciente): «que sus asignaturas no resulten aburridas». Consta de:
..........Sintagma nominal (Sujeto): «sus asignaturas». Consta de:
...............Determinante: «sus».
...............Nombre (núcleo): «asignaturas».
..........Sintagma verbal (Predicado): «no resulten aburridas». Consta de:
...............Adverbio (marca oracional de negación): «no».
...............Verbo (núcleo): «resulten».

...............Adjetivo (At): «aburridas».
....Sintagma verbal (Predicado): «es querido por los profesores».
..........Verbo (perífrasis pasiva): «es querido».
..........Grupo preposicional (CAg): «por los profesores».
         Consta de:
...............Preposición: «por».
...............Sintagma nominal: «los profesores». Consta de:
..................Determinante: «los».
..................Nombre (núcleo): «profesores».

Es frecuente suprimir la conjunción anunciativa «que» en la lengua escrita, especialmente con verbos de voluntad y temor, y en textos de carácter administrativo: «Le rogó fuese a Cádiz», «Temieron se perdiese la ocasión» (por «Le rogó que fuese a Cádiz» y «Temieron que se perdiese la ocasión»). Otras veces, puede sustituirse por «no», lo que otorga a la expresión matiz dubitativo, por ejemplo: «Temía no la denunciasen los vecinos» (por «Temía que la denunciasen los vecinos»). Se trata de incorrecciones que debemos evitar.

Enlace a ejemplos de ejercicios prácticos y comentarios a consultas recibidas sobre el tema en el Blog: https://wp.me/pTRlh-7s.

1.2.1. Oraciones Subordinadas Sustantivas en función de Complemento Directo: estilo directo y estilo indirecto

Trataremos ahora unas Proposiciones que, siendo de Complemento Directo, presentan unas características especiales: nos referimos a las denominadas de Estilo Directo e Indirecto. Veamos estos ejemplos:

a) «Me dijo que vendría a verme».
b) «Me dijo: "Iré a verte"».

El verbo de la Oración Principal, «dijo», es un verbo de lengua, es decir, significa acto de habla (*«decir»*, *«comunicar»*, *«informar»*, *«murmurar»*, etc., son todos ellos verbos de «lengua»); y también las podemos encontrar con verbos que signifiquen proceso mental o pensamiento (*«pensar»*, *«reflexionar»*, *«recapacitar»*, etc.); en ambos casos, se trata de transmitir a nuestro interlocutor lo que otra persona ha dicho o pensado. Sintácticamente son equivalentes, ambas Proposiciones, «...que vendría a verme» e «Iré a verte», actúan como Complemento Directo del verbo «dijo». Pero sí hay diferencias en el aspecto semántico: en el ejemplo «a» lo que nos interesa transmitir es el contenido de la información, pero no nos comprometemos a reproducir sus palabras textuales. Dicho de otro modo, interesa el fondo y no la forma del mensaje, lo que ha dicho, no cómo lo ha dicho. Hemos utilizado el transpositor *«que»* y hemos realizado algunas transformaciones gramaticales. En el mensaje original («Iré a verte») el hablante había usado un futuro imperfecto de indicativo («iré»), pero en nuestro mensaje, hemos tenido que usar un condicional, «vendría» por la concordancia temporal exigida con el verbo de la Oración Principal en pasado («dijo»); también hemos tenido que cambiar el verbo original usado por el hablante para adecuar el sentido de dirección, por eso hemos sustituido «iré» por «vendría». Esto es lo que denominamos **estilo indirecto**. Si recopilamos los puntos esenciales, tenemos:

ESTILO INDIRECTO: «Me dijo que vendría a verme».
1. La Proposición aparece dependiendo de un verbo de lengua o pensamiento («decir», «pensar», «meditar», «murmurar», «opinar», etc.).
2. La Proposición aparece introducida por un transpositor, la conjunción anunciativa «*que*».
3. Interesa el contenido y no la forma del mensaje.
4. Existen transformaciones gramaticales por concordancia temporal entre verbo de la Proposición y de la Oración Principal, y, a veces, también léxicas para adecuar el mensaje a la situación del discurso.

En cambio, en el ejemplo «b» («Me dijo: "Iré a verte"»), el hablante intenta reproducir lo dicho palabra por palabra, respetando el mensaje original. A diferencia del Estilo Indirecto, no hemos usado nexo transpositor; en su lugar, aparecen los dos puntos; y, por último, no se han producido transformaciones gramaticales ni léxicas para respetar la literalidad del discurso. Esto es lo que llamamos *estilo directo*.

ESTILO DIRECTO: Me dijo: «Iré a verte».
1. La Proposición depende de un verbo de lengua o pensamiento («decir», «pensar», «meditar», «murmurar», «opinar», etc.).
2. En la Proposición se transmite literalmente lo oído o pensado sin alterar sus palabras originales.
3. No hay nexo, en su lugar usamos dos puntos separando la Oración Principal de la Proposición Sustantiva.
4. La Proposición aparece encerrada entre comillas para indicar que se trata de una cita textual.

Además de estos dos procedimientos, en el lenguaje literario, encontramos también el denominado «estilo indirecto libre», un recurso que requiere contextualizar la oración.

La Proposición se enlaza con la Oración Principal median-te dos puntos, sin nexo transpositor (como ocurría en el Estilo Directo), pero en el interior de la Proposición encontramos las transformaciones gramaticales propias del estilo indirecto. En es-tos casos, se requiere que el verbo de lengua o pensamiento que rige la Proposición Sustantiva esté elíptico. Veamos un ejemplo: «El padre observó al niño: otra vez estaba distraído». En el *estilo indirecto libre* combinamos tres oraciones:

- Oración 1: «El padre observó al niño».
- Oración 2: «Pensó».
- Oración 3: «Otra vez estaba distraído».

La relación sintáctica entre la O1 y O2 es de mera yuxtaposi-ción. O3, en cambio, es una Proposición Sustantiva en función de Complemento Directo dentro del Predicado de O2. Por eso, para usar el estilo indirecto libre es necesario contextualizar el mensaje porque la clave está en la omisión o supresión de verbo de lengua o pensamiento («pensó»).

ESTILO INDIRECTO LIBRE: «El padre observó al niño: otra vez estaba distraído».
1. La Proposición aparece separada de la anterior por dos pun-tos («:») (= Estilo Directo).
2. En el interior de la Proposición se producen transformacio-nes gramaticales (=Estilo Indirecto).
3. El verbo de lengua o pensamiento que actúa como principal se omite.

Si el verbo de lengua o pensamiento aparece pospuesto entre guiones no estaríamos ya en el estilo indirecto libre, sino en un es-tilo indirecto narrativo: «El padre observó al niño: otra vez estaba distraído —pensó—».

Lo peculiar del Estilo Indirecto Libre introducido por Benito Pérez Galdós, es la dificultad para el lector de saber si quien ha-bla es el personaje o el narrador. Es una confusión intencionada.

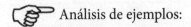 Análisis de ejemplos:

1. **«Me dijo que vendría a verte».** Oración compleja, bimembre, enunciativa, afirmativa, transitiva. Consta de:

...Sintagma nominal (Sujeto): elíptico, 3ª persona de singular.
...Sintagma verbal (Predicado): «me dijo que vendría a verte». Consta de:
......Pronombre personal (CI): «me».
......Verbo (núcleo): «dijo».
......Proposición Sustantiva (CD: estilo indirecto): nexo: «que». Consta de:
...........Sintagma nominal (Sujeto): elíptico (1ª o 3ª persona de singular).
...........Sintagma verbal (Predicado): «vendría a verte».
...............Verbo (núcleo): «vendría».
...............Grupo preposicional (CC de Finalidad): «a verte».
....................Preposición: «a».
....................Sintagma nominal: «verte»[20]. Consta de:
.........................Infinitivo (núcleo): «ver».
.........................Pronombre (CD): «te».

2. **«Me dijo: "Iré a verte"».** Oración compleja, enunciativa, afirmativa, transitiva. Consta de:

...Sintagma nominal (Sujeto): elíptico, 3ª persona de singular.
...Sintagma verbal (Predicado): «me dijo: "iré a verte"». Consta de:
.........Pronombre personal (CI): «me».

---

[20] Es indiferente analizar este grupo preposicional como un Complemento Circunstancial considerando el infinitivo como sustantivo verbal del que depende una función propia (el CD «te») o considerarla una Proposición Circunstancial Final en la que el Sujeto coincide con el de la Oración Principal: «(él) vendría para (él) verte», de ahí la aparición del infinitivo. Observa que si quisiéramos alterar el Sujeto del infinitivo, necesariamente desarrollaríamos una estructura oracional con su Sujeto y Predicado propios: «Me dijo que vendría para que lo viéramos». En cualquiera de las dos soluciones, marcamos que depende sintácticamente del núcleo del Predicado («vendría») expresando la finalidad de la acción.

………Verbo (núcleo): «dijo».
……..Proposición Sustantiva (CD: estilo directo), sin nexo e introducida por «:». Consta de:
…………Sintagma nominal (Sujeto): elíptico (1 ª persona del singular).
…………Sintagma verbal (Predicado): «iré a verte». Consta de:
……………Verbo (núcleo): «iré».
……………Grupo preposicional (CC de Finalidad): «a verte». Consta de:
………………..Preposición: «a».
………………..Sintagma nominal: «verte». Consta de:
………………………..Infinitivo (núcleo): «ver».
………………………..Pronombre (CD): «te».

3. **«El padre observó a su hija: otra vez estaba distraída —pensó».** Se trata de dos oraciones compuestas por yuxtaposición:

O1: «El padre observó a su hija».
O2: «pensó (que) otra vez estaba distraída».

O1: «El padre observó a su hija». Se trata de una oración simple, bimembre, enunciativa, afirmativa, transitiva. Consta de:

…..Sintagma nominal (Sujeto): «el padre».
……….Determinante: «el».
……….Nombre (núcleo): «padre».
…..Sintagma verbal (Predicado): «observó a su hija». Consta de:
……….Verbo (núcleo): «observó».
……….Grupo preposicional (CD): «a su hija». Consta de:
……………Preposición: «a».
……………Sintagma nominal: «su hija». Consta de:
………………Determinante: «su».
………………Nombre (núcleo): «hija».

O2: «Pensó (que) otra vez estaba distraída». Se trata de una oración compleja donde encontramos una Proposición Sustantiva desempeñando la función de Complemento Directo en el Predicado principal (pensó). La oración es bimembre, enunciativa, afirmativa, transitiva. A su vez, consta de:

.....Sintagma nominal (Sujeto): elíptico (1ª persona del singular).
.....Sintagma verbal (Predicado): «estaba distraída —pensó—».
Consta de:
..........Verbo (núcleo): «pensó».
..........Proposición Sustantiva (CD, estilo indirecto). Sin nexo.
Consta a su vez de:
..............Sintagma nominal (Sujeto): elíptico (3ª persona del singular).
..............Sintagma verbal (Predicado): «estaba distraída».
Consta de:
..................Verbo (núcleo): «estaba».
..................Adjetivo (At): «distraída».

Enlace a ejemplos de ejercicios prácticos y comentarios a consultas recibidas sobre el tema en el Blog: https://wp.me/pTRlh-7v.

1.2.2. Oraciones Subordinadas Sustantivas en función de Complemento Directo: Interrogativas indirectas

Decimos que una oración es interrogativa cuando la usamos para preguntar al oyente:

a) «¿Vendrás esta tarde?».
b) «¿Quién ha llamado?».

Hay dos tipos de oraciones interrogativas: *totales* y *parciales*. Entre ambas existen diferencias de entonación, formales y semánticas.

En cuanto al significado, las interrogativas totales preguntan sobre la totalidad del enunciado, es el caso del ejemplo «a»: «¿Vendrás esta tarde?». Esperan una respuesta de tipo monosilábico («sí» o «no»). No usan partículas interrogativas; y, en cuanto a la entonación, la frase finaliza con un tonema ascendente.

Las interrogativas parciales no preguntan sobre la totalidad sino sobre un elemento del enunciado: el Sujeto («¿quién?» o «¿qué?»), el Complemento Directo («¿qué?» o «¿a quién?»), el lugar («¿dónde?»), la causa («¿por qué?»), etc. El resto del enunciado se afirma o se niega. Así, si decimos: «¿Quién ha llamado?», estamos afirmando que alguien ha llamado. Desconocemos el Sujeto de la acción y por él preguntamos. Si preguntamos «¿Dónde has estado?», estamos afirmando que has estado en alguna parte y preguntamos por el lugar.

Formalmente, las interrogativas parciales se caracterizan por la presencia de partículas interrogativas: «¿*Dónde* iremos esta noche?», «¿*De quién* es este libro?», «¿*Cuántos* helados te has comido ya?», etc. En cuanto a la entonación, su curva de entonación es idéntica a las interrogativas totales pero finalizan con un leve descenso en el tono.

Esta introducción de repaso se hacía necesaria para comprender mejor el funcionamiento de estas oraciones cuando aparecen construidas como Proposiciones Sustantivas en función de Complemento Directo. Ambas oraciones, interrogativas totales y parciales, pueden aparecer desempeñando esta función dependiendo sintáctica y semánticamente de un verbo que signifique «preguntar», «decir», o «pensar», es decir, de un verbo de lengua o pensamiento.

Ya hemos visto que las interrogativas totales no presentan partículas interrogativas, pues bien, cuando aparecen construidas en forma de Proposiciones dependientes o subordinadas vienen introducidas por el transpositor «*si*».

Observa:

1. «¿Te presentarás al examen?».
2. «Me preguntó **si** me presentaría al examen».

189

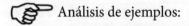 Análisis de ejemplos:

1. **«Me preguntó si me presentaría al examen»**. Compleja, enunciativa, bimembre, afirmativa, transitiva. Consta de la Oración Principal (Me preguntó...) de cuyo Predicado depende una Proposición Sustantiva de Complemento Directo (...si me presentaría al examen), interrogativa indirecta total. Consta de:

.....Sintagma nominal (Sujeto): elíptico (3ª persona del singular).

.....Sintagma verbal (Predicado): «Me preguntó si me presentaría al examen». Consta de:

..........Sintagma nominal (CI): pronombre: «me».

..........Verbo (núcleo): «preguntó».

..........Proposición Sustantiva (CD: interrogativa indirecta total introducida por «si»): «si me presentaría al examen». Consta de:

...............Sintagma nominal (Sujeto): elíptico (1ª persona del singular).

...............Sintagma verbal (Predicado): «me presentaría al examen». Consta de:

..................Sintagma nominal (pronombre, CI): «me».

..................Verbo (núcleo): «presentaría».

..................Grupo preposicional (CRég.): «al[21] examen». Consta de:

........................Preposición: «a» (+ el).

........................Sintagma nominal: «el examen». Consta de:

............................Determinante: «el».

............................Nombre (núcleo): «examen».

---

[21] El artículo contracto «al» lo descomponemos a la hora del análisis por elementos. Se trata de una contracción que mantiene vivos los valores funcionales tanto de la preposición «a», como del determinante artículo «el». Por eso aparece en el desarrollo como dos palabras diferenciadas.

2. **«Se[22] cuestionó si era lícita su actuación»**. Compleja, enunciativa, bimembre, afirmativa, transitiva. Consta de una Oración Principal («Se cuestionó…») de cuyo Predicado depende una Proposición Sustantiva en función de Complemento Directo («…si era lícita su actuación»), interrogativa indirecta total. Su análisis sería el siguiente:

OP: «Se cuestionó…». Consta de:

…..Sintagma nominal (Sujeto): elíptico (3ª persona del singular).
…..Sintagma verbal (Predicado): «se cuestionó…».
………..Sintagma nominal (pronombre reflexivo: CI): «se».
………..Verbo (núcleo): «cuestionó».
………..Proposición Sustantiva (CD: interrogativa indirecta total. Nexo transpositor «si»): «si era lícita su actuación». Consta de:
……………Sintagma nominal (Sujeto): «su actuación».
            Consta de:
………………..Determinante: «su».
………………..Nombre (núcleo): «actuación».
……………Sintagma verbal (Predicado): «era lícita». Consta de:
………………..Verbo (núcleo copulativo): «era».
………………..Adjetivo (At): «lícita».

El uso de «si» como nexo transpositor no nos debe inducir a error por confusión con las Subordinadas Condicionales que ya estudiaremos. Para evitarlo, debemos tener claras dos ideas:

1. Las Proposiciones *Interrogativas Indirectas totales* son sustantivas, y como tales, pueden ser sustituidas por un pronombre o un Sintagma nominal:

    • «Le preguntaré si le gusta el circo».

---

[22] La oración admite correctamente un segundo análisis. Podemos interpretar el «se» como indicador de Pasiva Refleja, en cuyo caso, la Proposición Sustantiva asumiría la función de Sujeto de la oración. Se cuestionó eso («si era lícita su actuación») = Se cuestionaron esas cosas. Según interpretemos la función de «se» estaremos entendiendo la oración de una u otra forma. Ver las funciones pronominales.

- «Le preguntaré *eso*».
- «Se *lo* preguntaré».

Las Oraciones Subordinadas Condicionales no admiten esa sustitución porque ni son sustantivas ni actúan de Complemento Directo:

- «Si me llamas, iré».
- *«*Eso* iré» (incorrecto).

2. En las Subordinadas Condicionales, lo normal es que la Oración Subordinada encabece el enunciado, es decir, que vaya situada delante. De ahí que se llame «apódosis». También puede aparecer pospuesta, pero la anteposición nunca nos resultará extraña:

- «Me llegará el dinero si no voy al cine».
- «Si no voy al cine, me llegará el dinero».

En cambio, las Proposiciones Sustantivas, interrogativas indirectas totales, aparecen normalmente detrás del verbo en su Predicado, y la anteposición resulta extraña y forzada:

- «El maestro preguntó a los alumnos si habían hecho los ejercicios del tema tercero».
- «Si habían hecho los ejercicios del tema tercero, el maestro preguntó a los alumnos».

En resumen:

Las interrogativas totales, cuando aparecen como Proposición Sustantiva en función de Complemento Directo:

1. Equivalen a una oración interrogativa indirecta total.
2. Dependen de un verbo de lengua o pensamiento.
3. Utilizan el transpositor «si».

Las interrogativas indirectas parciales:

Las Proposiciones Sustantivas, cuando son interrogativas indirectas parciales, se construyen utilizando como nexos transpositores las mismas partículas interrogativas con que se construyen en su oración simple. Veámoslo:

a) «¿Qué quieres comer?» / a1: «Me preguntó qué quería comer».

b) «¿Dónde iremos?» / b1: «Me preguntó dónde iríamos».

a: «¿Qué quieres comer?». Oración: simple, bimembre, interrogativa, afirmativa, transitiva. Consta de:

.....Sintagma nominal (Sujeto): elíptico (2ª persona del singular).

.....Sintagma verbal (Predicado): «qué quieres comer».

Consta de:

..........Pronombre (CD del infinitivo): «qué».

..........Verbo (núcleo): «quieres».

..........Infinitivo (CD): «comer».

Aunque hay autores que consideran «querer + infinitivo» como una perífrasis verbal modal volitiva o desiderativa, tengo mis reservas. El hecho de que si pensamos en un sujeto divergente para el infinitivo oblige a desarrollar el complemento en forma de Proposición Sustantiva con su predicado, parece demostrar que no podemos considerarla como perífrasis verbal. Veamos:

«Me preguntó qué quería (yo) comer (yo)» / «Me preguntó qué quería (yo) que comieras (tú)».

a1: «Me preguntó qué quería comer». Oración compleja, bimembre, enunciativa, afirmativa, transitiva. Consta de una Oración Principal («Me preguntó...») de cuyo Predicado depende una Proposición Sustantiva de Complemento Directo (interrogativa indirecta parcial que usa la partícula interrogativa «qué» como transpositor: «…qué quería comer»). Su estructura sería la siguiente:

......Sintagma nominal (Sujeto): elíptico (3ª persona del singular).

......Sintagma verbal (Predicado): «me preguntó qué quería comer». Consta de:

............Sintagma nominal (pronombre: CI): «me».

............Verbo (núcleo): «preguntó».

............Proposición Sustantiva (CD: interrogativa indirecta parcial. Nexo transpositor: «qué»): «qué quería comer». Consta de:

..............Sintagma nominal (Sujeto): elíptico (1ª o 3ª persona del singular).

..............Sintagma verbal (Predicado): «qué quería comer». Consta de:

....................Sintagma nominal (pronombre: CD del infinitivo): «qué».

....................Verbo (núcleo): «quería».

....................Infinitivo (CD): «comer».

b: «¿Dónde iremos el domingo?». Oración simple, bimembre, interrogativa, afirmativa, intransitiva. Consta de:

......Sintagma nominal (Sujeto): elíptico (1ª persona del plural).

......Sintagma verbal (Predicado): «dónde iremos el domingo». Consta de:

.........Adverbio modal (CC de Lugar, interrogativo): «dónde».

.........Verbo (núcleo): «iremos».

.........Sintagma nominal (CC de Tiempo): «el domingo». Consta de:

...............Determinante: «el».

...............Nombre (núcleo): «domingo».

b1: «Me preguntó dónde iríamos el domingo». Oración compuesta, bimembre, enunciativa, afirmativa, transitiva. Está compuesta por la Oración Principal («Me preguntó...») en cuyo Predicado aparece integrada en la función Complemento Directo una Proposición Sustantiva —interrogativa indirecta parcial— introducida por el propio adverbio de lugar «dónde». Consta de:

.....Sintagma nominal (Sujeto): elíptico (3ª persona del singular).

.....Sintagma verbal (Predicado): «me preguntó dónde iríamos el domingo». Consta de:

..........Sintagma nominal (pronombre: CI): «me».

..........Verbo (núcleo): «preguntó».

..........Proposición Sustantiva (CD: interrogativa indirecta parcial. Transpositor: «dónde»): «dónde iríamos el domingo». Consta de:

...............Sintagma nominal (Sujeto): elíptico (1ª persona del plural).

...............Sintagma verbal (Predicado): «dónde iríamos el domingo». Consta de:

...................Adverbio modal (CC de Lugar, interrogativo): «dónde».

...................Verbo (núcleo): «iríamos».

...................Sintagma nominal (CC de Tiempo): «el domingo». Consta de:

.......................Determinante: «el».

.......................Nombre (núcleo): «domingo».

Como habrás podido observar, la función sintáctica que desempeñan en el interior de su oración es la de Complemento Directo y se comportan igual que las anteriores, esto es, pueden ser sustituidas por un pronombre:

- «Me preguntó dónde iríamos».
- «Me preguntó *eso*».
- «Me *lo* preguntó».

En resumen:

Las Proposiciones Sustantivas Interrogativas Indirectas Parciales,

1. Equivalen a una oración Interrogativa Parcial.
2. Dependen sintáctica y semánticamente de un verbo de lengua o pensamiento.
3. Utilizan su propia partícula interrogativa como transpositor.

Por último, antes de pasar al apartado de ejercicios, hay dos observaciones que conviene tener en cuenta sobre las oraciones interrogativas indirectas. Es muy frecuente en el habla popular la construcción pleonástica. Consiste en añadir la conjunción «que» a la partícula interrogativa que de por sí actúa como transpositor. Por ejemplo: «Me preguntó *que dónde* iríamos». La construcción es de uso corriente en los diálogos:

—¿Qué dices?
—Que si quiere más arroz.

Es una redundancia innecesaria, en el análisis sintáctico consideraremos las dos partículas como una sola en función de transpositor como hacemos en el siguiente ejemplo:

1. **«Me preguntó que dónde iríamos».** Oración compleja, bimembre, enunciativa, afirmativa, transitiva. Consta de una Oración Principal («Me preguntó…») de cuyo Predicado depende una Proposición Sustantiva en función de Complemento Directo, Interrogativa Indirecta Parcial («…que dónde iríamos»). Su esquema sería el siguiente:

......Sintagma nominal (Sujeto): elíptico (3ª persona del singular).
......Sintagma verbal (Predicado): «me preguntó que dónde…».
   Consta de:

...........Sintagma nominal (CI: pronombre): «me».
...........Verbo (núcleo): «preguntó».
...........Proposición Sustantiva (CD, interrogativa indirecta parcial. Nexo transpositor: «que dónde»): «que dónde iríamos». Consta de:
.............Sintagma nominal (Sujeto): elíptico (1ª persona del plural).
.............Sintagma verbal (Predicado): «que dónde iríamos». Consta de:
...................Adverbio interrogativo (CC de Lugar): «dónde».
...................Verbo (núcleo): «iríamos».

La segunda observación es que debemos recordar que las interrogativas indirectas forman parte de las Proposiciones sustantivas en estilo indirecto. Esto significa que también las podemos encontrar en estilo directo. Por ejemplo:

- Me preguntó: «¿Dónde iremos?».
- Me dijo: «¿Quieres más arroz?».

2. **«Me preguntó: "¿Dónde iremos?"»**. Oración compleja, bimembre, enunciativa, afirmativa, transitiva. Consta de una Oración Principal («Me preguntó...») de cuyo Predicado depende una Proposición Sustantiva en función de Complemento Directo, Interrogativa Parcial («¿Dónde iremos?»). Su estructura sería la siguiente:

......Sintagma nominal (Sujeto): elíptico (3ª persona de singular).
......Sintagma verbal (Predicado): «me preguntó: "¿Dónde iremos?"». Consta de:
.........Sintagma nominal (CI: pronombre): «me».
.........Verbo (núcleo): «preguntó».
.........Proposición Sustantiva (CD, estilo directo, interrogativa parcial): «¿dónde iremos?». Consta de:
.............Sintagma nominal (Sujeto): elíptico (1ª persona del plural).
.............Sintagma verbal (Predicado): «¿dónde iremos?».

197

...................Adverbio interrogativo (CC de Lugar): «dónde».
...................Verbo (núcleo): «iremos».

3. **«Me dijo: "¿Quieres más arroz?"»**. Oración Compleja, bimembre, enunciativa, afirmativa, transitiva. Se compone de una Oración Principal («Me dijo...») de cuyo Predicado depende una Proposición Sustantiva en función de Complemento Directo (Interrogativa total en Estilo Directo: «¿Quieres más arroz?»). Su esquema sería el siguiente:

....Sintagma nominal (Sujeto): elíptico (3ª persona del singular).
....Sintagma verbal (Predicado): «me dijo: "¿Quieres más arroz?"».
   Consta de:
.........Sintagma nominal (CI: pronombre): «me».
.........Verbo (núcleo): «dijo».
.........Proposición Sustantiva (CD, estilo directo, interrogativa total): «¿quieres más arroz?». Consta de:
..............Sintagma nominal (Sujeto): elíptico (2ª persona del singular).
..............Sintagma verbal (Predicado): «¿quieres más arroz?». Consta de:
...................Verbo (núcleo): «quieres».
...................Sintagma nominal (CD): «más arroz». Consta de:
.......................Determinante: «más».
.......................Nombre (núcleo): «arroz».

Dicho de otro modo: las Proposiciones Interrogativas Indirectas son Proposiciones Sustantivas construidas en estilo indirecto cuando el enunciado que reproducimos no es una oración enunciativa sino interrogativa.

Enlace a ejemplos de ejercicios prácticos y comentarios a consultas recibidas sobre el tema en el Blog: https://wp.me/pTRlh-7H.

1.3. Oraciones Subordinadas Sustantivas en función de Complemento de Régimen (o Suplemento)

Empezaremos por recordar qué es el Complemento de Régimen. Se trata de un grupo preposicional que suele aparecer situado inmediatamente detrás del verbo. Significa aquello sobre lo que recae la acción expresada, en lo que coincide con el Complemento Directo, pero no admite la sustitución por el pronombre «lo», ni por «le» ni por un adverbio, es decir, no podemos confundirlo con el Complemento Directo, ni con el Indirecto, ni con el Complemento Circunstancial. Solo admite la sustitución por otro grupo preposicional introducido por la misma preposición. Por ejemplo:

* «Reflexiona *sobre estas oraciones* (= sobre esto)».
* «El enfermo sufre *de amnesia* (= de eso)».

La diferencia con el Complemento Directo es que, en estos casos, el verbo suele exigir la presencia de la preposición, de ahí que digamos que la preposición es «régimen» del verbo. No obstante, algunos verbos admiten tanto la construcción con Complemento Directo como con Complemento de Régimen. Observa:

* «Trató el asunto» (CD).
* «Trató del asunto» (CRég).

E incluso, los llamados verbos de «lengua» («decir», «hablar», «murmurar», «susurrar», etc.) o «pensamiento» («pensar», «reflexionar», «razonar», etc.) pueden construirse con los dos complementos simultáneamente. Por ejemplo:

* «Afirmar algo (CD) *de alguien* (CRég.)».
* Pensar algo (CD) *de alguien* (CRég.)».

Como ocurría en los casos anteriores, también la función de Complemento de Régimen puede desarrollarse en forma de Proposición Sustantiva. Es lo que observamos en oraciones como:

1. «Hablamos *de que estaría bien en el colegio*».
2. «Me arrepiento *de que hayas venido*».

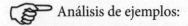 Análisis de ejemplos:

1. **«Hablamos de que estaría bien en el colegio».** Oración compleja, enunciativa, bimembre, transitiva, afirmativa. Su estructura obedece al siguiente esquema:

.....Sintagma nominal (Sujeto): elíptico (1ª persona del plural).

.....Sintagma verbal (Predicado): «hablamos de que estaría bien en el colegio». Consta de:

.........Verbo (núcleo): «hablamos».

.........Proposición Sustantiva (Complemento de Régimen, nexo transpositor: «de que»). Consta de:

.............Sintagma nominal (Sujeto): elíptico (1ª o 3ª persona del singular).

.............Sintagma verbal (Predicado): «estaría bien en el colegio». Consta de:

..................Verbo (núcleo): «estaría».

..................Adverbio (At): «bien».

..................Grupo preposicional (CC de Lugar): «en el colegio». Consta de:

.......................Preposición: «en».

.......................Sintagma nominal: «el colegio». Consta de:

..........................Determinante: «el».

..........................Nombre (núcleo): «colegio».

Me sumo a quienes opinan que el adverbio aquí tiene función de atributo. La razón es la naturaleza atributiva del verbo «estar» y el hecho de que admite la sustitución por el pronombre neutro «LO» igual que un adjetivo o un grupo preposicional. Veámoslo: «Está enfermo»: ¿Está enfermo? Sí, LO está; «Está de lujo»: ¿está de lujo? Sí, LO está; «Está bien»: ¿está bien? Sí, LO está. Otros gramáticos opinan que, en estos casos, la naturaleza del verbo es predicativa, en cuyo caso, la función sería de Complemento Circunstancial.

2. **«Me arrepiento de que hayas venido».** Oración compleja enunciativa, bimembre, afirmativa, transitiva. Su esquema sería el siguiente:

.....Sintagma nominal (Sujeto): elíptico (1ª persona del singular)

.....Sintagma verbal (Predicado): «me arrepiento de que hayas venido». Consta de:

.........Pronombre (lexema verbal[23]): «me».

.........Verbo (núcleo): «arrepiento».

.........Proposición Sustantiva (C. de Régimen, nexo transpositor «de que»): «...hayas venido». Consta de:

.............Sintagma nominal (Sujeto): elíptico (2ª persona del singular).

.............Sintagma verbal (Predicado): verbo (núcleo): «hayas venido».

Como ocurre con la mayoría de las Proposiciones Subordinadas Sustantivas, utilizan como nexo transpositor la conjunción anunciativa *«que»*, solo que ahora aparecerá precedida de la preposición régimen propia de cada verbo. Por lo demás, se comportan igual que las otras sustantivas: podemos sustituir la Proposición por un pronombre neutro o un sintagma nominal, por ejemplo:

- «Hablamos de eso» (= de esas cosas).
- «Me arrepiento de eso» (= de esas cosas).

---

[23] Llamamos al pronombre «lexema verbal» cuando forma parte integrante del verbo, es decir, el verbo no existe en la lengua si no es en forma pronominal. Es como si se tratara de una sílaba más del verbo. Hay quien afirma que aporta el sentido reflexivo al verbo («Me arrepiento a mí mismo»: yo hago la acción y yo la recibo); no obstante, conviene recordar que para que un verbo tenga sentido reflexivo no es imprescindible el pronombre. Véase, por ejemplo, «dimitir».

Antes hemos dicho que existen estructuras con Complemento Directo y Complemento de Régimen. En estas estructuras, es fácil encontrar el Complemento Directo desarrollado en forma de Proposición Sustantiva. Por ejemplo: «Piensa de ti *que eres un pobre hombre*».

Pero es mucho más infrecuente encontrar el Complemento de Régimen desarrollado en forma de Proposición excepto en estructuras del tipo: «*De* quien *salte de la trinchera* (Prop. Sust. CRég) dirán que *es un héroe* (Prop. Sust. CD)».

Donde el transpositor utilizado en la Proposición de Complemento de Régimen no es «que» sino «quien», pronombre relativo usado sin antecedente. Volveremos ampliamente sobre este pronombre como transpositor al tratar las Proposiciones Sustantivas en función de Complemento Indirecto.

Un error cada vez más frecuente es el llamado «dequeísmo». Consiste en usar la preposición «de» donde no corresponde. Así, en lugar de decir «Pienso *que* está bien», escuchamos *«Pienso *de que* está bien». Es incorrecto y, por lo tanto, debemos evitarlo. Se trata de un supracultismo, el hablante consciente de que comete con frecuencia un error (supresión indebida de la preposición) la repone donde no corresponde.

Enlace a ejemplos de ejercicios prácticos y comentarios a consultas recibidas sobre el tema en el Blog: https://wp.me/pTRlh-8c.

1.4. Oraciones Subordinadas Sustantivas —Proposiciones Sustantivas— en función de Complemento del Nombre

Otra de las funciones desempeñadas por un sintagma nominal, cuando va precedido de preposición, es la de Complemento del Nombre. Recordemos que con esta función conseguimos restringir o delimitar el significado del nombre al que acompaña. Dicho de otra forma, se trata de un procedimiento complejo de restricción semántica del núcleo nominal. Algunos ejemplos podrían ser:

1. **«Tengo miedo _de la oscuridad_»**. Oración simple, enunciativa, bimembre, afirmativa, transitiva. Su estructura sigue el siguiente esquema:

   .....Sintagma nominal (Sujeto): elíptico (1ª persona del singular).
   .....Sintagma verbal (Predicado): «tengo miedo de la oscuridad».
   Consta de:
   ....Verbo (núcleo): «tengo».
   ....Sintagma nominal (CD): «miedo de la oscuridad».
   Consta de:
   ....Nombre (núcleo): «miedo».
   ....Grupo preposicional (CN): «de la oscuridad».
   Consta de:
   ....Preposición: «de».
   ....Sintagma nominal: «la oscuridad». Consta de:
   ....Determinante: «la».
   ....Nombre (núcleo): «oscuridad».

2. **«¿Aún te quedan ganas _de jugar_?»**. Oración simple, interrogativa, bimembre, afirmativa, media. Su estructura sigue el siguiente esquema:

   .....Sintagma nominal (Sujeto): «ganas de jugar». Consta de:
   ....Nombre (núcleo): «ganas».
   ....Grupo preposicional (CN): «de jugar». Consta de:
   ....Preposición: «de».

...............Infinitivo: «jugar».

.....Sintagma verbal (Predicado): «aún te quedan». Consta de:

..........Adverbio (CC de Tiempo): «aún».

..........Sintagma nominal, pronombre (CI): «te».

..........Verbo (núcleo): «quedan».

Pero, sucede que a veces la idea que necesitamos para restringir el significado de un nombre no puede ser expresada a través de un sintagma nominal, por eso acudimos a la Proposición Sustantiva. Así:

- «Tengo miedo *de la oscuridad / de que se apague la luz*».
- «Tengo ganas *de jugar / de que pierdas la partida*».

El nexo transpositor sigue siendo la conjunción anunciativa «*que*», precedida de la preposición exigida por el Complemento del Nombre, «*de*» en los dos ejemplos anteriores, preposición que consideraremos como parte del nexo en el análisis. Así:

3. **«Tengo miedo de que se apague la luz».** Oración compleja, enunciativa, bimembre, afirmativa, transitiva. Su estructura sigue el siguiente esquema:

   .....Sintagma nominal (Sujeto): elíptico (1º persona del singular).

   .....Sintagma verbal (Predicado): «tengo miedo de que se apague la luz». Consta de:

   ....Verbo (núcleo): «tengo».

   ....Sintagma nominal (CD): «miedo de que se apague la luz». Consta de:

   ....Nombre (núcleo): «miedo».

   ....Proposición Sustantiva (CN, introducida por «de que»): «se apague la luz». Consta de:

   ....Sintagma nominal (Sujeto): «la luz». Consta de:

   ....Determinante: «la».

   ....Nombre (núcleo): «luz».

   ....Sintagma verbal (Predicado): «se apague». Consta de:

.....................Pronombre (indicador de pasiva refleja[24]): «se».
.....................Verbo (núcleo): «apague».

4. **«Tengo ganas de que pierdas la partida».** Oración compleja, enunciativa, bimembre, afirmativa, transitiva. Su estructura sigue el siguiente esquema:

.....Sintagma nominal (Sujeto): elíptico (1ª persona de singular).
.....Sintagma verbal (Predicado): «tengo ganas de que pierdas la partida». Consta de:
..........Verbo (núcleo): «tengo».
..........Sintagma nominal (CD): «ganas de que pierdas la partida». Consta de:
............Nombre (núcleo): «ganas».
.............Proposición Sustantiva (CN, introducida por «de que»): «pierdas la partida». Consta de:
..................Sintagma nominal (Sujeto): elíptico (2ª persona del singular).
..................Sintagma verbal (Predicado): «pierdas la partida». Consta de:
.......................Verbo (núcleo): «pierdas».
......................Sintagma nominal (CD): «la partida». Consta de:
..........................Determinante: «la».
.............................Nombre (núcleo): «partida».

La preposición más frecuente es «*de*», como ocurría en la función de Complemento de Régimen (o Suplemento), pero no debemos confundir ambas funciones: el Complemento del Nombre va detrás de un sustantivo al que modifica o concreta; el Complemento de Régimen va situado detrás del verbo. Esta regla nos servirá en la mayoría de los casos. No obstante, conviene recordar que cuando en una misma oración aparecen Complemento Di-

---

[24] Observa que si sustituyes «se» por «él» («*él apague la luz*»), lo que está actuando como Sujeto en la oración (la luz) pasaría a actuar como Complemento Directo («*Él la apague*»).

recto y Complemento de Régimen (Suplemento) dependiendo de un mismo Predicado, el grupo preposicional que desempeña la función de Complemento de Régimen puede aparecer inmediatamente detrás del Complemento Directo, así:

Say harsh things about sb

- «Dijeron perrerías del maestro».

También debemos observar en este caso cómo la alteración del orden no produce extrañeza, no violenta la construcción («Dijeron del maestro perrerías»). Esta prueba puede sacarnos de dudas. Si el grupo preposicional desempeñara la función de Complemento del Nombre «perrerías», la anteposición a su núcleo constituiría un hipérbaton, una construcción violenta, como sucede en el siguiente ejemplo: «Mascaban chicle de menta» y «Mascaban de menta chicle», donde «de menta» actúa como Complemento del Nombre de «chicle». El Complemento del Nombre constituye una sola unidad de entonación con el nombre al que acompaña y, al anteponerlo, debemos romper esa unidad. Esto no sucede entre el Complemento Directo y el Complemento de Régimen, de ahí que puedan intercambiar el orden de aparición con relativa facilidad.

Para evitar la confusión entre el Complemento del Nombre y el Complemento de Régimen, conviene tener en cuenta:	
1.	El Complemento del Nombre va pospuesto, normalmente, a un nombre; el Complemento de Régimen va detrás de un verbo.
2.	En el caso de Complemento Directo + Complemento de Régimen, hemos de tener en cuenta que el Complemento de Régimen puede intercambiar su orden con el Complemento Directo; lo que no sucede con el Complemento del Nombre sin violentar su estructura.
3.	En última instancia, el argumento semántico nos dice que el Complemento del Nombre restringe o modifica el significado de un nombre; el Complemento de Régimen, el de un verbo.

La preposición más frecuente para introducir el Complemento del Nombre es «*de*», pero las posibilidades se multiplican enormemente cuando aparece un infinitivo actuando como núcleo del sintagma nominal («amar», «decir», «pensar», etc.) o se trata de un sustantivo emparentado con un verbo («amor/amar»; «temor/temer»; «respeto /respetar»; etc.). El infinitivo puede actuar como sustantivo en el discurso, pero mantiene sus complementos verbales:

- «Amar es un precepto divino».
- «Amar *a alguien* (CD) es maravilloso».

Cuando el Sujeto del infinitivo coincide con el del verbo de su Predicado («*Yo* quiero ir *(yo)* a Francia») podemos hablar de Proposiciones sustantivas de infinitivo (en este caso de Complemento Directo: «Yo quiero *eso*» = *LO* quiero) porque si cambiáramos el Sujeto del infinitivo, obligaríamos al desarrollo de la estructura en forma de Proposición. Así: «Yo quiero *que tú vayas* a Francia». En otros casos, el sentido no personal del infinitivo prevalece y lo acerca más al valor y equivalencia del nombre, es el caso del ejemplo inicial propuesto. El precepto divino nos atañe a todos, ese es el sentido de la expresión, de ahí su ambivalencia con el sustantivo equivalente: «El amar / el amor al prójimo es maravilloso».

No obstante, no debemos analizar «al prójimo» como Complemento del Nombre cuando el núcleo es un infinitivo («amar»), dado que admite sustitución por el pronombre «lo» («*Amar***lo** es un precepto divino»), en estos casos, la función del grupo preposicional es propia del Predicado, un Complemento Directo en el ejemplo propuesto. En cambio, cuando el núcleo es el sustantivo («El *amor al prójimo*...»), sí debemos analizar el grupo preposicional («al prójimo») como Complemento del Nombre (de «amor»).

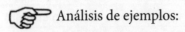 Análisis de ejemplos:

1. **«El amor al prójimo es un precepto divino».** Oración simple, bimembre, enunciativa, afirmativa, atributiva. Su estructura sigue el siguiente esquema:

   …Sintagma nominal (Sujeto): «el amor al prójimo». Consta de:
   ……Determinante: «el».
   ……Nombre (núcleo): «amor».
   ……Grupo preposicional (CN): «al prójimo». Consta de:
   …………Preposición: «a» (+ el).
   …………Sintagma nominal: «el prójimo». Consta de:
   ………………Determinante: «el».
   ………………Nombre (núcleo): «prójimo».
   …Sintagma verbal (Predicado nominal): «es un precepto divino».
   ……Verbo (núcleo atributivo): «es».
   ……Sintagma nominal (At): «un precepto divino». Consta de:
   …………Determinante: «un».
   …………Nombre (núcleo): «precepto».
   …………Adjetivo: «divino».

2. **«El respeto a los demás es necesario».** Oración simple, bimembre, enunciativa, afirmativa, atributiva. Consta de:

   …..Sintagma nominal (Sujeto): «el respeto a los demás».
       Consta de:
   ……….Determinante: «el».
   ……….Nombre (núcleo): «respeto».
   ……….Grupo preposicional (CN): «a los demás». Consta de:
   ……………Preposición: «a».
   ……………Sintagma nominal: «los demás». Consta de:
   ………………..Determinante: «los».
   ………………..Adjetivo sustantivado (núcleo): «demás».
   …..Sintagma verbal (Predicado nominal): «es necesario».
       Consta de:
   ……….Verbo (núcleo, copulativo): «es».
   ……….Adjetivo (At): «necesario».

3. **«Amar a los demás es un precepto divino».** Oración simple, bimembre, enunciativa, afirmativa, atributiva. Su esquema sería el siguiente:

.....Sintagma nominal (Sujeto): «amar a los demás». Consta de:
..........Infinitivo (núcleo): «amar».
..........Grupo preposicional (CD): «a los demás». Consta de:
...............Preposición: «a».
...............Sintagma nominal: «los demás». Consta de:
...................Determinante: «los».
...................Adjetivo sustantivado (núcleo): «demás».
.....Sintagma verbal (Predicado nominal): «es un precepto divino». Consta de:
..........Verbo (núcleo copulativo): «es».
..........Sintagma nominal (At): «un precepto divino». Consta de:
...............Determinante: «un».
...............Nombre (núcleo): «precepto».
...............Adjetivo: «divino».

4. **«Es necesario respetar a los demás».** Oración simple, bimembre, enunciativa, afirmativa, atributiva. Su estructura sigue el siguiente esquema:

.....Sintagma nominal (Sujeto): «respetar a los demás». Consta de:
..........Infinitivo (núcleo): «respetar».
..........Grupo preposicional (CD): «a los demás». Consta de:
...............Preposición: «a».
...............Sintagma nominal: «los demás». Consta de:
...................Determinante: «los».
...................Adjetivo sustantivado (núcleo): «demás».
.....Sintagma verbal (Predicado nominal): «es necesario». Consta de:
..........Verbo (núcleo copulativo): «es».
..........Adjetivo (At): «necesario».

Debemos insistir, por último, en que aparecerá el infinitivo cuando hay coincidencia de Sujetos. Si no hay coincidencia de Sujetos, el Complemento del Nombre se desarrolla en forma de Proposición Sustantiva, igual que ocurría en las funciones anteriores. Así, decimos «Tengo (yo) la certeza de que vencerás (tú)», pero «Tengo (yo) la certeza de vencer (yo)». En estos casos, en los de infinitivo, lo importante es señalar la función de Complemento del Nombre, grupo preposicional que restringe, que delimita el significado del nombre al que se refiere y acompaña.

Hay profesores que insisten en que se analice como Proposición Sustantiva aunque aparezca en infinitivo, y lógica y semánticamente lo es. La estructura formal, en cambio, se construye con infinitivo, forma no personal, de ahí que hay quien prefiera analizarlos como grupos preposicionales. Insisto, lo importante es determinar claramente su función sintáctica.

Enlace a ejemplos de ejercicios prácticos y comentarios a consultas recibidas sobre el tema en el Blog: https://wp.me/pTRlh-8G.

1.5. Oraciones Subordinadas Sustantivas —Proposiciones Sustantivas— en función de Complemento Indirecto

Estas Proposiciones son problemáticas, y hay autores que no las consideran entre las Proposiciones Sustantivas. La razón es que utilizan los mismos nexos que las Proposiciones Circunstanciales de finalidad que veremos más adelante. Sin embargo, parece que en la oración compuesta se puede expresar también el Complemento Indirecto, pero usando unos transpositores diferenciados del resto de las Proposiciones Sustantivas. Veámoslo:

Recordemos que el Complemento Indirecto puede expresarse por un pronombre átono (*le, me, te, se, nos, os y se*) o por un grupo preposicional introducido por «a» o «para». Aunque, normalmente, el Complemento Indirecto exige un referente animado (humano), podemos encontrarlo también con referente no animado (objeto, cosa) en casos aislados como demuestran estos ejemplos:

- «Manda saludos *a tus familiares*» (animado) / «Mánda*les* saludos».
- «Pasa el paño *al cristal*» (objeto) / «Pása*le* el paño».

Tanto «a tus familiares» como «al cristal» son Complementos Indirectos, como demuestra su posible sustitución por el pronombre «le».

El Complemento Circunstancial de Finalidad, por su parte, utiliza también las preposiciones «a» o «para», pero su referente es siempre «no animado», y no admite la sustitución por «le»:

- «Compré dos entradas *para el circo*» / *«*Le* compré dos entradas»[25].

Para marcar la naturaleza «animada» del referente, en la oración compuesta, la Proposición Sustantiva en función de Complemento Indirecto va a usar unos transpositores diferentes a la conjunción anunciativa «que»: en concreto, el pronombre relativo «quien» usado sin antecedente, o el pronombre relativo «el que» («la que»/ «los que» / «las que»). El transpositor «que» se mantiene para las Circunstanciales de finalidad. Observemos los siguientes ejemplos:

- «Quiero que estudies *para que seas un hombre*» / *«*Quiero que *le* estudies» (Finalidad).
- «Te avisé *para que no te equivocaras*» / *«*Te *le* avisé» (Finalidad).

---

[25] El asterisco, «*», significa que el ejemplo es agramatical o incorrecto.

Resumiendo, las Proposiciones Sustantivas en función de Complemento Indirecto se construyen con las preposiciones «a» o «para» más los pronombres relativos «quien» o «el/la/los/las que»; y se identifican por su posible sustitución por el pronombre átono «le».

☞ Análisis de ejemplos:

1. **«Daré el regalo a quien lo consiga».** Oración compuesta, enunciativa, bimembre, afirmativa, transitiva. Su estructura seguiría el siguiente esquema:

    …..Sintagma nominal (Sujeto): elíptico (1ª persona del singular).
    …..Sintagma verbal (Predicado): «daré el regalo a quien lo consiga». Consta de:
    ………Verbo (núcleo): «daré».
    ………Sintagma nominal (CD): «el regalo». Consta de:
    ……………Determinante: «el».
    ……………Nombre (núcleo): «regalo».
    ………Proposición Sustantiva (CI, nexo: «a quien»). «…quien lo consiga». Consta de:
    ……………Sintagma nominal (Sujeto):
    ………………..Pronombre (núcleo): «quien».
    ……………Sintagma verbal (Predicado): «lo consiga».
    ……………Consta de:
    ………………..Verbo (núcleo): «consiga».
    ………………..Pronombre (CD): «lo».

2. **«Tengo una sorpresa para quien llegue antes».** Oración compuesta, bimembre, enunciativa, afirmativa, transitiva. Su estructura seguiría el siguiente esquema:

    …..Sintagma nominal (Sujeto): elíptico (1ª persona del singular).
    …..Sintagma verbal (Predicado): «tengo una sorpresa para quien llegue antes». Consta de:
    ………Verbo (núcleo): «tengo».

..........Sintagma nominal (CD): «una sorpresa». Consta de:

...............Determinante: «una».

...............Nombre (núcleo): «sorpresa».

..........Proposición Sustantiva (CI, nexo: «para quien»): «...para quien llegue antes». Consta de:

.............Sintagma nominal (Sujeto): Pronombre: «quien».

.............Sintagma verbal (Predicado): «llegue antes».
Consta de:

...................Verbo (núcleo): «llegue».

...................Adverbio (CC de Tiempo): «antes».

3. **«Al que hable en el ejercicio, se le retirará el examen».** Oración compuesta, bimembre, enunciativa, afirmativa, pasiva refleja. Su estructura responde al siguiente esquema:

....Sintagma nominal (Sujeto): «el examen». Consta de:

..........Determinante: «el».

..........Nombre (núcleo): «examen».

....Sintagma verbal (Predicado): «Al que hable en el ejercicio, se le retirará el examen». Consta de:

..........Pronombre (Indicador de pasiva refleja): «se».

..........Pronombre (Pronombre reflejo de CI[26]): «le».

..........Verbo (núcleo): «retirará».

..........Proposición Sustantiva (CI. Nexo «al que»): «El que hable en el ejercicio». Consta de:

...............Sintagma nominal (Sujeto): Pronombre: «el que».

...............Sintagma verbal (Predicado). Consta de:

...................Verbo (núcleo): «hable».

...................Grupo preposicional (CC de Lugar): «en el ejercicio». Consta de:

---

[26] Este pronombre reflejo aparece cuando el Complemento Indirecto se antepone al verbo, alterando así el orden lógico oracional según el cual se sitúa detrás del núcleo del Predicado y del Complemento Directo. Decimos «Daré un regalo (CD) a Juan (CI)», pero «A Juan (CI), le (CI) daré un regalo (CD)». Este pronombre reflejo no aparecería en el caso de que la función de la Proposición fuera de Complemento Circunstancial de Finalidad.

......................Preposición: «en».
......................Sintagma nominal: «el ejercicio». Consta de:
......................Determinante: «el».
......................Nombre (núcleo): «ejercicio».

Observa cómo en los tres casos la Proposición Sustantiva puede sustituirse por «le/s»:

- «LE daré el regalo».
- «LE tengo una sorpresa».
- «LE retiro el examen».

Enlace a ejemplos de ejercicios prácticos y comentarios a consultas recibidas sobre el tema en el Blog: https://wp.me/pTRlh-8M.

1.6. Oraciones Subordinadas Sustantivas —Proposiciones Sustantivas— en función de Atributo

Aunque su existencia se encuentra muy discutida, parece conveniente considerarlas como único análisis sintáctico posible y válido para algunas construcciones atributivas. Por ejemplo:

- «El caso es *que salgamos esta tarde*».
- «Esto está *que arde*».

Recordemos que la función Atributo (At), cuando aparecía con verbos copulativos, como en los ejemplos anteriores («ser» y «estar», respectivamente), podía sustituirse por el pronombre neutro e inmovilizado «*lo*» en una secuencia interrogativa del tipo:

- «Juan es *un estudiante*»; ¿Juan es un estudiante?: Sí, *lo* es.

- «Pedro está *enfermo*»; ¿Pedro está enfermo?: Sí, *lo* está.

Pues bien, en los dos ejemplos que hemos utilizado de Proposiciones Sustantivas, el comportamiento es idéntico. Por un lado, nos encontramos ante verbos atributivos y, por otro, ambas Proposiciones resultan sustituibles por «lo» en idénticas estructuras:

- «¿El caso es *que salgamos esta tarde?*»: Sí, *lo* es.
- «¿Esto está *que arde?*»: Sí, *lo* está.

☞ Análisis de ejemplos

1. **«El caso es que salgamos esta tarde».** Oración compuesta, enunciativa, bimembre, afirmativa, atributiva. Su estructura responde al siguiente esquema:

.....Sintagma nominal (Sujeto): «el caso». Consta de:

..........Determinante: «el».

..........Nombre (núcleo): «caso».

.....Sintagma verbal (Predicado nominal): «es que salgamos esta tarde». Consta de:

..........Verbo (núcleo): «es».

..........Proposición Sustantiva (At, nexo: «que»): «que salgamos esta tarde». Consta de:

............Sintagma nominal (Sujeto): elíptico (1ª persona del plural).

............Sintagma verbal (Predicado): «salgamos esta tarde».

..................Verbo (núcleo): «salgamos».

..................Sintagma nominal (CC de Tiempo): «esta tarde». Consta de:

........................Determinante: «esta».

........................Nombre (núcleo): «tarde».

2. **«Esto está que arde».** Oración compuesta, bimembre, enunciativa, afirmativa, atributiva. En cuanto a su estructura, responde al siguiente esquema:

…..Sintagma nominal (Sujeto): Pronombre (núcleo): «esto».
…..Sintagma verbal (Predicado nominal): «está que arde».
Consta de:
………Verbo (núcleo): «está».
………Proposición Sustantiva (At, nexo «que»): «que arde».
Consta de:
…………Sintagma nominal (Sujeto): elíptico (3ª persona de singular).
…………Sintagma verbal (Predicado): «arde».
……………Verbo (núcleo): «arde».

No debemos confundirlas con las Proposiciones Sustantivas de Sujeto ni con las de Complemento Directo. A diferencia de las de Sujeto, las de Atributo admiten la sustitución por «lo» en la secuencia interrogativa que hemos enunciado anteriormente. A diferencia de las del Complemento Directo, observa que el verbo es atributivo.

Una clase especial de estas oraciones es las que llamamos «falsas condicionales» o «copulativas condicionales enfáticas». Nos referimos a oraciones del tipo: «*Si alguien puede lograrlo* eres tú» o «*Si algo sobra aquí* es el valor». En estos casos, la Proposición introducida por «*si*» no tiene valor condicional. Si la situamos detrás del verbo copulativo la Proposición aparecerá introducida por un transpositor propio de una Proposición Adjetiva Sustantivada («El valor es *lo que sobra*» o «Tú eres *el que / quien puede lograrlo*»), o lo que es lo mismo, en función sustantiva. La diferencia está en que pierden su valor expresivo y enfático.

Enlace a ejemplos de ejercicios prácticos y comentarios a consultas recibidas sobre el tema en el Blog: https://wp.me/pTRlh-8W.

1.7. Oraciones Subordinadas Sustantivas —Proposiciones Sustantivas— en función de Complemento del Adjetivo

El Complemento del Adjetivo (CAdj) es un grupo preposicional que se refiere a un adjetivo delimitando el ámbito de su significado. Algunos ejemplos podrían ser:

- «María parecía una chica cansada de trabajar».
- «El boxeador es muy rápido de reflejos».

Estos Complementos podemos encontrarlos también desarrollados en forma de Proposición Sustantiva. Usando los ejemplos anteriores, podríamos desarrollarlos así:

- «María parecía una chica cansada de que todo le saliera mal».
- «El boxeador es consciente de que debe pelear».

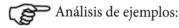 Análisis de ejemplos:

1. **«María parecía una chica cansada de trabajar».** Oración simple, enunciativa, bimembre, afirmativa, atributiva. En cuanto a su estructura, sigue el siguiente esquema:

....Sintagma nominal (Sujeto): Nombre (núcleo): «María».
....Sintagma verbal (Predicado nominal): «parecía una chica cansada de trabajar». Consta de:
.......Verbo (núcleo): «parecía».
.......Sintagma nominal (At): «una chica cansada de trabajar». Consta de:
............Determinante: «una».
............Nombre (núcleo): «chica».
............Grupo adjetival (At): «cansada de trabajar». Consta de:
...............Adjetivo (participio): «cansada».

...............Grupo preposicional (CAdj): «de trabajar».
Consta de:
.................Preposición: «de».
.................Sintagma nominal (infinitivo, núcleo): «trabajar».

2. **«María parecía una chica cansada de que todo le saliera mal».** Oración compuesta, enunciativa, bimembre, afirmativa, atributiva. En cuanto a su estructura, sigue el siguiente esquema:

......Sintagma nominal (Sujeto): Nombre (núcleo): «María».
......Sintagma verbal (Predicado nominal): «parecía una chica cansada de que todo le saliera mal». Consta de:
.........Verbo (núcleo): «parecía».
.........Sintagma nominal (At): «una chica cansada de que todo le saliera mal». Consta de:
.............Determinante: «una».
.............Nombre (núcleo): «chica».
.............Grupo adjetival (adyacente del nombre): «cansada de que todo le saliera mal». Consta de:
.................Adjetivo (participio): «cansada».
.................Proposición Sustantiva (CAdj, nexo: «de que»): «todo le saliera mal». Consta de:
......................Sintagma nominal (Sujeto): pronombre: «todo».
......................Sintagma verbal (Predicado): «le saliera mal». Consta de:
...........................Pronombre (CI): «le».
...........................Verbo (núcleo): «saliera».
...........................Adverbio (CC de Modo): «mal».

3. **«El boxeador es muy rápido de reflejos».** Oración simple, enunciativa, bimembre, afirmativa, atributiva. En cuanto a su estructura, sigue el siguiente esquema:

......Sintagma nominal (Sujeto): «el boxeador». Consta de:
.........Determinante: «el».

.........Nombre (núcleo): «boxeador».

.....Sintagma verbal (Predicado nominal): «es muy rápido de reflejos». Consta de:

.........Verbo (núcleo atributivo): «es».

.........Grupo adjetival (At): «muy rápido de reflejos». Consta de:

...............Adverbio (modificador del adjetivo): «muy».

...............Adjetivo (núcleo): «rápido».

...............Grupo preposicional (CAdj): «de reflejos». Consta de:

..................Preposición: «de».

..................Sintagma nominal: «reflejos».

.......................Nombre (núcleo): «reflejos».

4. **«El boxeador es consciente de que debe pelear».** Oración compuesta, enunciativa, bimembre, afirmativa, atributiva. En cuanto a su estructura, sigue el siguiente esquema:

.....Sintagma nominal (Sujeto): «el boxeador». Consta de:

.........Determinante: «el».

.........Nombre (núcleo): «boxeador».

.....Sintagma verbal (Predicado nominal): «es consciente de que debe pelear». Consta de:

.........Verbo (núcleo): «es».

.........Grupo adjetival (At): «consciente de que debe pelear». Consta de:

..............Adjetivo (núcleo): «consciente».

..............Proposición Sustantiva (CAdj, nexo: «de que»): «debe pelear». Consta de:

..................Sintagma nominal (Sujeto): elíptico (3ª persona de singular).

..................Sintagma verbal (Predicado): «debe pelear».

.......................Verbo (núcleo: perífrasis verbal de infinitivo, obligación): Verbo auxiliar «debe» y verbo principal «pelear».

Aunque la preposición más frecuente para introducir el Complemento del Adjetivo sigue siendo «de», pueden aparecer otras. Algunos ejemplos pueden ser: «Parecían contentos *de que (con que)* llegaran las vacaciones», «Todos estábamos conformes *con que* había que castigar los hechos», etc. La Proposición Sustantiva en función de Complemento del Adjetivo es menos frecuente que otras ya vistas. No obstante, observa cómo se presenta con facilidad en la estructura que venimos analizando, esto es: Verbo atributivo + Adjetivo + Complemento Preposicional (CAdj).

Y, además, el adjetivo suele ser un participio verbal («cansado», «consciente»…) que expresa estado o disposición de ánimo. Esta dependencia de un participio hace que en muchas ocasiones podamos considerarlas como Proposiciones Circunstanciales de Causa cuando utilizan las preposiciones «*de*» o «*por*» («Estoy satisfecho *de/por los resultados*»), o Circunstanciales finales cuando utilizan las preposiciones «a» o «para» («Estaba dispuesto a/*para que me destinasen a África*»). Ambas construcciones las veremos en su momento en sus respectivos apartados; por ahora, basta con tener en cuenta la ambivalencia.

Como ocurre con las demás Proposiciones Sustantivas, cuando el Sujeto del verbo principal y el de la Proposición Sustantiva son coincidentes, la Proposición aparece construida en infinitivo: «Estoy (yo) contento de que hayáis (vosotros) venido» / «Estoy (yo) contento de haber (yo) venido».

Enlace a ejemplos de ejercicios prácticos y comentarios a consultas recibidas sobre el tema en el Blog: https://wp.me/pTRlh-9a.

5.

Oraciones Subordinadas Adjetivas

1. Proposiciones Adjetivas. Conceptos previos

En el apartado anterior, el correspondiente a las Proposiciones Sustantivas, hemos visto cómo gracias al transpositor «que», conjunción anunciativa, conseguíamos que una oración desempeñara funciones propias de un sintagma nominal. Esto mismo lo podemos conseguir con la función de adjetivo —adyacente nominal—. Observad:

O1: «El hombre *rubio* llamó por teléfono».
O2: «El hombre *que vimos ayer* llamó por teléfono».

La función propia del adjetivo consiste en restringir semánticamente al nombre al que acompaña. Si decimos «el hombre», el referente —realidad designada o significada a través del nombre— podría ser cualquiera si previamente no ha sido concretado en el discurso o por la situación. Imaginemos que la oración «El hombre llamó por teléfono» es dicha en una reunión donde hay varios hombres, sin contexto ni referencias previas. El oyente miraría a su alrededor sin saber qué hombre es quien ha llamado. En cambio, cuando añadimos el adjetivo «rubio», a través del adjetivo, de esa cualidad precisa, hemos seleccionado un referente entre los del conjunto. Ahora trataremos de localizar aquel que «es rubio», cualidad que lo diferencia y lo identifica dentro del grupo si el adjetivo ha sido bien elegido —en el caso de que solo uno fuera rubio—.

En el ejemplo O2, la Proposición «que vimos ayer» desempeña idéntica función: delimita el significado de la palabra «hombre», selecciona a un referente concreto en su conjunto, aquel que «vimos ayer». La Proposición Adjetiva es necesaria cuando no existe adjetivo equivalente en la lengua para significar lo que queremos precisar, especialmente conceptos complejos que no podemos expresar con una sola palabra. Sin embargo, con frecuencia, son mal empleadas cuando a través de ellas expresamos el significado de un adjetivo que hubiera sido más conciso y claro; es lo que sucede cuando decimos «El hombre *que nació en otro país*» en lugar de «El *extranjero*», o cuando decimos «El tren *que llegará después*» por «El *próximo* tren». Los ejemplos podrían multiplicarse.

Sigamos ahora recordando el comportamiento de los adjetivos: los adjetivos pueden ser *especificativos,* cuando concretan al referente expresando una cualidad peculiar en él, diferencial, que lo identifica entre el conjunto de posibles referentes (el caso de «hombre *rubio*»), o *explicativos,* cuando la información que da el adjetivo ya se conoce en el referente porque es inherente a él, todos los posibles referentes la poseen. Es lo que sucede, por ejemplo, con «nieve *blanca*» o «*verde* hierba» o «agua *clara*». Los adjetivos no son especificativos o explicativos por su propio significado, actúan como tales en función de la relación de su significado con el del nombre al que se remiten. Es decir, el mismo adjetivo puede actuar como especificativo («pared *blanca*», las paredes pueden estar pintadas de distintos colores) o como explicativo («nieve *blanca*», la nieve siempre es blanca). Recordemos también que el adjetivo especificativo siempre se sitúa detrás del nombre y el explicativo puede ir delante («*blanca* nieve»), detrás (nieve «*blanca*») o entre comas (la nieve, *blanca*…).

Cuando un adjetivo especificativo lo situamos delante del nombre, o lo introducimos entre comas, lo convertimos en un explicativo relativo, es decir, consideramos que esa cualidad es inherente, no a todos los referentes, pero sí a ese o esos en concreto. Observad este ejemplo:

O3: «Las mujeres *cansadas* se acostaron».
O4: «Las *cansadas* mujeres se acostaron».
O5: «Las mujeres, *cansadas*, se acostaron».

En O3, el adjetivo especificativo aparece pospuesto al nombre «mujeres». Esto significa que selecciona a un grupo dentro del conjunto «mujeres», al de aquellas que «estaban cansadas». Solo ese grupo de entre el conjunto de mujeres se acostaron. Es decir, algunas mujeres estaban cansadas y esas, no todas, se acostaron. En cambio, en los ejemplo O4 y O5, el adjetivo aparece antepuesto y entre comas, respectivamente. En estos dos casos, significamos por la posición del adjetivo que la cualidad «estar cansadas» es aplicable a todo el conjunto allí presente. Todas las mujeres de la reunión estaban cansadas, todas se acostaron.

Este repaso era importante porque también esta diferencia entre Adjetivas Especificativas y Explicativas la podemos observar en las Proposiciones Adjetivas. Siguiendo con los ejemplos anteriores, podríamos decir:

O6: «Las mujeres *que estaban cansadas* se acostaron».
O7: «Las mujeres, *que estaban cansadas*, se acostaron».

En O6, la Proposición Adjetiva va pospuesta al nombre «mujeres» y no va entre comas, se trata de una especificativa como ocurría en O3. En O7, la Proposición Adjetiva aparece entre comas, se trata de una explicativa como ocurría en O4 y O5. A diferencia de los adjetivos, las Proposiciones no pueden anteponerse al nombre porque este actúa como antecedente, lo necesitamos para introducir la Proposición. El juego de significados que hemos explicado marca una diferencia interesante: mientras que la Proposición explicativa puede suprimirse sin que la oración pierda significado («Las mujeres, *que estaban cansadas* (todas), se acostaron» / «Las mujeres se acostaron (todas)»), no podemos suprimir la Proposición especificativa porque perderíamos parte del mensaje distorsionando el significado de la oración («Las mujeres que estaban cansadas (algunas) se acostaron» / «La mujeres se acostaron (todas)»).

Enlace a ejemplos de ejercicios prácticos y comentarios a consultas recibidas sobre el tema en el Blog: https://wp.me/pTRlh-9q.

2. SOBRE EL FUNCIONAMIENTO DE LOS PRONOMBRES RELATIVOS.

Este apartado es especialmente importante y debemos estudiarlo con detenimiento para evitar errores en la redacción. Hemos visto que las Proposiciones Subordinadas Sustantivas van introducidas normalmente por la conjunción anunciativa «que». Se trata de una conjunción cuya única función es la de servir de nexo transpositor a la función sustantiva. Ahora bien, las Proposiciones Subordinadas Adjetivas son introducidas por pronombres relativos: «que», «quien», «el cual» y «cuyo» (determinante relativo). El hecho de que el nexo sea un pronombre y no una conjunción es importante porque desempeñará siempre dos funciones en la oración:

1. Nexo transpositor a la función de adjetivo; es decir, la misma que desempeñaba la conjunción en las Proposiciones Sustantivas pero, en este caso, permite actuar a la Proposición introducida como adyacente de un núcleo nominal y no como nombre.

2. Una función sintáctica en el interior de la Proposición Adjetiva que introduce, la que le corresponda como pronombre.

Vamos a verlo en un ejemplo:

1. «El hombre al *que vimos ayer* ha llamado por teléfono». Oración compuesta, enunciativa, bimembre, afirmativa, intransitiva. En cuanto a su estructura, sigue el siguiente esquema:

......Sintagma nominal (Sujeto): «el hombre al que vimos ayer». Consta de:

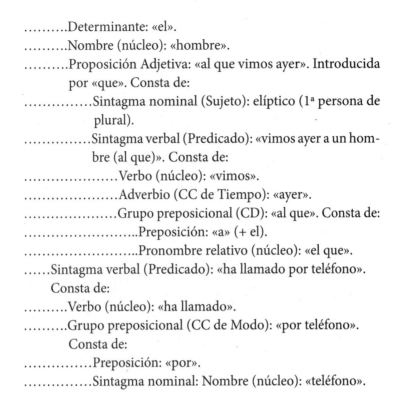

..........Determinante: «el».

..........Nombre (núcleo): «hombre».

..........Proposición Adjetiva: «al que vimos ayer». Introducida por «que». Consta de:

..............Sintagma nominal (Sujeto): elíptico (1ª persona de plural).

..............Sintagma verbal (Predicado): «vimos ayer a un hombre (al que)». Consta de:

...................Verbo (núcleo): «vimos».

...................Adverbio (CC de Tiempo): «ayer».

...................Grupo preposicional (CD): «al que». Consta de:

.......................Preposición: «a» (+ el).

.......................Pronombre relativo (núcleo): «el que».

......Sintagma verbal (Predicado): «ha llamado por teléfono». Consta de:

..........Verbo (núcleo): «ha llamado».

..........Grupo preposicional (CC de Modo): «por teléfono». Consta de:

..............Preposición: «por».

..............Sintagma nominal: Nombre (núcleo): «teléfono».

Hemos analizado «que» en dos ocasiones: la primera como transpositor, partícula que introduce la Proposición Adjetiva; es la misma posición que vimos para las conjunciones en el caso de las Proposiciones Sustantivas. Y la segunda vez, como Complemento Directo del verbo «vimos» en el Predicado de la Proposición Adjetiva. Como ya hemos dicho, se trata de un pronombre, y lo usamos en sustitución de un nombre previamente mencionado en el discurso, su antecedente, en este caso el sustantivo «hombre». Esto quiere decir que la Proposición Adjetiva «que vimos ayer» significa «ayer vimos a un hombre». Lo único que hemos hecho ha sido sustituir el pronombre «que» por su nombre correspondiente, «hombre». Si analizamos esta oración simple, tendríamos:

2. **«Ayer vimos *a un hombre (= al que)*».** Oración simple, enunciativa, bimembre, afirmativa, transitiva. En cuanto a su estructura, responde al siguiente esquema:

.....Sintagma nominal (Sujeto): elíptico (1ª persona plural).
.....Sintagma verbal (Predicado): «ayer vimos a un hombre».
Consta de:
..........Adverbio (CC de Tiempo): «ayer».
..........Verbo (núcleo): «vimos».
..........Grupo preposicional (CD): «a un hombre». Consta de:
...............Preposición: «a».
...............Sintagma nominal: «un hombre». Consta de:
..................Determinante: «un».
..................Nombre (núcleo): «hombre».

Ahora lo importante es comprender que el pronombre relativo puede desempeñar todo tipo de funciones sintácticas en el interior de la Proposición que introduce. Por ejemplo:

3. **«El árbol que se secó ha sido cortado por los leñadores».** Oración compuesta, enunciativa, bimembre, afirmativa, voz pasiva. Su estructura responde al siguiente esquema:

.....Sintagma nominal (Sujeto paciente): «el árbol que se secó».
Consta de:
..........Determinante: «el».
..........Nombre (núcleo): «árbol».
..........Proposición Adjetiva: «que se secó» (nexo transpositor «que»). Consta de:
...............Sintagma nominal (Sujeto): pronombre «que» (= el árbol).
...............Sintagma verbal (Predicado): «se secó». Consta de:
..................Pronombre (indicador de pasiva refleja): «se».
..................Verbo (núcleo): «secó».
.....Sintagma verbal (Predicado): «ha sido cortado por los leñadores». Consta de:
..........Verbo (núcleo: perífrasis de pasiva): «ha sido cortado».

..........Grupo preposicional (CAg): «por los leñadores».
　　　Consta de:
...............Preposición: «por».
...............Sintagma nominal: «los leñadores». Consta de:
....................Determinante: «los».
....................Nombre (núcleo): «leñadores».

4. **«La carta que te envié me la han devuelto».** Oración compuesta, enunciativa, bimembre, afirmativa, transitiva. En cuanto a su estructura, responde al siguiente esquema:

......Sintagma nominal (Sujeto): elíptico (3ª persona del plural[27])
......Sintagma verbal (Predicado): «la carta que te envié me la han devuelto». Consta de:
.........Sintagma nominal (CD): «la carta que te envié».
　　　Consta de:
...............Determinante: «la».
...............Nombre (núcleo): «carta».
...............Proposición Adjetiva: «que te envié» (nexo transpositor «que»). Consta de:
.................Sintagma nominal (Sujeto): elíptico (1ª persona del singular).
.................Sintagma verbal (Predicado): «te envié una carta (= que)». Consta de:
.......................Pronombre (CI): «te».
.......................Verbo (núcleo): «envié».
.......................Pronombre (CD): «que» (= una carta).
...............Pronombre (CI): «me».
...............Pronombre (reflejo de CD[28]): «la».

---

[27] También podríamos haber analizado la oración como impersonal optativa. El uso del verbo en tercera persona del plural es uno de los procedimientos de impersonalización («Dicen /se dice que has sido tú»). El contexto no nos permite determinar el análisis exacto.

[28] El pronombre reflejo repite una función ya presente en la oración. Es normal cuando el Complemento Directo o el Indirecto se anteponen al núcleo del Predicado alterando, así, el orden lógico oracional. Observa: «A tu hermano, lo vi ayer»; «A tu padre, le traigo un regalo del viaje». En ambos casos, los pronombres personales

...............Verbo (núcleo): «han devuelto».

Ahora es interesante destacar que si la función que el pronombre desempeña en el interior de su Proposición obliga al uso de una preposición, esta deberá aparecer precediendo al pronombre. Este es el error que se comete con más frecuencia, omitir esa preposición. Para evitarlo, observa estos ejemplos:

1. «Te hablé *de una casa*» (Complemento de Régimen introducido por «de») / «La casa de (la) que te hablé está en venta (de que /de la que / de la cual = Complemento de Régimen)».

2. «Pedí referencias *a un empleado*» (Complemento Indirecto introducido por «a») / «El empleado al que pedí referencias me ha traído unos informes muy buenos» (al que/ al cual = Complemento Indirecto).

3. «El domingo comimos *en un restaurante*» (CC de Lugar introducido por «en») / «Vamos al restaurante en el que comimos el domingo» (en el que / en el cual = CC de Lugar).

Es decir, el pronombre relativo aparecerá precedido de la preposición correspondiente a la función sintáctica que desempeña en el interior de la Proposición. En el habla coloquial es frecuente omitir esta preposición. Por ejemplo, siguiendo con los anteriores:

- *«La casa que te hablé está en venta».
- *«Al empleado que pedía referencias me ha traído unos informes muy buenos».
- *«Vamos al restaurante que comimos el domingo».

Debemos cuidar el empleo correcto de la preposición que corresponde al pronombre relativo y evitar tanto usar preposiciones inexistentes (por supracultismo) como omitir las que son obligadas por su función.

«lo» y «le» marcan la anteposición de sus respectivos complementos y redundan en su significado, de ahí la denominación de pronombres «reflejos».

Veamos ahora el análisis de los ejemplos propuestos:

5. «La casa de que te hablé está en venta». Oración compuesta, enunciativa, bimembre, afirmativa, intransitiva[29]. En cuanto a su estructura, responde al siguiente esquema:

.....Sintagma nominal (Sujeto): «la casa de que te hablé».
Consta de:
..........Determinante: «la».
..........Nombre (núcleo): «casa».
..........Proposición Adjetiva: «de que te hablé» (nexo transpositor «de que»). Consta de:
...........Sintagma nominal (Sujeto): elíptico (1ª persona del singular).
...........Sintagma verbal (Predicado): «te hablé de una casa» (= de la que). Consta de:
.................Pronombre (CI): «te».
.................Verbo (núcleo): «hablé».
.................Grupo preposicional (CRég): «de una casa» (= de que). Consta de:
....................Preposición: «de».
....................Pronombre (núcleo): «que».
.....Sintagma verbal (Predicado): «está en venta». Consta de:
..........Verbo (núcleo): «está».
..........Grupo preposicional (At): «en venta». Consta de:
...............Preposición: «en».
...............Nombre (núcleo): «venta».

---

[29] Muchos autores defienden la naturaleza predicativa, que no nominal, del verbo «estar» en estos casos. De hecho, podríamos haber analizado «en venta» como Complemento Circunstancial. Observan la posible conmutación por un adverbio (está así, ¿cómo?, en venta) y, además, el grupo preposicional impide cualquier concordancia con el Sujeto. No obstante, creo que prevalece su naturaleza atributiva, como demuestra el hecho de que el complemento «en venta» admite la sustitución por «lo» tal y como ocurre en las estructuras atributivas: ¿Está la casa en venta? = Sí, LO está.

6. **«El empleado al que pedí referencias me ha traído unos informes muy buenos».** Oración compuesta, enunciativa, bimembre, afirmativa, transitiva. En cuanto a su estructura, responde al siguiente esquema:

……...Sintagma nominal (Sujeto): «el empleado al que pedí referencias». Consta de:

………..Determinante: «el».

………..Nombre (núcleo): «empleado».

………..Proposición Adjetiva: «al que pedí referencias» (nexo transpositor «al que»). Consta de:

…………Sintagma nominal (Sujeto): elíptico (1ª persona de singular).

…………Sintagma verbal (Predicado): «pedí referencias a un empleado» (=al que). Consta de:

………………Verbo (núcleo): «pedí».

………………Sintagma nominal (CD):

……………………Nombre (núcleo): «referencias».

………………Grupo preposicional (CI): «al que».

……………………Preposición: «a».

………………Sintagma nominal: pronombre relativo: «el que».

……...Sintagma verbal (Predicado): «me ha traído unos informes muy buenos». Consta de:

………..Pronombre (CI): «me».

………..Verbo (núcleo): «ha traído».

………..Sintagma nominal (CD): «unos informes muy buenos». Consta de:

……………Determinante: «unos».

……………Nombre (núcleo): «informes».

……………Grupo adjetival: «muy buenos». Consta de:

………………..Adverbio (modificador): «muy».

………………..Adjetivo (núcleo): «buenos».

7. «Vamos al restaurante en el que comimos el domingo». Oración compuesta, enunciativa, bimembre, afirmativa, intransitiva. En cuanto a su estructura, responde al siguiente esquema:

…..Sintagma nominal (Sujeto): elíptico (1ª persona del plural).

…..Sintagma verbal (Predicado): «vamos al restaurante en el que comimos el domingo». Consta de:

……….Verbo (núcleo): «vamos».

……….Grupo preposicional (CC de Lugar): «al restaurante en el que comimos el domingo». Consta de:

……………Preposición: «a».

……………Sintagma nominal: «el restaurante en el que comimos el domingo». Consta de:

…………………Determinante: «el».

…………………Nombre (núcleo): «restaurante».

…………………Proposición Adjetiva: «en el que comimos el domingo» (introducida por el transpositor «en el que»). Consta de:

……………………….Sintagma nominal (Sujeto): elíptico (1ª persona del plural).

……………………….Sintagma verbal (Predicado): «comimos el domingo en el restaurante (= en el que)». Consta de:

………………………………Verbo (núcleo): «comimos».

………………………………Sintagma nominal (CC de Tiempo): «el domingo». Consta de:

……………………………………Determinante: «el».

……………………………………Nombre (núcleo): «domingo».

………………………………Grupo preposicional (CC de Lugar): «en el que». Consta de:

……………………………………Preposición: «en».

……………………………………Pronombre (núcleo): «el que» (= el restaurante).

Enlace a ejemplos de ejercicios prácticos y comentarios a consultas recibidas sobre el tema en el Blog: https://wp.me/pTRlh-9O.

3. PROPOSICIONES ADJETIVAS INTRODUCIDAS POR EL PRONOMBRE RELATIVO «QUE»

Cada pronombre relativo tiene unos usos específicos que, además, condicionan su forma y posibilidades de combinación con su antecedente, de ahí que dediquemos un apartado a cada uno de ellos.

El pronombre relativo «que» es invariable. Observa estos dos ejemplos:

a) «El libro que trajiste lo he leído».
b) «Las revistas que trajimos las hemos leído».

En el ejemplo «a», el antecedente es «el libro», masculino y singular; en el ejemplo «b», el antecedente es «las revistas», femenino y plural. En ambos casos, el pronombre permanece invariable. «Que» podemos usarlo para referirnos a un antecedente animado o inanimado:

c) «La niña que me mira es mi hija» (animado).
d) «El café que has hecho está flojo»(inanimado).

Y, por último, puede aparecer agrupado con el determinante artículo, lo que es especialmente frecuente cuando va precedido de preposición («Ese es el agujero por el que huyó el ladrón»). Pero debemos tener cuidado para no confundirlo con el uso del determinante sustantivando la Proposición Adjetiva. Para evitarlo, vamos a estudiar con detenimiento estos dos ejemplos:

e) «Esa es la curva por la que salió el coche».
f) «Me gusta el que me regalaste el año pasado».

Entre los dos ejemplos, hay varias diferencias importantes: en el ejemplo «e» la secuencia «la que» lleva antecedente («la curva»), mientras que en la oración «f» la secuencia «el que» no lleva antecedente. Además, cuando el determinante forma parte del relativo, la secuencia resulta sustituible por «el/la/los/las cuales» («Esa es la curva por la cual salió el coche»). Esta sustitución no es posible en el caso de que el determinante aparezca sustantivando la Proposición como ocurre en el ejemplo «f» (*«Me gusta el cual me regalaste el año pasado»). De la misma forma que podemos sustantivar un adjetivo mediante el uso del determinante («Dame la verde»), también podemos sustantivar a través del determinante una Proposición Adjetiva, como acabamos de ver.

Los ejemplos que hemos utilizado se analizarían de la siguiente forma:

1. **«Los libros que trajiste los he leído».** Oración compuesta, enunciativa, bimembre, afirmativa, transitiva. En cuanto a la estructura, sigue el siguiente esquema:

.....Sintagma nominal (Sujeto): elíptico (1ª persona de singular).

.....Sintagma verbal (Predicado): «los libros que trajiste los he leído». Consta de:

.........Sintagma nominal (CD): «los libros que trajiste». Consta de:

.............Determinante: «los».

.............Nombre (núcleo): «libros».

.............Proposición Adjetiva (nexo transpositor «que»): «trajiste». Consta de:

................Sintagma nominal (Sujeto): elíptico (2ª persona del singular).

................Sintagma verbal (Predicado): Verbo (núcleo): «trajiste».

.........Pronombre reflejo (CD): «los».

.........Verbo (núcleo): «he leído».

2. **«La niña que me mira es mi hija».** Oración compuesta, enunciativa, bimembre, afirmativa, atributiva. En cuanto a su estructura, sigue el siguiente esquema:

......Sintagma nominal (Sujeto): «la niña que me mira».
  Consta de:
..........Determinante: «la».
..........Nombre (núcleo): «niña».
..........Proposición Adjetiva (nexo transpositor «que»): «que me mira». Consta de:
..............Sintagma nominal (Sujeto): Pronombre relativo: «que».
..............Sintagma verbal (Predicado): «me mira». Consta de:
..................Pronombre (CD): «me».
..................Verbo (núcleo): «mira».
......Sintagma verbal (Predicado nominal): «es mi hija».
  Consta de:
..........Verbo (núcleo copulativo): «es».
..........Sintagma nominal (At): «mi hija». Consta de:
..............Determinante: «mi».
..............Nombre (núcleo): «hija».

3. **«El café que me has hecho está flojo».** Oración compuesta, enunciativa, bimembre, afirmativa, atributiva. En cuanto a su estructura, responde al siguiente esquema:

.....Sintagma nominal (Sujeto): «el café que me has hecho».
  Consta de:
..........Determinante: «el».
..........Nombre (núcleo): «café».
..........Proposición Adjetiva (introducida por el nexo transpositor «que»): «que me has hecho». Consta de:
..............Sintagma nominal (Sujeto): elíptico (2ª persona del singular).
..............Sintagma verbal (Predicado): «que me has hecho». Consta de:
..................Pronombre (CD): «que».
..................Pronombre (CI): «me».

.....................Verbo (núcleo): «has hecho».
......Sintagma verbal (Predicado nominal): «está flojo». Consta de:
...........Verbo (núcleo copulativo): «está».
............Adjetivo (At): «flojo».

4. **«Ese es el agujero por el que huyó el ladrón».** Oración compuesta, bimembre, enunciativa, afirmativa, atributiva. En cuanto a su estructura, sigue el siguiente esquema:

......Sintagma nominal (Sujeto): Pronombre: «ese».
......Sintagma verbal (Predicado nominal): «es el agujero por el que huyó el ladrón». Consta de:
...........Verbo (núcleo copulativo, núcleo): «es».
...........Sintagma nominal (At): «el agujero por el que huyó el ladrón». Consta de:
................Determinante: «el».
................Nombre (núcleo): «agujero».
................Proposición Adjetiva (introducida por el transpositor «por el que»): «por el que huyó el ladrón». Consta de:
.....................Sintagma nominal (Sujeto): «el ladrón». Consta de:
...........................Determinante: «el».
...........................Nombre (núcleo): «ladrón».
.....................Sintagma verbal (Predicado): «por el que huyó». Consta de:
...........................Verbo (núcleo): «huyó».
...........................Grupo preposicional (CC de Lugar): «por el que». Consta de:
.............................Preposición: «por».
.............................Pronombre relativo (núcleo): «el que».

5. **«Me gusta el que me regalaste el año pasado».** Oración compuesta, bimembre, enunciativa, afirmativa, transitiva media. En cuanto a su estructura, sigue el siguiente esquema:

.....Proposición Adjetiva sustantivada (Sujeto) (introducida por «que» precedido del determinante artículo): «el que me regalaste el año pasado». Consta de:

.........Sintagma nominal (Sujeto): elíptico (2ª persona de singular).

.........Sintagma verbal (Predicado): «el que me regalaste el año pasado». Consta de:

...............Pronombre (CD): «el que».

...............Pronombre (CI): «me».

...............Verbo (núcleo): «regalaste».

...............Sintagma nominal (CC de Tiempo): «el año pasado». Consta de:

...................Determinante: «el».

...................Nombre (núcleo): «año».

...................Adjetivo: «pasado».

.....Sintagma verbal (Predicado): «me gusta». Consta de:

.........Pronombre (CI): «me».

.........Verbo (núcleo): «gusta».

Enlace a ejemplos de ejercicios prácticos y comentarios a consultas recibidas sobre el tema en el Blog: https://wp.me/pTRlh-a0.

3.1. ¿Cómo distinguir «que» conjunción, transpositor de Proposiciones sustantivas, de «que» pronombre, transpositor de Proposiciones Adjetivas?

Tomemos como punto de partida dos ejemplos:

a) «Quiero que salgas de Córdoba» (conjunción).
b) «No me gustó la película que vimos» (pronombre).

[El transpositor conjunción introduce las Proposiciones Sustantivas, no lleva antecedente (ejemplo «a») y su única función es la de servir de nexo. En cambio, el pronombre relativo es un pronombre que aparece en lugar de un nombre previamente mencionado, es decir, hace referencia a un antecedente (en el ejemplo «b» sería «película»).]Además de servir de transpositor, al ser pronombre desempeña una función sintáctica en el interior de la Proposición que introduce. Esto es lo que llevamos visto hasta el momento, pero existe una prueba muy sencilla para comprobar si se trata de uno u otro: como el «*que*», cuando es relativo, se trata de un pronombre, podremos sustituirlo por otro pronombre relativo, por «el cual / la cual / los cuales / las cuales» Si la sustitución es aceptable, estaremos ante una Proposición Adjetiva, si no es aceptable, ante una Proposición Sustantiva.

En los ejemplos anteriores, no resulta aceptable decir: *«Quiero el cual salgas». Esto demuestra que nos encontramos ante una Proposición Subordinada Sustantiva. En cambio, sí resulta aceptable: «No me gustó la película la cual vimos».

Esto nos indica que se trata de una Proposición Adjetiva. Hemos dicho aceptable, no correcto, porque como veremos a continuación, «el cual» no debe usarse inmediatamente detrás de su antecedente. Si este método aún nos plantea dudas, todavía nos queda otro recurso: recordad que la Proposición Sustantiva resulta sustituible por un pronombre o un sintagma nominal; la Proposición Adjetiva, no. En los ejemplos anteriores:

- «Quiero que salgas de Córdoba» /«Quiero eso» / «Quiero esa cosa».

- «No me gustó la película que vimos» /*«No me gustó la película eso» /*«No me gustó la película esa cosa».

Por último, la Proposición Adjetiva puede ser sustituida por un adjetivo:

- «No me gustó la película que vimos» / «No me gustó la película estrenada».

La Proposición Sustantiva, no:

- «Quiero que salgas de Córdoba» / *«Quiero alto».

6. **«Quiero que salgas de Córdoba».** Oración compuesta, enunciativa, bimembre, afirmativa, transitiva. En cuanto a su estructura, responde al siguiente esquema:

.....Sintagma nominal (Sujeto): elíptico (1ª persona del singular).
.....Sintagma verbal (Predicado): «quiero que salgas de Córdoba». Consta de:
.........Verbo (núcleo): «quiero».
.........Proposición Subordinada Sustantiva (CD. Nexo transpositor: «que»): «salgas de Córdoba». Consta de:
...........Sintagma nominal (Sujeto): elíptico (2ª persona del singular).
............Sintagma verbal (Predicado): «salgas de Córdoba». Consta de:
...............Verbo (núcleo): «salgas».
...............Grupo preposicional (CC de Lugar): «de Córdoba». Consta de:
.................Preposición: «de».
.................Sintagma nominal: Nombre (núcleo): «Córdoba».

7. **«No me gustó la película que vimos».** Oración compuesta, enunciativa, bimembre, negativa, media. En cuanto a su estructura, sigue el siguiente esquema:

.....Sintagma nominal (Sujeto): «la película que vimos».
Consta de:

.........Determinante: «la».

.........Nombre (núcleo): «película».

.........Proposición Subordinada Adjetiva (nexo transpositor pronombre «que»): «que vimos». Consta de:

...............Sintagma nominal (Sujeto): elíptico (1ª persona del plural).

...............Sintagma verbal (Predicado): «que vimos». Consta de:

....................Verbo (núcleo): «vimos».

....................Pronombre (CD): «que» (una película).

.....Sintagma verbal (Predicado): «no me gustó». Consta de:

..........Adverbio de negación (marca oracional): «no».

..........Pronombre (CI): «me».

..........Verbo (núcleo): «gustó».

Enlace a ejemplos de ejercicios prácticos y comentarios a consultas recibidas sobre el tema en el Blog: https://wp.me/pTRlh-ab.

4. Proposiciones Adjetivas introducidas por el pronombre relativo «el cual», «la cual», «los cuales», «las cuales»

El pronombre relativo «el cual», con variación de género y número coincide con «que» en que puede referirse tanto a un antecedente animado como no animado (persona u objeto). Por ejemplo:

a) «Tengo un amigo con el cual juego al tenis todos los sábados (antecedente «un amigo», animado)».

b) «Tengo un libro en el cual viene muy bien explicado este tema (antecedente «un libro», no animado)».

Pero también existen diferencias. [La más importante es que «cual» se utiliza siempre con determinante artículo y, además, posee variación de número («cual / cuales»), mientras que el pronombre «que» no usaba el artículo (salvo sustantivación) y era invariable en cuanto al género y número. Gracias a esta variación de número en el determinante y el pronombre («el cual / los cuales») y de género en el determinante («la cual / las cuales») este pronombre relativo presenta concordancia formal con el antecedente al que sustituye, por lo que nos resulta mucho más fácil de identificar. Observa:

c) «Vivimos al pie de un castillo al cual se accede por un sinuoso sendero».

d) «Vivimos al pie de una fortaleza a la cual se accede...».

e) «Vivimos junto a unos pozos a los cuales...».

f) «Vivimos junto a unas ruinas a las cuales...».

De esta característica deriva un error muy frecuente en las redacciones. Tenemos idea de que este relativo es más culto que el pronombre invariable «que» y cuando nos piden un ejercicio de redacción en clase o queremos redactar empleando un nivel culto lo usamos con excesiva frecuencia. Pues bien, al presentar concordancia formal con su antecedente resulta incorrecto si lo empleamos inmediatamente detrás del nombre, por ejemplo: *«Tengo un perro el cual come mucho».

Se emplea correctamente cuando entre el pronombre y el antecedente aparecen varias palabras para facilitar la localización del antecedente; al menos, entre «el cual» y el antecedente, debe aparecer una preposición tal y como hemos hecho en los ejemplos anteriores. Su uso es especialmente recomendable cuando antes del pronombre han aparecido varios sustantivos que podrían actuar como antecedentes; en estos casos, la concordancia formal evita ambigüedades como sucede en el siguiente ejemplo:

g) «Desde la terraza se veía una especie de castillo medieval con altas torres iluminadas por focos que desprendían una luz oscilante, el cual lindaba con un bosque de eucaliptos».

De todos los sustantivos que aparecen antes del relativo «el cual» solo «castillo» puede ser el antecedente. Observa que «torres» es femenino plural, y «luz» femenino singular, luego no presentan concordancia con «el cual».

Análisis de ejemplos:

1. **«Desde la terraza se veía una especie de castillo medieval con altas torres iluminadas por focos que desprendían una luz oscilante parecida al fuego, el cual lindaba con un bosque de eucaliptos».** Oración compuesta, bimembre, enunciativa, afirmativa, pasiva refleja. En cuanto a su estructura, sigue el siguiente esquema:

    …Sintagma nominal (Sujeto): «una especie de castillo medieval con altas torres iluminadas por focos que desprendían una luz oscilante parecida al fuego, el cual lindaba con un bosque de eucaliptos». Consta de:

    …….Determinante: «una».

    …….Nombre (núcleo): «especie».

    …….Grupo preposicional (CN): «de castillo medieval con altas torres iluminadas por focos que desprendían una luz oscilante parecida al fuego, el cual lindaba con un bosque de eucaliptos». Consta de:

    ………Preposición: «de».

    ………Sintagma nominal: «castillo medieval… fuego».
        Consta de:

    …………Nombre (núcleo): «castillo».

    …………Adjetivo: «medieval».

    …………Grupo preposicional (CN): «con altas torres iluminadas por focos que desprendían una luz oscilante parecida al fuego». Consta de:

    ……………Preposición: «con».

    ……………Sintagma nominal: «altas torres…fuego».

    ……………..Adjetivo: «altas».

    ……………..Nombre (núcleo): «torres».

...............Grupo adjetival: «iluminadas por focos que desprendían una luz oscilante parecida al fuego».
Consta de:
..................Adjetivo (núcleo, participio): «iluminadas».
..................Grupo preposicional (CAdj): «por focos que desprendían una luz oscilante parecida al fuego».
Consta de:
......................Preposición: «por».
......................Sintagma nominal: «focos que...fuego».
......................Nombre (núcleo): «focos».
......................Proposición Adjetiva (nexo: «que»): «que desprendían una luz oscilante parecida al fuego».
Consta de:
...........................Sintagma nominal (Sujeto): pronombre «que».
..........................Sintagma verbal (Predicado): «desprendían una luz oscilante parecida al fuego».
Consta de:
.............................Verbo (núcleo): «desprendían».
.............................Sintagma nominal (CD): «una luz oscilante parecida al fuego». Consta de:
.............................Determinante: «una».
.............................Nombre (núcleo): «luz».
.............................Adjetivo: «oscilante».
.............................Grupo adjetival[30]: «parecida». al fuego». Consta de:
.............................Adjetivo (núcleo): «parecida».

---

[30] Observa esta construcción de participio «una luz [...] *parecida al fuego*» por su relación sintáctica y su significado es equivalente a una Proposición Adjetiva en la que el antecedente actuara de Sujeto, es decir: «una luz *que era parecida al fuego*» y el participio actuara como Atributo o simplemente como Predicado («*...que parecía fuego*»); de hecho, *«al fuego»* podríamos analizarlo como función del Predicado como Complemento de Régimen del participio. Lo mismo sucede con la construcción *«iluminadas por focos»*, equivalente también a una estructura de relativo *(«[...] que estaban iluminadas por focos»)* donde el Grupo Preposicional podríamos analizarlo como una función del Predicado, en este caso, Complemento Agente. Este tipo de construcciones las veremos más adelante.

.....................................Grupo preposicional (CAdj): «al fuego». Consta de:

...............................Preposición: «a» (+ el).

...............................Sintagma nominal: «el fuego». Consta de:

.....................................Determinante: «el».

.....................................Nombre (núcleo): «fuego».

.........Proposición Adjetiva (nexo «el cual»): «el cual lindaba con un bosque de eucaliptos». Consta de:

............Sintagma nominal (Sujeto): pronombre: «el cual».

............Sintagma verbal (Predicado): «lindaba con un bosque de eucaliptos». Consta de:

................Verbo (núcleo): «lindaba».

................Grupo preposicional (C Rég): «con un bosque de eucaliptos». Consta de:

...................Preposición: «con».

...................Sintagma nominal: «un bosque de eucaliptos». Consta de:

.............................Determinante: «un».

.............................Nombre (núcleo): «bosque».

.............................Grupo preposicional (CN): «de eucaliptos». Consta de:

.............................Preposición: «de».

.............................Sintagma nominal: Nombre (núcleo): «eucaliptos».

...Sintagma verbal (Predicado): «desde la terraza se veía». Consta de:

......Grupo preposicional (CC de Lugar): «desde la terraza». Consta de:

.........Preposición: «desde».

.........Sintagma nominal: «la terraza». Consta de:

...............Determinante: «la».

...............Nombre (núcleo): «terraza».

......Pronombre (indicador de pasiva refleja): «se».

......Verbo (núcleo): «veía».

Para finalizar, una última observación: cuando «cual» se usa sin determinante, no funciona como pronombre relativo. En estos casos funciona como partícula correlativa a «tal» con valor modal o comparativo. Observa los siguientes ejemplos:

- «Lo hizo tal cual» (= así);
- «Cual la madre, tal la hija» (La madre es igual que la hija).

Si lo usamos aislado, su valor es adverbial modal, equivale a «como», hoy ya en desuso:

- «Voló cual (como) saeta».

Enlace a ejemplos de ejercicios prácticos y comentarios a consultas recibidas sobre el tema en el Blog: https://wp.me/pTRlh-ah.

5. PROPOSICIONES ADJETIVAS INTRODUCIDAS POR EL PRONOMBRE RELATIVO «QUIEN», «QUIENES»

«Quien» es también un pronombre relativo que puede aparecer introduciendo Proposiciones Adjetivas. A diferencia de los pronombres «que» y «el cual», exige que su antecedente sea animado (persona). Observa estos dos ejemplos:

a) *«Dame el balón quien te regalé».
b) «Quiero un compañero con quien jugar».

El ejemplo «a» resulta incorrecto porque hemos usado «quien» referido a «balón», sustantivo inanimado. El segundo es correcto porque el antecedente es «compañero», sustantivo que significa persona. «Quien» posee variación de número («quien /quienes») pero no de género:

c) «Los delegados a quienes llamé no sabían si vendrían».
d) «Hoy saldré con la chica de quien te hablé».

En el ejemplo «c», el antecedente es «delegados», de ahí que el pronombre relativo aparezca en plural («quienes»). En el ejemplo «d», el antecedente es «chica», sustantivo singular femenino, el relativo aparece en singular pero no presenta marca diferencial de género femenino («quien»).

Como ocurre con los demás pronombres relativos, además de funcionar como nexo transpositor que introduce la Proposición de relativo, el pronombre «quien» desempeña una función sintáctica propia en el interior de la Proposición que encabeza. De hecho, en los ejemplos que venimos utilizando, aparece desarrollando diferentes funciones que condicionan la aparición o no de preposiciones previas («con quien», «a quienes», «de quien»). Veámoslo en el análisis oracional:

☞ Análisis de ejemplos:

1. **«Los delegados a quienes llamé no sabían si vendrían».** Oración compuesta, bimembre, enunciativa, negativa, transitiva. En cuanto a su estructura, sigue el siguiente esquema:

.....Sintagma nominal (Sujeto): «los delegados a quienes llamé». Consta de:

..........Determinante: «los».

..........Nombre (núcleo): «delegados».

..........Proposición Adjetiva (nexo «a quienes»): «a quienes llamé». Consta de:

...............Sintagma nominal (Sujeto): elíptico (1ª persona singular).

...............Sintagma verbal (Predicado): «a quienes llamé». Consta de:

...................Verbo (núcleo): «llamé».

...................Grupo preposicional (CD): «a quienes».

...................Preposición: «a».

...................Pronombre: «quienes (antecedente: «delegados»).
......Sintagma verbal (Predicado): «no sabían si vendrían».
   Consta de:
..........Adverbio (marca oracional de negación): «no».
..........Verbo (núcleo): «sabían».
..........Proposición Sustantiva (CD, interrogativa indirecta total.
   Nexo: «si»): «si vendrían». Consta de:
...............Sintagma nominal (Sujeto): elíptico (3ª persona del
   plural).
...............Sintagma verbal (Predicado): Verbo (núcleo): «ven-
   drían».

Pasos para determinar la función del pronombre relativo

1. En primer lugar, aislamos la Proposición Adjetiva («a quienes
   llamé»).
2. A continuación, sustituimos el pronombre por su antecedente («llamé a los delegados») y
3. Analizamos la oración («Los (CD) llamé = Llamé a los delegados (= CD)»).

La función que desempeñe el antecedente, será la que corresponda al pronombre en el interior de su Proposición.
   Veamos el siguiente ejemplo:

2. **«Hoy saldré con la chica de quien te hablé».** Oración compuesta, bimembre, enunciativa, afirmativa, intransitiva. En
   cuanto a su estructura, sigue el siguiente esquema:

   ......Sintagma nominal (Sujeto): elíptico (1ª persona de singular).
   ......Sintagma verbal (Predicado): «hoy saldré con la chica de quien
   te hablé». Consta de:
   ....Adverbio (CC de Tiempo): «hoy».
   ....Verbo (núcleo): «saldré».

.........Grupo preposicional (CC de Modo[31]): «con la chica de quien te hablé». Consta de:

..............Preposición: «con».

..............Sintagma nominal: «la chica de quien te hablé». Consta de:

.................Determinante: «la».

.................Nombre (núcleo): «chica».

.................Proposición Adjetiva (nexo: «de quien»): «de quien te hablé». Consta de:

....................Sintagma nominal (Sujeto): elíptico (1ª persona singular).

....................Sintagma verbal (Predicado): «de quien te hablé». Consta de:

.........................Grupo preposicional (CRég): «de quien». Consta de:

...........................Preposición: «de».

...........................Pronombre: «quien».

..........................Pronombre (CI): «te».

..........................Verbo (núcleo): «hablé».

Unas últimas observaciones para terminar: aunque hemos dicho que puede desempeñar cualquier función sintáctica, el pronombre «quien» no puede introducir Proposiciones Adjetivas especificativas, por eso ejemplos como «El niño quien viene...» o «La señora quien ha entrado...» son incorrectos. En cambio, «quien» puede desempeñar la función de Sujeto cuando la Pro-

---

posición es explicativa («Tuvo un hermano quien, con el tiempo, vino a ser abogado»).

Enlace a ejemplos de ejercicios prácticos y comentarios a consultas recibidas sobre el tema en el Blog: https://wp.me/pTRlh-aH.

6. Proposiciones Adjetivas introducidas por el determinante relativo «CUYO», «CUYA», «CUYOS», «CUYAS»

Hemos variado el epígrafe en este apartado porque el comportamiento de «cuyo» es diferente al resto de los pronombres relativos: de hecho es más un determinante que un pronombre, pero debemos tratarlo aquí porque también funciona como transpositor introduciendo Proposiciones Adjetivas.

Formalmente tiene variación de género y número («cuyo», «cuya», «cuyos», «cuyas»). En cuanto a su comportamiento, exige ir situado delante de un nombre al que determina y que guarda relación de posesión con el antecedente al que se refiere.

Veamos un ejemplo:

a) «En la playa había una barca *cuyo* casco estaba corroído por la humedad».

«Cuyo» va situado delante de «casco», sustantivo al que determina como demuestra el hecho de que es imposible introducir otro determinante entre ambas palabras (sería incorrecto, por ejemplo, decir «...cuyo el casco...»), y a su vez nos está diciendo que se refiere al «casco» de ese barco, es decir, que el «casco» pertenece al «barco». Existe entre ambos sustantivos una relación de posesión, el sustantivo situado en la Oración Principal es el poseedor («barco»), mientras que el sustantivo de la Proposición es lo poseído («casco»). Esta relación se ve muy clara por la posibilidad de expresar la misma idea mediante un determinante posesivo:

a.1) «En la playa había una barca, *su* casco estaba corroído por la humedad».

Hemos sustituido la Proposición Adjetiva por una oración yuxtapuesta en la que el significado de «cuyo» ha sido asumido por el determinante posesivo de tercera persona «su».

Ya hemos visto que «cuyo» presenta variación de género y número. La concordancia la realiza con el nombre que introduce y al que acompaña en la Proposición. En el ejemplo anterior, el antecedente, «barca», era femenino, mientras que el sustantivo que introduce y que acompaña, «casco», era masculino singular; el determinante relativo «cuyo» aparece en masculino y singular concertando con «casco».

Por lo demás, la secuencia «cuyo + sustantivo» puede desempeñar cualquier función en el interior de la Proposición Adjetiva como sucedía con los demás pronombres relativos. La diferencia es que ahora hablamos de «cuyo + sustantivo» y no, exclusivamente, del pronombre como hacíamos en los demás casos de pronombres relativos. Según la función sintáctica que desempeñe, irá sin o con preposición; también en esto coincide con los demás relativos.

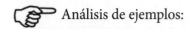 Análisis de ejemplos:

1. **«En la playa había una barca *cuyo* casco estaba corroído por la humedad».** Oración compuesta, enunciativa, unimembre, afirmativa, transitiva. En cuanto a la estructura, sigue el siguiente esquema:

.....Sintagma nominal (Sujeto): impersonal obligatoria («haber» en 3ª persona de singular + Complemento Directo).

.....Sintagma verbal (Predicado): «en la playa había una barca cuyo casco estaba corroído por la humedad». Consta de:
.........Grupo preposicional (CC de Lugar): «en la playa».
Consta de:
..............Preposición: «en».
..............Sintagma nominal: «la playa». Consta de:
...................Determinante: «la».
...................Nombre (núcleo): «playa».
.........Verbo (núcleo): «había».
.........Sintagma nominal (CD): «una barca cuyo casco estaba corroído por la humedad». Consta de:
..............Determinante: «una».
..............Nombre (núcleo): «barca».
..............Proposición Adjetiva (introducida por el transpositor «cuyo»): «cuyo casco estaba corroído por la humedad». Consta de:
...................Sintagma nominal (Sujeto): «cuyo casco».
Consta de:
.......................Determinante relativo: «cuyo».
.......................Nombre (núcleo): «casco».
...................Sintagma verbal (Predicado): «estaba corroído[32] por la humedad». Consta de:
.......................Verbo (núcleo, atributivo): «estaba».
.......................Grupo adjetival (At): «corroído por la humedad». Consta de:
.......................Adjetivo (participio, núcleo): «corroído».
.......................Grupo preposicional (CC de Causa): «por la humedad». Consta de:
...........................Preposición: «por».

---

[32] El grupo «estaba corroído» podría analizarse como una perífrasis de participio. Por otra parte, «corroído» es un participio, admite por lo tanto complementos verbales. Podríamos haber analizado «por la humedad» como un Complemento Agente. Hemos preferido el análisis como Complemento Circunstancial de Causa porque el participio puede ser sustituido por un adjetivo manteniendo este grupo preposicional con la función de Complemento Circunstancial de Causa, en ejemplos del tipo «Estaba sucia por la humedad».

..............................Sintagma nominal: «la humedad».
Consta de:
.................................Determinante: «la».
.................................Nombre (núcleo): «humedad».

Acabaremos con dos consideraciones antes de empezar con el apartado de ejercicios: un error muy frecuente en el habla coloquial es la utilización de la forma «que su» en sustitución de «cuyo», por ejemplo: «Me gustan las películas *que su* (cuyo) argumento es de acción». Se trata de un vulgarismo que deberemos evitar siempre.

Otro error consiste justamente en lo contrario, es decir, en olvidar el valor posesivo de «cuyo» y usarlo como un pronombre y no como un determinante relativo, lo que da lugar a frases como *«Ayer fue detenido un individuo sospechoso *cuyo* individuo no tiene domicilio fijo», o *«Una estatua de la Victoria se halló en las ruinas de Sagunto, *cuya* estatua se ha vendido en subasta». Lo correcto es usar otro relativo («...*que* no tiene...», «...*que* se ha vendido...»).

Enlace a ejemplos de ejercicios prácticos y comentarios a consultas recibidas sobre el tema en el Blog: https://wp.me/pTRlh-aW.

7. Proposiciones Adjetivas introducidas por un participio o por un gerundio

Ya sabemos que el participio puede actuar como adjetivo en el discurso («El hombre *cansado* de trabajar se durmió»; «Me gusta la ropa *planchada*»; «El coche *reparado* funcionaba mejor que nuevo»; etc.), pero no por ello deja de ser una forma verbal, por lo que podemos delimitar su significado mediante complementos de Predicado. Por ejemplo:

a) «El hombre, *cansado de trabajar*, se durmió».
b) «Me gusta la ropa *planchada con vapor*».
c) «El coche, *reparado de la avería*, funcionaba mejor que nuevo».

Cuando esto ocurre, equivalen a Proposiciones Adjetivas, puesto que acompañan a un nombre precisando su significado. Los ejemplos anteriores pueden ser desarrollados en forma de Proposición, veámoslo:

a.1) «El hombre, *que estaba cansado de trabajar*, se durmió».
b.1) «Me gusta la ropa *que está planchada con vapor*».
c.1) «El coche, *que estaba reparado de la avería*, funcionaba mejor que nuevo».

Usamos el participio cuando el Sujeto del verbo de la Oración Principal y el del participio que introduce la Proposición coinciden. En los ejemplos anteriores, «hombre» es el Sujeto de «dormir» y «cansado»; «ropa», en el segundo ejemplo, es el Sujeto de «gusta» y «planchada»; y «coche» es el Sujeto de «funcionar» y «reparado». Y observamos también, que en la segunda serie, el pronombre relativo «que» desempeña en todos los casos la función de Sujeto de la Proposición que introduce.

Solo una observación más: dependiendo de un participio, puede aparecer un grupo preposicional en función de Complemento Agente, como ocurre en las oraciones con verbo en voz pasiva. Por ejemplo:

a) «El pájaro, *abatido por los disparos del cazador*, se precipitó contra el suelo».

De hecho, la clave de la construcción pasiva es el empleo del verbo «ser» más participio:

d.1) «El pájaro fue *abatido por los disparos del cazador*».

Estos casos pueden ser analizados como Proposición Adjetiva o como Grupo Adjetival. En cualquiera de los casos, funcional y semánticamente son equivalentes. Si lo analizamos como Proposición, atendemos a la estructura profunda, plano semántico; si lo analizamos como Grupo Adjetival, atendemos más a la estructura superficial, plano formal.

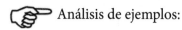 Análisis de ejemplos:

1. **«El pájaro, abatido por los disparos del cazador, se precipitó contra el suelo».** Oración simple, enunciativa, bimembre, afirmativa, reflexiva, transitiva. En cuanto a la estructura, sigue el siguiente esquema:

.....Sintagma nominal (Sujeto): «el pájaro abatido por los disparos del cazador». Consta de:

..........Determinante: «el».

..........Nombre (núcleo): «pájaro».

.........Grupo adjetival: «abatido por los disparos del cazador». Consta de:

..............Participio (núcleo): «abatido».

..............Grupo preposicional (CAg): «por los disparos del cazador». Consta de:

..................Preposición: «por».

..................Sintagma nominal: «los disparos del cazador». Consta de:

.......................Determinante: «los».

.......................Nombre (núcleo): «disparos».

.......................Grupo preposicional (CN): «del cazador».

...........................Preposición: «de» (+ el).

...........................Sintagma nominal: «el cazador».

...............................Determinante: «el».

...............................Nombre (núcleo): «cazador».

.....Sintagma verbal (Predicado): «se precipitó contra el suelo». Consta de:

..........Pronombre (reflexivo de CD): «se».

..........Verbo (núcleo): «precipitó».

..........Grupo preposicional (CC de Modo): «contra el vacío».
Consta de:

...............Preposición: «de».

...............Sintagma nominal: «el vacío». Consta de:

..................Determinante: «el».

..................Nombre (núcleo): «vacío».

En el sintagma nominal Sujeto, podríamos haber analizado:

......Sintagma nominal (Sujeto): «el pájaro abatido por los disparos del cazador». Consta de:

............Determinante: «el».

............Nombre (núcleo): «pájaro».

............Proposición Adjetiva (de participio):

.................Sintagma nominal (Sujeto): sobreentendido por contexto («el pájaro»).

.................Sintagma verbal (Predicado):

....................Participio (núcleo): «abatido».

....................Grupo preposicional (CAg): «por los disparos del cazador»; etc.

Mucho menos frecuente que el uso de participio como adjetivo, es el uso del gerundio. No obstante, hay expresiones en que asume esta función. En especial, en estructuras nominales como títulos de cuadros del tipo «Julio César *atravesando la Galia*». Algo más discutibles son las estructuras del tipo «Allí había algunas mujeres *lavando ropa*» donde podemos interpretar la construcción de gerundio con valor adverbial («...había mujeres así») como Complemento Circunstancial de Modo; o bien, con valor adjetival, equivalente a «Allí había algunas mujeres que lavaban ropa / que estaban lavando ropa». Como ocurría en el caso de la construcción de participio, también en la construcción de gerundio coinciden el Sujeto de la Proposición con el antecedente («Julio César» / «mujeres»). El análisis, en estos casos, será idéntico a los anteriores:

2. **«Allí había algunas mujeres lavando ropa».** Oración simple (o compleja), unimembre, enunciativa, afirmativa, transitiva. En cuanto a la estructura, responde al siguiente esquema:

.....Sintagma nominal (Sujeto): impersonal obligatoria.

.....Sintagma verbal (Predicado): «allí había algunas mujeres lavando ropa». Consta de:

..........Adverbio: «allí».

..........Verbo (núcleo): «había».

..........Sintagma nominal (CD): «algunas mujeres lavando ropa». Consta de:

...............Determinante: «algunas».

...............Nombre (núcleo): «mujeres».

...............Proposición Adjetiva (de gerundio): «lavando ropa».

..................Sintagma nominal (Sujeto): sobreentendido («mujeres»).

..................Sintagma verbal (Predicado): «lavando ropa». Consta de:

.........................Gerundio (núcleo): «lavando».

.........................Sintagma nominal (CD): Nombre (núcleo): «ropa».

Debemos tener cuidado con el gerundio porque, en la mayoría de los casos, lo encontraremos actuando como segundo término de perífrasis («estaban llegando»; «andaban jugando»; etc.) o con valor de adverbio del discurso en función de Complemento Circunstancial. Otras veces, como en el caso anterior, los dos análisis resultarán aceptables según la interpretación que prefiramos dar al contenido de la oración como ocurre con:

- «Vimos a los soldados *paseando por el parque*».
- «Vimos a los soldados así» (Complemento Circunstancial de Modo).
- «Vimos a los soldados que paseaban por el parque» (Proposición Adjetiva).

Enlace a ejemplos de ejercicios prácticos y comentarios a consultas recibidas sobre el tema en el Blog: https://wp.me/pTRlh-bW.

8. Proposiciones Adjetivas Sustantivadas

La sustantivación es un procedimiento morfosintáctico por el que hacemos que una palabra, grupo de palabras u oración funcione como un sustantivo en el discurso. En principio, cualquier palabra o grupo de palabras puede aparecer desempeñando esta función de nombre, como sucede en los siguientes ejemplos:

1. «No me agradó tu no».
2. «Ese porqué no me convence».
3. «Se casó con la alta».

En el ejemplo 1 encontramos un adverbio de negación («no») funcionando como núcleo de un sintagma nominal introducido por el determinante posesivo «tu»; en el ejemplo 2, observamos una conjunción causal («porqué») funcionando asimismo como núcleo de un sintagma nominal introducido por el determinante demostrativo «ese», también en función de Sujeto de la oración; y en el ejemplo 3, un adjetivo («alta») funcionando como sustantivo, núcleo del sintagma nominal introducido por el determinante artículo «la» en función de Complemento de Régimen. En todos los casos, la palabra que actúa como transpositor a la función sustantiva es el determinante («tu», «ese» y «la», respectivamente).

Las Proposiciones Adjetivas podemos sustantivarlas siguiendo el mismo procedimiento, es decir, mediante un determinante, y así tenemos:

4. «La llave que me diste no servía».
5. «La que me diste no servía».
6. «No me gustó el discurso que pronunciaron en la fiesta».
7. «No me gustó el que pronunciaron en la fiesta».

En los ejemplos 4 y 6, tenemos sendas Proposiciones Adjetivas introducidas por el pronombre relativo «que». El antecedente es «llave» y «discurso» respectivamente. En los ejemplos 5 y 7, en cambio, no hay antecedente y el relativo viene introducido por un determinante que hace que la Proposición actúe con valor de sustantivo en el discurso. En ambos casos, podemos sustituirlas por un pronombre neutro («eso») o un sintagma nominal («esa cosa»):

5.1. «Eso (esa cosa) no servía».

7.1. «No me gustó eso (esa cosa)».

 Análisis de ejemplos:

1. **«La que me diste no servía».** Oración compuesta, bimembre, enunciativa, negativa, intransitiva. En cuanto a su estructura, responde al siguiente esquema:

......Proposición Adjetiva Sustantivada (Sujeto: introducida por «la que»). Consta de:

...........Sintagma nominal (Sujeto): elíptico (2ª persona singular).

...........Sintagma verbal (Predicado): «la que me diste». Consta de:

.................Pronombre (CD): «la que» (aquella).

.................Pronombre (CI): «me».

.................Verbo (núcleo): «diste».

...........Sintagma verbal (Predicado): «no servía». Consta de:

..............Adverbio (marca oracional de negación): «no».

..............Verbo (núcleo): «servía».

2. **«No me gustó el que pronunciaron en la fiesta».** Oración compuesta, bimembre, enunciativa, negativa, media. En cuanto a su estructura, sigue el siguiente esquema:

......Proposición Adjetiva Sustantivada (Sujeto) (introducida por «el que»): «el que pronunciaron en la fiesta». Consta de:

..........Sintagma nominal (Sujeto): elíptico (3ª pers. plural).
...........Sintagma verbal (Predicado): «el que pronunciaron en la fiesta». Consta de:
..............Pronombre (CD): «el que».
..............Verbo (núcleo): «pronunciaron».
..............Grupo preposicional (CC de Lugar): «en la fiesta». Consta de:
...................Preposición: «en».
..................Sintagma nominal: «la fiesta». Consta de:
........................Determinante: «la».
........................Nombre (núcleo): «fiesta».
.....Sintagma verbal (Predicado): «no me gustó». Consta de:
..........Adverbio (marca oracional de negación): «no».
..........Pronombre (CI): «me».
..........Verbo (núcleo): «gustó».

Ya hemos visto cómo las Proposiciones Adjetivas introducidas por el pronombre relativo «que» necesitan un determinante para actuar como sustantivas. Pero no todos los pronombres relativos funcionan igual:

Quien: Ya dijimos que lo usamos cuando el antecedente es animado, equivale y puede sustituirse por el relativo «el que». Esta referencia de significado a persona hace que no necesite determinante para asumir funciones de sustantivo. Nos basta usar «quien» sin antecedente expreso en la oración para que actúe como una Proposición Sustantiva:

- «Quien llegue primero obtendrá un premio».
- «El que llegue primero obtendrá un premio».
- «Ese obtendrá un premio».

Recordarás que la estudiamos entre los procedimientos para introducir las Proposiciones Sustantivas en función de Complemento Indirecto (CI) en ejemplos del tipo «Daré el premio a quien llegue primero» —repásalas ahora—. En estos casos, el antecedente de «quien» es indefinido.

En los demás casos, no podemos sustantivar la Proposición de relativo: «el cual» no podemos sustantivarlo porque siempre lo usamos con determinante; y «cuyo» es un relativo especial que actúa como determinante ya por sí mismo. Ninguno de los dos puede encabezar Proposiciones Adjetivas Sustantivadas.

EN RESUMEN:

1. Las Proposiciones Adjetivas introducidas por «que» y «quien» pueden aparecer sustantivadas.
2. La Proposición Adjetiva introducida por el relativo «quien» no precisa ir precedida de determinante para actuar sustantivada.
3. La Proposición Adjetiva introducida por el relativo «que» requiere para la sustantivación ir precedida de un determinante.
4. En ambos casos es imprescindible la ausencia de antecedente explícito en la Oración Principal.
5. No podemos sustantivar Proposiciones Adjetivas introducidas por «el cual» o «cuyo».

6. **«Quien llegue primero obtendrá el premio».** Oración compuesta, bimembre, enunciativa, afirmativa, transitiva. En cuanto a su estructura, sigue el siguiente esquema:

......Proposición Adjetiva Sustantivada (Sujeto) (introducida por «quien»): «quien llegue primero». Consta de:

..........Sintagma nominal (Sujeto): pronombre: «quien».

..........Sintagma verbal (Predicado): «llegue primero».
    Consta de:

..............Verbo (núcleo): «llegue».

..............Adjetivo (CPred): «primero».

......Sintagma verbal (Predicado): «obtendrá el premio».
    Consta de:

..........Verbo (núcleo): «obtendrá».

..........Sintagma nominal (CD): «el premio». Consta de:

..............Determinante: «el».

..............Nombre (núcleo): «premio».

Enlace a ejemplos de ejercicios prácticos y comentarios a consultas recibidas sobre el tema en el Blog: https://wp.me/pTRlh-c5.

9. Proposiciones Adjetivas Adverbiales de relativo

Constituyen un grupo dentro de las Proposiciones Adjetivas que venimos viendo. Este apartado es importante para evitar confusiones con las Oraciones Subordinadas Circunstanciales que estudiaremos a continuación.

Ya hemos visto cómo el pronombre relativo, además de servir de transpositor de la Proposición a la función adjetiva, desempeña una función sintáctica en el interior de la Proposición. Si la función desempeñada era de Sujeto o de Complemento Directo —objeto—, el pronombre aparece sin preposición previa; pero también puede desempeñar otras funciones sintácticas como la de Complemento Circunstancial de Lugar, de Tiempo y de Modo. Por ejemplo:

1. «Este es el restaurante *en el que comimos*».

Si sustituimos el pronombre por su antecedente en la Proposición, tendremos: »Comimos *en el restaurante (antecedente)*» y veremos claramente que la función del grupo preposicional («en el restaurante» / «en el que») es de Complemento Circunstancial de Lugar del Predicado «comimos» («comimos allí / en el restaurante»).

2. «Recordaba los años en que estábamos en la Academia».

Igualmente, si sustituimos el pronombre relativo «que» por su antecedente («años») en la Proposición («*En esos años —antecedente—* estábamos en la Academia»), veremos fácilmente cómo desempeñaría la función de Complemento Circunstancial de Tiempo del Predicado «estábamos en la Academia» («*Entonces / en aquellos años* estábamos en la Academia»).

3. «Estábamos de acuerdo en la forma en que debíamos actuar».

En este caso, el antecede del pronombre relativo es «forma». Si sustituimos el relativo por su antecedente, obtenemos «debíamos actuar *en esa forma*», donde el grupo preposicional funcionaría como Complemento Circunstancial de Modo («Debíamos actuar *así / en esa forma*»).

Cuando los pronombres relativos van desempeñando estas funciones, pueden sustituirse por los adverbios «donde», «cuando» y «como». Son las llamadas «Proposiciones Adverbiales de relativo». Los ejemplos anteriores quedarían así:

1.1. «Este es el restaurante *donde* comimos».

2.1. «Recordaba los años *cuando* estábamos en la Academia».

3.1. «Estábamos de acuerdo en la forma *como* debíamos actuar».

Para no confundirlas con las Oraciones Subordinadas Circunstanciales de Lugar, Tiempo y Modo, hemos de tener en cuenta estas dos diferencias:

PRIMERA: Cuando son Proposiciones Adverbiales de relativo, los adverbios «donde», «cuando» y «como» pueden sustituirse por pronombres relativos precedidos por las preposiciones que correspondan en cada caso. En los ejemplos anteriores comprobamos:

1.2. «Este es el restaurante *donde (en el que/el cual)* comimos».

2.2. «Recordaba los años *cuando (en que/los cuales)* estábamos en la Academia».

3.2. «Estábamos de acuerdo en la forma *como (en que/la cual)* debíamos actuar».

SEGUNDA: Al ser Proposiciones Adjetivas, aparecen en la oración acompañando a un nombre al que concretan. Esta diferencia es importante: las Proposiciones Adverbiales de Relativo llevan antecedente expreso en la oración; las Proposiciones Circunstanciales no llevan antecedente, modifican al Predicado. Los ejemplos siguientes son Oraciones Subordinadas Circunstanciales:

4. «Iremos *donde quieras (=allí)*».
5. «Comeremos *cuando llegue papá (= entonces)*».
6. «Lo harás *como yo te diga (=así)*».

En ningún caso existe nombre al que puedan concretar y se refieren claramente a una circunstancia relativa al significado del verbo, de ahí su posible sustitución por adverbios referidos al núcleo del Predicado de la Oración Principal.

Algunas gramáticas añaden en la serie de adverbios relativos a «cuanto/a/s». Personalmente tengo mis dudas al respecto. En los ejemplos en que aparece, su valor se asimila al de «quien» cuando introduce Proposiciones Adjetivas Sustantivadas (ver el apartado correspondiente en Adjetivas Sustantivadas y Sustantivas de Complemento Indirecto): «Cuantos (quienes) te escuchan saben lo que dices».

Análisis de ejemplos:

1. **«Este es el restaurante donde comimos».** Oración compuesta, enunciativa, bimembre, afirmativa, atributiva. En cuanto a la estructura, sigue el siguiente esquema:

.....Sintagma nominal (Sujeto): Pronombre: «este».

.....Sintagma verbal (Predicado nominal): «es el restaurante donde comimos». Consta de:

..........Verbo copulativo: «es».

..........Sintagma nominal (At): «el restaurante donde comimos».
Consta de:
...............Determinante: «el».
...............Nombre (núcleo): «restaurante».
...............Proposición Adverbial de relativo (nexo transpositor
«donde»): «donde comimos». Consta de:
.................Sintagma nominal (Sujeto): elíptico (1ª persona del
plural).
.................Sintagma verbal (Predicado): «donde comimos».
Consta de:
........................Adverbio relativo (CC de Lugar): «donde».
........................Verbo (núcleo): «comimos».

2. **«Recordaba los años cuando íbamos a la academia».** Oración compuesta, enunciativa, bimembre, afirmativa, transitiva. En cuanto a la estructura, sigue el siguiente esquema:

.....Sintagma nominal (Sujeto): elíptico (1ª o 3ª persona singuar).
.....Sintagma verbal (Predicado): «recordaba los años cuando íbamos a la academia». Consta de:
.........Verbo (núcleo): «recordaba».
.........Sintagma nominal (CD): «los años cuando íbamos a la academia». Consta de:
.........Determinante: «los».
.........Sustantivo (núcleo): «años».
.........Proposición Adverbial de relativo (introducida por «cuando»). Consta de:
.................Sintagma nominal (Sujeto): elíptico (1ª persona del plural).
.................Sintagma verbal (Predicado): «cuando íbamos a la academia». Consta de:
........................Adverbio relativo (CC de Tiempo): «cuando».
........................Verbo (núcleo): «íbamos».
........................Grupo preposicional (CC de Lugar): «a la academia». Consta de:
...............................Preposición: «a».

...............................Sintagma nominal: «la academia».
Consta de:
...............................Determinante: «la».
...............................Nombre (núcleo): «academia».

3. **«Estábamos de acuerdo en la forma como debíamos actuar».**
Oración compuesta, bimembre, enunciativa, afirmativa, atributiva[33]. En cuanto a la estructura, sigue el siguiente esquema:

.....Sintagma nominal (Sujeto): elíptico (1ª persona del plural).
.....Sintagma verbal (Predicado): «estábamos de acuerdo en la for-
ma como debíamos actuar». Consta de:
..........Verbo (Predicado): «estábamos».
..........Grupo preposicional (At): «de acuerdo en la forma como
debíamos actuar». Consta de:
...............Preposición: «de».
...............Sintagma nominal: «acuerdo en la forma como debía-
mos actuar». Consta de:
...................Nombre (núcleo): «acuerdo».
...................Grupo preposicional (CN): «en la forma como de-
bíamos actuar». Consta de:
........................Preposición: «en».
........................Sintagma nominal: «la forma como debíamos
actuar». Consta de:
............................Determinante: «la».
............................Nombre (núcleo): «forma».

---

[33] Hay gramáticos que analizan esta estructura como predicativa asignando al grupo preposicional la función de Complemento Circunstancial de Modo («Estábamos así / ¿Cómo estábamos? = así, de acuerdo»). No obstante, el Atributo también
responde a la pregunta «cómo» y podemos sustituirlo por el adverbio modal; y
creo que frente a la ausencia de concordancia formal del grupo preposicional, debe
prevalecer la naturaleza atributiva del verbo «estar» y el comportamiento del grupo
preposicional que admite la conmutación por el pronombre neutro invariable «lo»
como el Atributo, cosa que no sucede en estructuras predicativas («Está enfermo»
= ¿Está enfermo?; Sí, *lo* está; «Estamos de acuerdo» = ¿Estamos de acuerdo?; Sí, *lo*
estamos).

..........................Proposición Adverbial de relativo (introducida por «como»): «como debíamos ac-
tuar». Consta de:
...........................Sintagma nominal (Sujeto): elíptico
(1ª persona del plural).
...........................Sintagma verbal (Predicado): «como
debíamos actuar». Consta de:
...........................Adverbio (CC de Modo): «como».
...........................Verbo (núcleo: perífrasis de infinitivo, de obligación): «debíamos
actuar».

Enlace a ejemplos de ejercicios prácticos y comentarios a consultas recibidas sobre el tema en el Blog: https://wp.me/pTRlh-cj.

6.

Oraciones Subordinadas Circunstanciales (Proposiciones Circunstanciales)

1. IDEAS PRELIMINARES

Empezaremos por precisar que son cinco los Complementos Circunstanciales que vamos a considerar en este apartado, a saber: de Tiempo, Lugar, Modo —adverbiales—, de Causa y de Finalidad —preposicionales—. De ellos, los cinco pueden aparecer en la oración a través de grupos preposicionales:

- Tiempo: «Nos vemos *a las tres*».
- Modo: «Ve *con abrigo*».
- Lugar: «Se perdió *en el bosque*».
- Causa: «Discutieron *por una tontería*».
- Finalidad: «Lo compré *para cenar*».

Solo tres pueden aparecer desempeñados por adverbios:

- Tiempo: «No vemos *entonces*».
- Modo: «Hazlo *así*».
- Lugar: «Ve *allí*».

Y uno solo puede aparecer desempeñado por un sintagma nominal:

- Tiempo: «Nos vemos *el martes*».

Seguimos en el apartado de la *Oraciones Subordinadas Sintácticas o Proposiciones* porque todas ellas desarrollan en forma de estructura oracional —Sujeto y Predicado— funciones presentes en la oración simple; están, por lo tanto, integradas sintácticamente en la estructura del Predicado de una Oración Principal; de ahí que mantengamos la denominación de «Proposiciones» que venimos utilizando para este tipo de oraciones integradas.

Hay autores que incluyen en el esquema sintáctico de la oración simple los Complementos Circunstanciales de Compañía («Estuvimos *con unos amigos*») y el de Instrumento o Medio («Lo rompió *con un martillo*»). También ha habido intentos de unificarlos todos bajo un mismo epígrafe sin tener en cuenta distinciones que pertenecen al plano semántico y no al funcional y sintáctico —Alarcos Llorach propuso una única denominación, «aditamentos», para todos ellos[34]—. Personalmente, prefiero simplificar en estos cinco complementos incluyendo compañía e instrumento dentro del Complemento Circunstancial de Modo («Estuvimos *así*», ¿Cómo? *Con unos amigos*; «Lo rompió *así*», ¿Cómo? *Con un martillo*). Dado que el plano formal, funcional y semántico están interrelacionados, creo interesante mantener la distinción como hace la Real Academia Española. En cuanto al Complemento Circunstancial de Cantidad, se expresa a través de adverbios («Quiero *más*»), incluso interrogativos (¿*Cuánto* vale?), pero el desarrollo a su pregunta se manifiesta a través de un Complemento Directo («Vale *un euro*» = «Vale *eso*» = *Lo* vale), de ahí que no aparezca en el esquema de la oración compuesta.

A continuación veremos cómo se desarrolla cada una de estas Proposiciones en el esquema sintáctico de la oración compleja.

---

[34] *Estudios de gramática funcional del español.* Madrid: Gredos, 1999 (3ª ed.)

Enlace a ejemplos de ejercicios prácticos y comentarios a consultas recibidas sobre el tema en el Blog: https://wp.me/pTRlh-ct.

2. Oraciones Subordinadas Circunstanciales (Proposiciones Circunstanciales) de Tiempo

Como los Complementos Circunstanciales de Tiempo, estas Proposiciones expresan una idea de temporalidad que matiza el instante en el que se produce la acción del verbo de la Oración Principal. Ya hemos visto cómo esta función, en la oración simple, podía ser desempeñada tanto por adverbios («tarde», «pronto», «después», etc.), como por grupos preposicionales («a las cinco», «por la mañana», etc.), o por sintagmas nominales («esta tarde», «el martes», etc.). Esto, unido a que la temporalidad puede expresar acciones simultáneas, anteriores o posteriores a la principal, hace que los nexos utilizados para introducir la Proposición Subordinada sean muy variados:

1. Simultaneidad: «Llamaré *cuando* llegue el avión».
2. Posterioridad: «Te llamaré *después de que* llegue el avión».
3. Anterioridad: «Te llamaré *antes de que* llegue el avión».

La cantidad de matices temporales que podemos expresar son muchos, de ahí la enorme variedad. Básicamente, tenemos las formas «cuando» y «mientras», los demás nexos son locuciones adverbiales que construimos con la conjunción anunciativa «que» precedida del adverbio correspondiente, por ejemplo: «antes de que», «después de que», «en tanto que», «así que», «en cuanto (que)», etc. Muchas de estas Proposiciones podrían considerarse formalmente como «Proposiciones Sustantivas en función de Complemento del Adverbio» (CAdv), de hecho, si decimos «antes de esta tarde», «de esta tarde» es un grupo preposicional que concreta el significado del adverbio «antes», es decir, un Complemento del Adverbio «antes». No obstante, creo que debe primar en estos casos el principio de funcionalidad: dado que podemos sustituirlas por un adverbio temporal («Nos veremos *antes de que anochezca*» = «Nos veremos *entonces*») estimo más didáctico considerar «antes de que» y «después de que» como locuciones adverbiales que introducen Proposiciones Circunstanciales de Tiempo.

☞ Análisis de ejemplos:

1. **«Los viajeros se inscribieron en el hotel en cuanto llegaron».** Oración compuesta, bimembre, enunciativa, afirmativa, reflexiva transitiva. En cuanto a su estructura, sigue el siguiente esquema:

......Sintagma nominal (Sujeto): «los viajeros». Consta de:
.........Determinante: «los».
.........Nombre (núcleo): «viajeros».
......Sintagma verbal (Predicado): «se inscribieron en el hotel en cuanto llegaron». Consta de:
.........Pronombre reflexivo (CD): «se».
.........Verbo (núcleo): «inscribieron».
.........Grupo preposicional (CC de Lugar): «en el hotel». Consta de:
............Preposición: «en».
............Sintagma nominal: «el hotel». Consta de:
...............Determinante: «el».
...............Nombre (núcleo): «hotel».
......Oración Subordinada Circunstancial de Tiempo (introducida por «en cuanto»): «en cuanto llegaron». Consta de:
.........Sintagma nominal (Sujeto): elíptico (3ª persona del plural).
.........Sintagma verbal (Predicado): «llegaron».
............Verbo (núcleo): «llegaron».

2. **«Se apagó la luz cuando iba a empezar la película que estaba esperando».** Oración compuesta, bimembre, enunciativa, afirmativa, pasiva refleja. En cuanto a la estructura, sigue el siguiente esquema:

......Sintagma nominal (Sujeto): «la luz». Consta de:

.........Determinante: «la».

.........Nombre (núcleo): «luz».

......Sintagma verbal (Predicado): «se apagó cuando iba a empezar la película que estaba esperando». Consta de:

.........Pronombre personal (marca de pasiva refleja): «se».

.........Verbo (núcleo): «apagó».

.........Oración Subordinada Circunstancial de Tiempo (introducida por «cuando»): «cuando iba a empezar la película que estaba esperando». Consta de:

............Sintagma nominal (Sujeto): «la película que estaba esperando». Consta de:

...............Determinante: «la».

...............Nombre (núcleo): «película».

...............Proposición Subordinada Adjetiva (introducida por «que»): «que estaba esperando». Consta de:

..................Sintagma nominal (Sujeto): elíptico (1ª o 3ª persona del singular).

..................Sintagma verbal (Predicado): «que estaba esperando». Consta de:

.....................Pronombre relativo (CD): «que» (la película).

.....................Verbo (núcleo: perífrasis verbal de gerundio): «estaba esperando».

............Sintagma verbal (Predicado):

...............Verbo (núcleo: perífrasis de infinitivo): «iba a comenzar».

3. **«Siempre que te llamo está comunicando».** Oración compuesta, enunciativa, bimembre, afirmativa, intransitiva. En cuanto a la estructura, sigue el siguiente esquema:

.....Sintagma nominal (Sujeto): elíptico (3ª persona del singular).

.....Sintagma verbal (Predicado): «está comunicando siempre que llamo». Consta de:

.......Verbo (núcleo: perífrasis de gerundio): «está comunicando».

.......Proposición Subordinada Circunstancial de Tiempo (introducida por «siempre que»): «siempre que llamo».

Consta de:

............Sintagma nominal (Sujeto): elíptico (1ª persona del singular).

............Sintagma verbal (Predicado): Verbo (núcleo): «llamo».

Para reconocerlas, podemos sustituirlas por un adverbio de tiempo como «entonces» y comprobar que el significado de la oración no varía sensiblemente. Por ejemplo:

- «Te lo pedí *antes de que salieras de casa*» = «Te lo pedí *entonces*».
- «Escuchamos las noticias *mientras comemos*» = «Escuchamos las noticias *entonces*».
- «Saldremos *después de que hayas acabado tus deberes*» = «Saldremos *entonces*».

Sigue siendo válido el preguntar «¿Cuándo?» al verbo de la Oración Principal; la respuesta debe ser la Proposición Circunstancial de Tiempo. Así:

- *¿Cuándo* te lo pedí? = *Antes de que salieras de casa.*
- *¿Cuándo* escuchamos las noticias? = *Mientras comemos.*
- *¿Cuándo* saldremos? = *Después de que hayas acabado tus deberes.*

Enlace a ejemplos de ejercicios prácticos y comentarios a consultas recibidas sobre el tema en el Blog: https://wp.me/pTRlh-cw.

3. Oraciones Subordinadas Circunstanciales (Proposiciones Circunstanciales) de Modo

En la oración simple, el Complemento Circunstancial de Modo podía ser desempeñado por un adverbio («Hazlo así»), o por un grupo preposicional («Lo acogió con una sonrisa»).

De la misma forma, la Proposición Circunstancial de Modo puede ser introducida por un adverbio o una locución introducida por preposición. Los más frecuentes son «como» y «según».

☞ Análisis de ejemplos:

1. **«Lo hice como me indicaste»**. Oración compuesta enunciativa, bimembre, afirmativa, transitiva. En cuanto a la estructura, sigue el siguiente esquema:

....Sintagma nominal (Sujeto): elíptico (1ª persona de singular).
....Sintagma verbal (Predicado): «lo hice como me indicaste».
    Consta de:
......Pronombre (CD): «lo».
......Verbo (núcleo): «hice».
......Proposición Circunstancial de Modo (nexo transpositor «como»): «como me indicaste». Consta de:
............Sintagma nominal (Sujeto): elíptico (2ª persona de singular).
............Sintagma verbal (Predicado): «me indicaste».
        Consta de:
...............Pronombre (CI): «me» (el CD está implícito por encontrarse en la Oración Principal).

...................Verbo (núcleo): «indicaste».

2. **«El técnico de la empresa montó el aparato según indica-ban las instrucciones».** Oración compuesta, enunciativa, bimembre, afirmativa, transitiva. En cuanto a su estructura, sigue el siguiente esquema:

.....Sintagma nominal (Sujeto): «el técnico de la empresa».
   Consta de:
..........Determinante: «el».
..........Nombre (núcleo): «técnico».
..........Grupo preposicional (CN): «de la empresa». Consta de:
...............Preposición: «de».
...............Sintagma nominal: «la empresa». Consta de:
...................Determinante: «la».
...................Nombre (núcleo): «empresa».
.....Sintagma verbal (Predicado): «montó el aparato según indica-ban las instrucciones». Consta de:
..........Verbo (núcleo): «montó».
..........Sintagma nominal (CD): «el aparato». Consta de:
...............Determinante: «el».
...............Nombre (núcleo): «aparato».
..........Proposición Circunstancial de Modo (nexo transpositor «como»): «como indicaban las instrucciones». Consta de:
...............Sintagma nominal (Sujeto): «las instrucciones».
   Consta de:
...................Determinante: «las».
...................Nombre (núcleo): «instrucciones».
...............Sintagma verbal (Predicado): «indicaban».
...................Verbo (núcleo): «indicaban».

Entre las locuciones encontramos «de forma que», «de manera que»:

3. **«Tu amigo Luis lo hizo de forma que no pudieran seguir su rastro».** Oración compuesta, enunciativa, bimembre, afirmativa, transitiva. En cuanto a su estructura, sigue el siguiente esquema:

.....Sintagma nominal (Sujeto): «tu amigo Luis». Consta de:
..........Determinante: «tu».
..........Nombre (núcleo): «amigo».
..........Sintagma nominal (Ap): Nombre (núcleo): «Luis».
.....Sintagma verbal (Predicado): «lo hizo de forma que no pudieran seguir su rastro». Consta de:
.........Pronombre (CD): «lo».
.........Verbo (núcleo): «hizo».
.........Proposición Circunstancial de Modo (nexo transpositor «de forma que»): «de forma que no pudieran seguir su rastro». Consta de:
...............Sintagma nominal (Sujeto): elíptico (3ª persona del plural).
...............Sintagma verbal (Predicado): «no pudieran seguir su rastro». Consta de:
...................Adverbio negación (marca oracional): «no».
...................Verbo (perífrasis de infinitivo; posibilidad): «pudieran seguir».
...................Sintagma nominal (CD): «su rastro». Consta de:
.......................Determinante: «su».
.......................Nombre (núcleo): «rastro».

4. **«Me informarás de manera que sepa en cada momento tu dirección».** Oración compuesta, enunciativa, bimembre, afirmativa, transitiva. En cuanto a su estructura, sigue el siguiente esquema:

.....Sintagma nominal (Sujeto): elíptico (2ª persona singular).
.....Sintagma verbal (Predicado): «me informarás de manera que sepa en cada momento tu dirección». Consta de:
..........Pronombre (CD): «me».
..........Verbo (núcleo): «informarás».

..........Proposición Circunstancial de Modo (nexo transpositor «de manera que»): «de manera que sepa en cada momento tu dirección». Consta de:

.............Sintagma nominal (Sujeto): elíptico (1ª o 3ª persona del singular).

.............Sintagma verbal (Predicado): «sepa en cada momento tu dirección». Consta de:

...................Verbo (núcleo): «sepa».

.................Grupo preposicional (CC de Tiempo): «en cada momento». Consta de:

.......................Preposición: «en».

.......................Sintagma nominal: «cada momento». Consta de:

..............................Determinante: «cada».

..............................Nombre (núcleo): «momento».

.................Sintagma nominal (CD): «tu dirección». Consta de:

.......................Determinante: «tu».

.......................Nombre (núcleo): «dirección».

Con la partícula «según», es frecuente la omisión del verbo de lengua en la Proposición, por ejemplo:

5. **«Según mi profesor, hay que estudiar para aprobar».** Oración compuesta, unimembre, enunciativa, afirmativa, intransitiva. En cuanto a la estructura, sigue el siguiente esquema:

.....Sintagma nominal (Sujeto): impersonal obligatoria («haber» inmobilizado en 3ª persona del singular).

.....Sintagma verbal (Predicado): «hay que estudiar para aprobar según mi profesor». Consta de:

..........Verbo (núcleo: perífrasis de infinitivo, obligación): «hay que estudiar».

..........Grupo preposicional (CC de Finalidad): «para aprobar». Consta de:

..............Preposición: «para».

...............Sintagma nominal: «aprobar».
.................Infinitivo (sustantivo en el discurso): «aprobar[35]».
...........Proposición Subordinada Circunstancial de Modo (nexo transpositor «según»): «según (dice) mi profesor».
Consta de:
...............Sintagma nominal (Sujeto): «mi profesor». Consta de:
..................Determinante: «mi».
..................Nombre (núcleo): «profesor».
...............Sintagma verbal (Predicado):
..................Verbo (núcleo): elíptico, «dice».

También es posible la aparición de partículas correlativas al transpositor: «así como», «tal como», «así cual», «tal cual», etc., correlaciones que introducen una línea de comparación, por ejemplo:

6. **«Realicé el trabajo así como a ti te hubiera gustado».** Oración compuesta, bimembre, enunciativa, afirmativa, transitiva. En cuanto a su estructura, sigue el siguiente esquema:

.....Sintagma nominal (Sujeto): elíptico (1ª persona del singular).
.....Sintagma verbal (Predicado): «realicé el trabajo así como a ti te hubiera gustado». Consta de:
...........Verbo (núcleo): «realicé».
...........Sintagma nominal (CD): «el trabajo». Consta de:
...............Determinante: «el».
...............Nombre (núcleo): «trabajo».

---

[35] Podríamos haber analizado correctamente este grupo preposicional como una Proposición Subordinada Circunstancial de Finalidad en infinitivo. De hecho, avala este análisis el que, en el caso de cambio de Sujeto, se desarrolle la oración gramatical («Esfuérzate (tú) para aprobar (tú)» frente a «Esfuérzate (tú) para que apruebe (él)». No obstante, no es menos cierto que podríamos sustituir el infinitivo por un nombre manteniendo el mismo significado («Hay que estudiar para el aprobado»), destacando así su valor nominal que es lo que hemos preferido en esta ocasión. En cualquiera de los casos, estamos indicando en el análisis que se trata de un grupo preposicional que aporta a la oración el sentido de la finalidad perseguida con la acción expresada.

..........Proposición Subordinada Circunstancial de Modo (nexo transpositor «así como»): «así como a ti te hubiera gustado». Consta de:

.............Sintagma nominal (Sujeto): elíptico («el trabajo»).

.............Sintagma verbal (Predicado): «a ti te hubiera gustado». Consta de:

.................Grupo preposicional (CI)[36]. Consta de:

.......................Preposición: «a».

.......................Sintagma nominal: pronombre (núcleo): «ti».

.................Pronombre (CI): «te».

.................Verbo (núcleo): «hubiera gustado».[37]

«Como» puede ir seguido de la conjunción «si» o «que». En ambos casos expresa una afirmación hipotética. «Como si» expresa una comparación irreal, ficticia o aparente, por ejemplo:

- «Me silbó como si quisiera avisarme de algo».
- «El amigo derrochaba dinero como si fuera a acabarse el mundo».
- «Mi hermana hace un pollo como para que te chupes los dedos».

Para identificarlas, podemos sustituir por un adverbio modal («así», por ejemplo) comprobando que el sentido de la oración se mantiene. Por ejemplo:

- «Lo hice *como me indicaste*» = «Lo hice *así*».
- «Monté el aparato *según indicaban las instrucciones*» = «Monté el aparato *así*».

---

[36] Observa cómo se puede suprimir el grupo preposicional sin que el significado de la oración se altere: «...así como te hubiera gustado». Desempeña una función expresiva y enfática.

[37] Los verbos que expresan «gustos», suelen construirse en forma pronominal y en estructura media: «me gusta eso», «me disgusta eso», «me fascina eso». Son estructuras medias porque el Complemento Directo lógico, «eso», está actuando como Sujeto gramatical: «Esas cosas me gustan / me disgustan / me fascinan», de ahí que el pronombre personal («me») mantenga su función de Complemento Indirecto en la oración.

- «Lo hizo *de forma que pudieran seguir su rastro*» = «Lo hizo *así*».

También funciona muy bien el sistema tradicional de interrogar al verbo de la Oración Principal preguntando «¿cómo?»[38]:

- *¿Cómo lo hice?* = como me indicaste.
- *¿Cómo monté el aparato?* = según indicaban las instrucciones.
- *¿Cómo lo hizo?* = de forma que pudiera seguir su rastro.

Enlace a ejemplos de ejercicios prácticos y comentarios a consultas recibidas sobre el tema en el Blog: https://wp.me/pTRlh-cH.

4. Oraciones Subordinadas Circunstanciales (Proposiciones Circunstanciales) de Lugar

Al igual que el Complemento Circunstancial del mismo nombre, sirven para concretar el lugar donde se desarrolla la acción expresada en el Predicado. En la oración simple, este complemento puede desarrollarse a través de un adverbio («allí», «aquí», «cerca», etc.) o de un grupo preposicional («en el campo», «desde tu casa», «a Madrid», etc.).

Pues bien, también utilizamos como transpositores adverbios, especialmente «donde» y «adonde», y locuciones del tipo «en el lugar en el que», «desde el que», «por el que», etc. Sin embargo,

---

[38] «Como» no siempre tiene valor modal, por lo que hemos de tener cuidado y reflexionar antes de asignarle este valor. Puede, también, introducir Oraciones Subordinadas Condicionales («Como no te bajes, subo a buscarte») y Comparativas («Mi hermano es tan alto como yo»). Ya veremos estos usos pero, de momento, lo importante es recordar que puede tener otros usos además del modal.

mientras que las locuciones eran muy frecuentes en las Proposiciones de Tiempo y Modo, son muy escasas en las de lugar que prefieren el transpositor adverbial, muchas veces precedido de preposición cuando el verbo es de movimiento («por donde», «en donde», «desde donde», «hacia donde», etc.).

☞ Análisis de ejemplos:

1. **«El grupo de amigos irá donde diga Juana».** Oración compuesta, enunciativa, bimembre, afirmativa, intransitiva. En cuanto a su estructura, sigue el siguiente esquema:

......Sintagma nominal (Sujeto): «el grupo de amigos».
     Consta de:
.........Determinante: «el».
.........Nombre (núcleo): «grupo».
............Grupo preposicional (CN): «de amigos». Consta de:
...............Preposición: «de».
...............Sintagma nominal: Nombre (núcleo): «amigos».
......Sintagma verbal (Predicado): «irá donde diga Juana».
     Consta de:
..........Verbo (núcleo): «irá».
..........Proposición Circunstancial de Lugar (transpositor «donde»): «donde diga Juana». Consta de:
..............Sintagma nominal (Sujeto): Nombre (núcleo): «Juana».
..............Sintagma verbal (Predicado): Verbo (núcleo): «diga».

2. **«Te espero donde quedamos el último día».** Oración compuesta, enunciativa, bimembre, afirmativa, transitiva. En cuanto a su estructura, sigue el siguiente esquema:

.....Sintagma nominal (Sujeto): elíptico (1ª persona de singular).
.....Sintagma verbal (Predicado): «te espero donde quedamos el último día». Consta de:
.......Pronombre (CD): «te».
.......Verbo (núcleo): «espero».

.....Proposición Circunstancial de Lugar (transpositor «donde»): «donde quedamos el último día». Consta de:

.........Sintagma nominal (Sujeto): elíptico (1ª persona de plural).

..........Sintagma verbal (Predicado): «quedamos el último día». Consta de:

...............Verbo (núcleo): «quedamos».

...............Sintagma nominal (CC de Tiempo): «el último día». Consta de:

....................Determinante: «el».

....................Adjetivo: «último».

....................Nombre (núcleo): «día».

3. **«Trazamos la ruta por donde no pudieran sorprendernos los enemigos».** Oración compuesta, enunciativa, bimembre, afirmativa, transitiva. En cuanto a su estructura, sigue el siguiente esquema:

......Sintagma nominal (Sujeto): elíptico (1ª persona de plural).

......Sintagma verbal (Predicado): «trazamos la ruta por donde no pudieran sorprendernos los enemigos». Consta de:

.........Verbo (núcleo): «trazamos».

.........Sintagma nominal (CD): «la ruta». Consta de:

............Determinante: «la».

............Nombre (núcleo): «ruta».

.........Proposición Circunstancial de Lugar[39] (nexo transpositor «por donde»): «por donde no pudieran sorprendernos los enemigos». Consta de:

............Sintagma nominal (Sujeto): «los enemigos». Consta de:

...................Determinante: «los».

.................Nombre (núcleo): «enemigos».

---

[39] Como habréis observado, hemos analizado la Proposición como Circunstancial de Modo. En otras partes del libro hemos preferido analizarla como Atributo dada la naturaleza copulativa del verbo «estar» del que depende. Personalmente, prefiero este último análisis por las razones ya expuestas, pero entiendo la diversidad de criterios por lo que también resulta admisible este análisis.

..........Sintagma verbal (Predicado): «no pudieran sorprender-nos». Consta de:

..............Adverbio (marca oracional de negación): «no».

..............Verbo (perífrasis de infinitivo, posibilidad): «pudie-ran sorprender».

..............Pronombre (CD): «nos».

Podemos usar los nexos «a donde» y «adonde» indistintamen-te, las dos formas son correctas. Por ejemplo:

4. **«Te llevaré a donde (adonde) tú quieras».** Oración compues-ta, enunciativa, bimembre, afirmativa, transitiva. En cuanto a su estructura, sigue el siguiente esquema:

......Sintagma nominal (Sujeto): elíptico (1ª persona de singular).

......Sintagma verbal (Predicado): «Te llevaré a donde tú quieras». Consta de:

.........Pronombre (CD): «Te».

.........Verbo (núcleo): «llevaré».

.........Proposición Circunstancial de Lugar (nexo transpositor «a donde»): «a donde tú quieras». Consta de:

............Sintagma nominal (Sujeto): Pronombre: «tú».

............Sintagma verbal (Predicado): Verbo (núcleo): «quieras».

Cuando al transpositor «donde» sigue un nombre de persona o lugar, es frecuente en la lengua hablada —más en el norte que en Andalucía— omitir el verbo de la Proposición Subordinada. Por ejemplo:

5. **«Las llaves que buscas están donde las cerillas».** Oración compuesta, bimembre, enunciativa, afirmativa, intransitiva. En cuanto a su estructura, sigue el siguiente esquema:

......Sintagma nominal (Sujeto): «las llaves que buscas». Consta de:

............Determinante: «las».

............Nombre (núcleo): «llaves».

...........Proposición Adjetiva (nexo transpositor «que»): «que buscas». Consta de:

..............Sintagma nominal (Sujeto): elíptico (2ª persona de singular).

..............Sintagma verbal (Predicado): «que buscas». Consta de:

.................Pronombre relativo (CD): «que» (= las llaves).

.................Verbo (núcleo): «buscas».

......Sintagma verbal (Predicado): «están donde las cerillas». Consta de:

...........Verbo (núcleo): «están».

...........Proposición Circunstancial de Lugar (nexo transpositor «donde»): «donde están las cerillas». Consta de:

..............Sintagma nominal (Sujeto): «las cerillas». Consta de:

..............Determinante: «las».

..............Nombre (núcleo): «cerillas».

...........Sintagma verbal (Predicado):

..............Verbo (núcleo: elíptico): «están».

6. **«Voy donde la tía».** Oración compuesta, bimembre, enunciativa, afirmativa, intransitiva. Consta de:

......Sintagma nominal (Sujeto): elíptico (1ª persona de singular).

......Sintagma verbal (Predicado): «voy donde (está) la tía». Consta de:

.........Verbo (núcleo): «voy».

.........Proposición Circunstancial de Lugar[40] (nexo transpositor «donde»): «está la tía». Consta de:

.........Sintagma nominal (Sujeto): «la tía». Consta de:

..............Determinante: «la».

..............Nombre: «tía».

.........Sintagma verbal (Predicado):

............Verbo (núcleo elíptico): «está».

---

[40] Solo recordar que podríamos analizar la función como Atributo por depender del verbo «estar» («¿Están allí? = Sí, lo están»).

En la lengua literaria, con carácter arcaico, podemos encontrar el transpositor «doquiera». Por ejemplo:

7. **«Doquiera que vayas, te buscaré».** Oración compuesta, bimembre, enunciativa, afirmativa, transitiva. En cuanto a su estructura, sigue el siguiente esquema:

....Sintagma nominal (Sujeto): elíptico (1ª persona de singular).

....Sintagma verbal (Predicado): «te buscaré doquiera que vayas». Consta de:

......Pronombre (CD): «te».

......Verbo (núcleo): «buscaré».

......Proposición Circunstancial de Lugar (nexo transpositor «doquiera que»): «vayas». Consta de:

..........Sintagma nominal (Sujeto): elíptico (2ª persona de singular).

..........Sintagma verbal (Predicado): Verbo (núcleo): «vayas».

Para identificarlas, procederemos de la misma forma que en los casos anteriores: o bien sustituyendo la Proposición por un adverbio de lugar y comprobando que el significado global de la oración no se vea alterado:

- «Doquiera que vayas, te buscaré» = Te buscaré «allí».
- «Voy donde la tía» = Voy «allí».
- «Las llaves que buscas están donde las cerillas» = están «allí».

O bien, preguntando al verbo de la oración «¿dónde?» precedido de la preposición correspondiente si la hubiera, por ejemplo:

- «Te llevaré adonde tú quieras?». ¿Adónde te llevaré? = Adonde tú quieras.
- «Trazaremos la ruta por donde no pudieran sorprendernos los enemigos». ¿Por dónde trazaremos la ruta? = Por donde no pudieran sorprendernos los enemigos.

- «Te espero donde tú sabes». ¿Dónde te espero? = Donde tú sabes.

Antes de concluir este apartado, dos observaciones: la primera es que al igual que ocurría con las Proposiciones Circunstanciales de Modo, las de Lugar pueden llevar un adverbio correlativo en la oración. En estos casos, analizaremos las dos palabras como integrantes del nexo transpositor. Por ejemplo:

8. **«Iremos allí donde aún se respeta el silencio».** Oración compuesta, bimembre, enunciativa, afirmativa, intransitiva. En cuanto a la estructura, sigue el siguiente esquema:

….Sintagma nominal (Sujeto): elíptico (1ª persona de plural).

….Sintagma verbal (Predicado): «iremos allí donde aún se respeta el silencio». Consta de:

…….Verbo (núcleo): «iremos».

…….Proposición Circunstancial de Lugar (nexo transpositor «allí donde»): «aún se respeta el silencio». Consta de:

…………Sintagma nominal (Sujeto): «el silencio». Consta de:

…………Determinante: «el».

…………Nombre (núcleo): «silencio».

…………Sintagma verbal (Predicado): «se respeta». Consta de:

……………Pronombre (marca de pasiva refleja): «se».

……………Verbo (núcleo): «respeta».

La segunda observación es que las Proposiciones Circunstanciales de Lugar no pueden llevar antecedente expreso en la Oración Principal. De llevarlo, estaríamos ante Proposiciones Adverbiales de relativo, es decir, un subgrupo de las Proposiciones Adjetivas como ya vimos.

Enlace a ejemplos de ejercicios prácticos y comentarios a consultas recibidas sobre el tema en el Blog: https://wp.me/pTRlh-cT.

5. Oraciones Subordinadas Circunstanciales (Proposiciones Circunstanciales) de Causa

Al igual que en el Complemento Circunstancial del mismo nombre en la oración simple, las Proposiciones Circunstanciales de Causa expresan el motivo que ha originado la acción expresada en la Oración Principal. Ya dijimos, al tratar las Proposiciones Circunstanciales en general, que la de Causa y Finalidad constituían un grupo aparte; efectivamente, estas funciones no pueden ser desarrolladas por adverbios en la estructura de la oración simple, de ahí que carezcan de formas adverbiales entre sus transpositores. Básicamente vendrán introducidas por grupos preposicionales en los que, en lugar de sintagma nominal, encontraremos una Proposición Sustantiva introducida por el transpositor «que». Por ejemplo: «No vino porque tenía otra reunión»

Como vemos, el nexo causal, el más frecuente, está compuesto de la preposición «por» y la conjunción anunciativa «que», de ahí que algunos gramáticos prefieran considerarlas en el apartado de las Proposiciones Sustantivas. Nosotros ya explicamos nuestra posición al respecto al introducir las Proposiciones Circunstanciales. La mayoría de los nexos causales presentan la misma estructura.

☞ Análisis de ejemplos:

1. **«Nos veremos pronto, ya que tengo que pasar por tu pueblo».** Oración compuesta, enunciativa, bimembre, afirmativa, transitiva. En cuanto a su estructura, sigue el siguiente esquema:

.....Sintagma nominal (Sujeto): elíptico (1ª persona del plural).

.....Sintagma verbal (Predicado): «nos veremos pronto ya que tengo que pasar por tu pueblo». Consta de:

........Pronombre (recíproco de CD): «nos».

........Verbo (núcleo): «veremos».

........Adverbio (CC de Tiempo): «pronto».

286

........Proposición Circunstancial de Causa (nexo «ya que»): «tengo que pasar por tu pueblo». Consta de:

...........Sintagma nominal (Sujeto): elíptico (1ª persona de singular).

............Sintagma verbal (Predicado): «tengo que pasar por tu pueblo». Consta de:

..............Verbo (perífrasis de infinitivo: obligación): «tengo que pasar».

..............Grupo preposicional (CC de Lugar): «por tu pueblo». Consta de:

.......................Preposición: «por».

.......................Sintagma nominal: «tu pueblo». Consta de:

...........................Determinante: «tu».

...........................Nombre (núcleo): «pueblo».

2. **«Te enviaré un ejemplar, puesto que necesito tu opinión antes de que se publique el libro».** Oración compuesta, enunciativa, bimembre, afirmativa, transitiva. Consta de:

.....Sintagma nominal (Sujeto): elíptico (1ª persona de singular).

.....Sintagma verbal (Predicado): «te enviaré un ejemplar puesto que necesito tu opinión antes de que se publica el libro». Consta de:

.........Pronombre (CI): «te».

.........Verbo (núcleo): «enviaré».

.........Sintagma nominal (CD): «un ejemplar». Consta de:

..............Determinante: «un».

..............Nombre (núcleo): «ejemplar».

.........Proposición Circunstancial de Causa (introducida por el nexo «puesto que»): «necesito tu opinión antes de que se publique el libro». Consta de:

...........Sintagma nominal (Sujeto): elíptico (1ª persona de singular).

...........Sintagma verbal (Predicado): «necesito tu opinión antes de que se publique el libro». Consta de:

................Verbo (núcleo): «necesito».

.................Sintagma nominal (CD): «tu opinión». Consta de:
.....................Determinante: «tu».
.....................Nombre (núcleo): «opinión».
.................Proposición Circunstancial de Tiempo (introduci-
da por el nexo «antes de que»): «se publique el li-
bro». Consta de:
.....................Sintagma nominal (Sujeto): «el libro».
Consta de:
.....................Determinante: «el».
.....................Nombre (núcleo): «libro».
.....................Sintagma verbal (Predicado): «se publique».
Consta de:
.....................Pronombre (marca de pasiva refleja): «se».
.....................Verbo (núcleo): «publique».

3. **«Supuesto que es una especie casi extinguida, debemos
    respetarla».** Oración compuesta, enunciativa, bimembre,
    afirmativa, transitiva. En cuanto a su estructura, responde al
    siguiente esquema:

    ....Sintagma nominal (Sujeto): elíptico (1ª persona de plural).
    ....Sintagma verbal (Predicado): «debemos respetarla supuesto
    que es una especie casi extinguida». Consta de:
    ....Verbo (núcleo: perífrasis de infinitivo, obligación): «debe-
    mos respetar».
    ....Pronombre (CD): «la».
    ....Proposición Circunstancial de Causa (nexo «supuesto que»):
    «es una especie casi extinguida». Consta de:
    ....Sintagma nominal (Sujeto): elíptico (3ª persona de sin-
    gular).
    ....Sintagma verbal (Predicado nominal): «es una especie
    casi extinguida». Consta de:
    ....Verbo (núcleo atributivo): «es».
    ....Sintagma nominal (At): «una especie casi extin-
    guida». Consta de:
    ....Determinante: «una».

........................Nombre (núcleo): «especie».
........................Grupo adjetival: «casi extinguida».
Consta de:
...............................Adverbio: «casi».
...............................Adjetivo (núcleo): «extinguida».

También podemos expresar la relación de causalidad a través del nexo «como» por ejemplo:

4. **«Como no tengo dinero, no puedo ir al cine».** Oración compuesta, enunciativa, bimembre, negativa, intransitiva. En cuanto a su estructura, responde al siguiente esquema:

......Sintagma nominal (Sujeto): elíptico (1ª persona de singular).
......Sintagma verbal (Predicado): «como no tengo dinero, no puedo ir al cine». Consta de:
..........Adverbio (marca oracional de negación): «no».
..........Verbo (núcleo; perífrasis de infinitivo: posibilidad): «puedo ir».
...........Grupo preposicional (CC de Lugar): «al cine». Consta de:
...............Preposición: «a» (+ el).
...............Sintagma nominal: «el cine». Consta de:
...................Determinante: «el» (de + el = artículo contracto).
...................Nombre (núcleo): «cine».
...........Proposición Circunstancial de Causa (nexo «como»): «no tengo dinero». Consta de:
.............Sintagma nominal (Sujeto): elíptico (1ª persona de singular).
.............Sintagma verbal (Predicado): «no tengo dinero». Consta de:
...............Adverbio (marca oracional de negación): «no».
...............Verbo (núcleo): «tengo».
...............Sintagma nominal (CD): Nombre (núcleo): «dinero».

Otros nexos que pueden introducir relación causal son «pues», «como que», «como quiera que», «por razón de que», «en vista de que», «visto que», «por cuanto», «a causa de que», etc.

Cuando el Sujeto de la Proposición coincide con el de la Oración Principal, el verbo de la Proposición aparece en infinitivo. En estos casos, el analizarlo como grupo preposicional o como Proposición dependerá del criterio más formal o semántico que queramos utilizar. Un ejemplo podría ser: «Me fui por no verte».

Las preposiciones «de» y «por» tienen este valor causal entre sus posibles significados. Esto explica que determinadas construcciones de participio adquieran este valor. Por ejemplo:

- «Los obreros se marcharon contentos de su labor».
- «Acabé angustiado por la situación».

La línea que separa la función Complemento del Adjetivo del Complemento Circunstancial de Causa es difícil de establecer en estos casos. El que prefiramos uno u otro dependerá, básicamente, de la naturaleza verbal o no del adjetivo cuyo significado aparece precisado a través del complemento. Si depende de un participio, preferiremos el Complemento Circunstancial de Causa. Por ejemplo: «Estoy contento de (por) tu actuación».

Además de los transpositores vistos, también hay determinadas estructuras que, a lo largo del tiempo, se han transformado en causales sin que aparezcan los nexos mencionados. Las más importantes son:

1. DE + ADJ (o participio) + QUE + SER o ESTAR:
   «De alto que estaba, los hombres parecían hormigas».

2. DE TAN + ADJ (o participio) + QUE o COMO + SER o ESTAR:
   «De tan alto como estaba, sentí un vértigo increíble».

Lo importante en este caso es observar cómo ambos procedimientos responden a una intensificación de la causa (en ambos casos la razón de lo que afirmamos —«los hombres parecían hormigas» y «sentí un vértigo increíble» tiene su base en la intensidad de la causa; «estaba/era muy alto»— y en ambos casos el adjetivo o participio desempeña la función del Atributo del verbo «estaba».

5. **«De alto que estaba, los hombres parecían hormigas»**. Oración compuesta, enunciativa, bimembre, afirmativa, atributiva. En cuanto a su estructura, sigue el siguiente esquema:

.....Sintagma nominal (Sujeto): «los hombres». Consta de:

..........Determinante: «los».

..........Nombre (núcleo): «hombres».

.....Sintagma verbal (Predicado nominal): «parecían hormigas de alto que estaba». Consta de:

..........Verbo (núcleo copulativo): «parecían».

..........Sintagma nominal (At): Nombre (núcleo): «hormigas».

..........Proposición Circunstancial de Causa (construcción «de + adj. + que + estar»): «de alto que estaba». Consta de:

...............Sintagma nominal (Sujeto): elíptico (1ª o 3ª persona de singular).

...............Sintagma verbal (Predicado nominal): «estaba (muy) alto».

...................Verbo (núcleo copulativo): «estaba».

...................Adjetivo (At): «alto».

A diferencia de las oraciones que venimos analizando, en este caso, no podemos indicar un nexo específico. La clave está en hacer lo que ahora estamos haciendo: en nota a pie de oración, indicar que se trata de una construcción de carácter causal intensiva formada por «de + adj. + que + verbo estar».

Para reconocerlas, no podemos recurrir, como en los casos anteriores a la sustitución por un adverbio; ya hemos visto que el Complemento Circunstancial de Causa no se expresa a través de adverbios, de ahí que para reconocerlo lo mejor que podemos hacer es sustituir el nexo que aparezca por «porque» y comprobar que el significado no se ve alterado en la oración. Por ejemplo:

1. «Nos veremos pronto porque tengo que pasar por tu pueblo».
2. «Te enviaré un ejemplar porque necesito tu opinión antes de que se publique el libro».
3. «Debemos respetarla porque es una especie casi extinguida».
4. «No puedo ir al cine porque no tengo dinero».

O bien, utilizar el sistema tradicional de preguntar «*¿por qué?*» al verbo de la Oración Principal; la respuesta debe ser la Proposición Circunstancial:

1. ¿Por qué me fui? = Por no verte.
2. ¿Por qué se marcharon los obreros contentos? = Por su labor.
3. ¿Por qué acabé angustiado? = Por la situación.
4. ¿Por qué los hombres parecían hormigas? = Porque estaba muy alto.

Enlace a ejemplos de ejercicios prácticos y comentarios a consultas recibidas sobre el tema en el Blog: https://wp.me/pTRlh-d6.

6. Oraciones Subordinadas Circunstanciales (Proposiciones Circunstanciales) de Finalidad

El Complemento Circunstancial de Finalidad expresa el fin que se persigue a través de lo expresado en el Predicado; suelen ser introducidos por las preposiciones «a» o «para».

Las Proposiciones Circunstanciales de Finalidad usan las mismas preposiciones más una Proposición Sustantiva introducida por la conjunción anunciativa «que». Por ejemplo:

1. «Se presentó a alcalde de su ciudad».
2. «Se presentó a que le firmaras el cheque».
3. «Te llamo para que me digas qué vas a hacer».

☞ Análisis de ejemplos:

1. **«Se presentó a (para) alcalde de su ciudad».** Oración simple, enunciativa, bimembre, afirmativa, transitiva (reflexiva). En cuanto a su estructura, responde al siguiente esquema:

.....Sintagma nominal (Sujeto): elíptico (3ª persona de singular).
.....Sintagma verbal (Predicado): «se presentó a alcalde de su ciudad». Consta de:
.........Pronombre (reflexivo de CD): «se».
.........Verbo (núcleo): «presentó».
.........Grupo preposicional (CC de Finalidad): «a alcalde de su ciudad». Consta de:
...............Preposición: «a».
...............Sintagma nominal: «alcalde de su ciudad». Consta de:
..................Nombre (núcleo): «alcalde».
..................Grupo preposicional (CN): «de su ciudad». Consta de:
........................Preposición: «de».
........................Sintagma nominal: «su ciudad». Consta de:
..............................Determinante: «su».
..............................Nombre (núcleo): «ciudad».

2. **«Se presentó a que le firmaras el cheque».** Oración compuesta, enunciativa, bimembre, afirmativa, transitiva (reflexiva). En cuanto a su estructura, responde al siguiente esquema:

.....Sintagma nominal (Sujeto): elíptico (3ª persona de singular).

.....Sintagma verbal (Predicado): «se presentó a que le firmaras el cheque». Consta de:

..........Pronombre (reflexivo de CD): «se».

..........Verbo (núcleo): «presentó».

..........Proposición Circunstancial de Finalidad (nexo transpositor «a que»): «a que le firmaras el cheque». Consta de:

............Sintagma nominal (Sujeto): elíptico (2ª persona de singular).

............Sintagma verbal (Predicado): «le firmaras el cheque». Consta de:

.................Pronombre (CI): «le».

.................Verbo (núcleo): «firmaras».

.................Sintagma nominal (CD): «el cheque». Consta de:

......................Determinante: «el».

......................Nombre (núcleo): «cheque».

3. **«Te llamo para que me digas qué vas a hacer».** Oración compuesta, enunciativa, bimembre, afirmativa, transitiva. En cuanto a su estructura, responde al siguiente esquema:

.......Sintagma nominal (Sujeto): elíptico (1ª persona de singular).

.......Sintagma verbal (Predicado): «te llamo para que me digas qué vas a hacer». Consta de:

............Pronombre (CD): «te».

............Verbo (núcleo): «llamo».

............Proposición Circunstancial de Finalidad (nexo transpositor «para que»): «para que me digas qué vas a hacer». Consta de:

.................Sintagma nominal (Sujeto): elíptico (2ª persona del singular).

.................Sintagma verbal (Predicado): «me digas qué vas a hacer». Consta de:

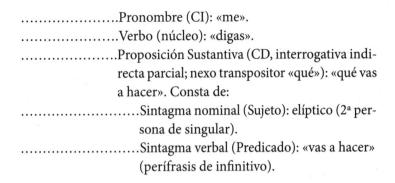

......................Pronombre (CI): «me».

.....................Verbo (núcleo): «digas».

......................Proposición Sustantiva (CD, interrogativa indirecta parcial; nexo transpositor «qué»): «qué vas
a hacer». Consta de:

..........................Sintagma nominal (Sujeto): elíptico (2ª persona de singular).

...........................Sintagma verbal (Predicado): «vas a hacer»
(perífrasis de infinitivo).

Recordemos nuevamente que en la estructura de la oración simple esta función no podía ser desempeñada por un adverbio, de ahí que no podamos recurrir a este procedimiento para identificarlas. No obstante, resultan fáciles de localizar por la constancia de sus preposiciones «a» y «para». El método más sencillo para identificarlas será preguntar «¿a qué?» o «¿para qué?» al verbo de la oración, nos valdrá incluso cuando aparezcan locuciones conjuntivas del tipo «al objeto de que», «a fin de que», etc. Por ejemplo:

- ¿Para qué se presentó? = «a» o «para» alcalde de su ciudad.
- ¿Para qué se presentó? = «para» que le firmaras el cheque.
- ¿Para qué te llamo? = «para» que me digas qué vas a hacer.

Como ocurría con las demás Proposiciones Circunstanciales, cuando el Sujeto de la oración coincide con el de la Proposición, el verbo de la Proposición aparece en infinitivo. Por ejemplo:

- «(Él) ha venido a pedirte (él) el cheque».
- «(Yo) te llamo para (yo) decirte qué voy a hacer».

Y, como en los demás casos, es indiferente analizar Proposición Subordinada de finalidad (de infinitivo) o grupo preposicional en función de Complemento Circunstancial de Finalidad según prime en nosotros el criterio semántico (Proposición) o el criterio formal (infinitivo).

Antes de concluir, recordemos que en el apartado de las Proposiciones Sustantivas tratamos de las de Complemento Indirecto. Para algunos autores, no hay diferencias y las consideran como Circunstanciales de Finalidad. Así, clasifican a las Proposiciones introducidas por los transpositores «quien» y «el que» sin antecedente expreso en la oración como Proposiciones Adjetivas Sustantivadas; nosotros creemos que cuando estas funciones, Complemento Indirecto y Complemento Circunstancial de Finalidad, se desarrollan en forma de Proposición, especializan sus transpositores. La Proposición Sustantiva exige «quien» o «el que» porque se refiere necesariamente a un antecedente animado, mientras que la Proposición Circunstancial de Finalidad exige «que» (conjunción, no pronombre relativo) como en los casos anteriores, porque el referente no es animado. Las preposiciones usadas por ambas Proposiciones son las mismas («a» y «para»). No debemos confundirlas, no solo por la diferencia de transpositores, sino porque las sustantivas en función de Complemento Indirecto resultan sustituibles por un pronombre átono, lo que no ocurre con las Proposiciones Circunstanciales de Finalidad («Daré el premio a quien llegue el primero» = «*le* daré el premio»).

Enlace a ejemplos de ejercicios prácticos y comentarios a consultas recibidas sobre el tema en el Blog: https://wp.me/pTRlh-dq.

7.

Oraciones Coordinadas

Hablamos de Oraciones Coordinadas cuando dos oraciones se relacionan entre sí a través de una conjunción coordinada. Estas conjunciones presentan dos características que nos permiten identificarlas y separarlas de las Subordinadas:

1. Pueden relacionar tanto oraciones, como palabras o grupos de palabras en el interior de una misma oración.
2. Los elementos que relacionan son de la misma categoría gramatical y desempeñan una misma función en el interior de la oración.

Si tomamos la conjunción «y» como ejemplo, podemos decir:

a) «**Juan y Pedro vinieron a mi casa**». Oración simple, enunciativa, bimembre, afirmativa, intransitiva. Consta de:

…..Sintagma nominal (Sujeto): «Juan y Pedro». Consta de:
……….Nombre (núcleo 1): «Juan».
…………Conjunción Coordinada Copulativa: «y».
……….Nombre (núcleo 2): «Pedro».
…..Sintagma verbal (Predicado): «vinieron a mi casa».
……….Verbo (núcleo): «vinieron».
……….Grupo preposicional (CC de Lugar): «a mi casa».
        Consta de:
……………Preposición: «a».

...............Sintagma nominal: «mi casa». Consta de:
..................Determinante: «mi».
..................Nombre (núcleo): «casa».

b. «**Juan come y Pedro bebe**». Oración compuesta de dos oraciones Coordinadas Copulativas. Oración 1: «Juan come» «y» Oración 2 «Pedro bebe».

b. 1) O1: «**Juan come**». Oración coordinada, enunciativa, bimembre, afirmativa, intransitiva. Consta de:

.....Sintagma nominal (Sujeto): Nombre (núcleo): «Juan».
.....Sintagma verbal (Predicado): Verbo (núcleo): «come».
.........Conjunción Coordinada Copulativa: «y».

b. 2) O2: «**Pedro bebe**». Oración coordinada, enunciativa, bimembre, afirmativa, intransitiva. Consta de:

.....Sintagma nominal (Sujeto): Nombre (núcleo): «Pedro».
.....Sintagma verbal (Predicado): Verbo (núcleo): «bebe».

En el ejemplo «a», hemos enlazado dos elementos homogéneos: «Juan» y «Pedro»; ambos son nombres propios, y ambos desempeñan la misma función, Sujeto del verbo «vinieron». Estamos, pues, ante una oración simple en la que dos de sus componentes mantienen una relación Coordinada Copulativa.

En el ejemplo «b», en cambio, hemos enlazado dos oraciones puesto que hay dos Predicados cuyos núcleos son: «come» y «bebe». Se trata de una oración compuesta por dos oraciones (O1 «y» O2) que mantienen entre sí una relación Coordinada Copulativa.

Cuando se establece una relación Coordinada, los elementos enlazados son autosuficientes, se bastan a sí mismos, no precisan del segundo elemento para tener sentido. Pueden funcionar de forma aislada.

Resumiendo, diremos que las oraciones coordinadas (siempre en plural porque «O1» es coordinada de «O2» y viceversa) son independientes sintáctica y semánticamente entre sí; se relacionan a través de una conjunción coordinada y las conjunciones coordinadas se caracterizan por enlazar tanto elementos dentro de la oración simple, como oraciones de la misma categoría y función.

1. CLASES DE ORACIONES COORDINADAS

Aunque no todas las gramáticas coinciden en la clasificación de las oraciones coordinadas, por razones meramente didácticas, vamos a estudiar en bloques sucesivos las siguientes clases: Copulativas, Disyuntivas, Distributivas, Adversativas, Ilativas y Explicativas.

Enlace a ejemplos de ejercicios prácticos y comentarios a consultas recibidas sobre el tema en el Blog: https://wp.me/pTRlh-dV.

1.1. Oraciones Coordinadas Copulativas

A través de la relación copulativa expresamos la idea de suma o adición de elementos. Equivale al signo «más» en matemáticas. Los nexos que se utilizan son «y», la conjunción más habitual, usada para enlazar elementos en sentido positivo; «e», igual a la anterior pero utilizada cuando la palabra siguiente empieza por «i» para evitar la redundancia malsonante; y «ni» cuando sumamos elementos en sentido negativo; y algunos otros menos frecuentes que iremos viendo.

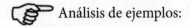 Análisis de ejemplos:

1. **«Fuimos al cine y vimos una película de Tarzán».** Oración compuesta de dos oraciones en relación Coordinada Copulativa a través de la conjunción «y». Consta de O1 («fuimos al cine») «y» O2 («vimos una película de Tarzán»).

O1: «Fuimos al cine». Oración simple, enunciativa, bimembre, afirmativa, intransitiva. Consta de:

.....Sintagma nominal (Sujeto): elíptico (1ª persona de plural).
.....Sintagma verbal (Predicado): «fuimos al cine». Consta de:
.........Verbo (núcleo): «fuimos».
.........Grupo preposicional (CC de Lugar): «al cine». Consta de:
...............Preposición: «a» (+ el).
...............Sintagma nominal: «el cine». Consta de:
...................Determinante: «el»[41].
...................Nombre (núcleo): «cine».

O2: «Vimos una película de Tarzán». Oración simple, enunciativa, bimembre, afirmativa, transitiva. Consta de:

.....Sintagma nominal (Sujeto): elíptico (1ª persona de plural).
.....Sintagma verbal (Predicado): «vimos una película de Tarzán».
   Consta de:
.........Verbo (núcleo): «vimos».
.........Sintagma nominal (CD): «una película de Tarzán».
   Consta de:
...............Determinante: «una».
...............Nombre (núcleo): «película».
...............Grupo preposicional (CN): «de Tarzán». Consta de:
...................Preposición: «de».
...................Sintagma nominal: Nombre (núcleo): «Tarzán».

---

[41] Solo recordar que «al» es un artículo contracto, pero mantiene las dos funciones de los elementos que intervienen en la contracción. El valor funcional de enlace de la preposición, y el valor de actualizador del artículo determinado. De ahí que en el análisis pormenorizado de los elementos descompongamos sus dos constituyentes.

2. **«La policía llegó rápidamente e impidió la fuga de los asaltantes».** Oración compuesta por dos oraciones en relación Coordinada Copulativa a través de la conjunción «e». Consta de: O1 («la policía llegó rápidamente») «e» O2 («impidió la fuga de los asaltantes»).

O1: «La policía llegó rápidamente». Oración simple, enunciativa, bimembre, afirmativa, intransitiva. Consta de:

….Sintagma nominal (Sujeto): «la policía». Consta de:
……….Determinante: «la».
……….Nombre (núcleo): «policía».
….Sintagma verbal (Predicado): «llegó rápidamente». Consta de:
……….Verbo (núcleo): «llegó».
……….Adverbio (CC de Modo): «rápidamente».

O2: «impidió la fuga de los asaltantes». Oración simple, enunciativa, bimembre, afirmativa, transitiva. Consta de:

…..Sintagma nominal (Sujeto): elíptico (3ª persona de singular).
…..Sintagma verbal (Predicado): «impidió la fuga de los asaltantes». Consta de:
……….Verbo (núcleo): «impidió».
……….Sintagma nominal (CD): «la fuga de los asaltantes». Consta de:
……………Determinante: «la».
……………Nombre (núcleo): «fuga».
……………Grupo preposicional (CN): «de los asaltantes». Consta de:
………………..Preposición: «de».
………………..Sintagma nominal: «los asaltantes». Consta de:
…………………….Determinante: «los».
…………………….Nombre (núcleo): «asaltantes».

3. **«No nos gustaba aquel sitio ni teníamos dinero para irnos».** Oración compuesta por dos oraciones en relación Coordinada Copulativa a través de la conjunción «ni». Consta de: O1 («no nos gustaba aquel sitio») «ni» O2 («teníamos dinero para irnos»).

O1: «No nos gustaba aquel sitio». Oración simple, enunciativa, bimembre, negativa, media. Consta de:

.....Sintagma nominal (Sujeto): «aquel sitio». Consta de:

...........Determinante: «aquel».

...........Nombre (núcleo): «sitio».

.....Sintagma verbal (Predicado): «no nos gustaba». Consta de:

...........Adverbio de negación (marca oracional): «no».

...........Pronombre (CI): «nos».

...........Verbo (núcleo): «gustaba».

O2: «ni teníamos dinero para irnos». Oración simple, enunciativa, bimembre, negativa, transitiva. Consta de:

.....Sintagma nominal (Sujeto): elíptico (1ª persona de plural).

.....Sintagma verbal (Predicado): «ni teníamos dinero para irnos». Consta de:

.........Conjunción Copulativa (marca oracional negativa): «ni».

.........Verbo (núcleo): «teníamos».

.........Sintagma nominal (CD): Nombre (núcleo): «dinero».

.........Grupo preposicional (CC de Finalidad)[42]: «para irnos». Consta de:

..............Preposición: «para».

..............Construcción de infinitivo: «irnos». Consta de:

.................Infinitivo (núcleo): «ir».

---

[42] Podemos analizar el grupo preposicional como una Proposición Circunstancial de Finalidad, construcción en infinitivo. Se produce este sincretismo cuando el Sujeto del infinitivo coincide con el Sujeto de la Oración Principal. Si pensáramos un Sujeto diferente para el infinitivo, automáticamente se desarrollaría en forma de oración gramatical. Por ejemplo: «No teníamos dinero *para que os fuerais*». Se analice de una u otra forma, es importante comprender su funcionamiento y determinar correctamente su función.

....................Pronombre (morfema verbal): «nos».

Se pueden enlazar varias oraciones en relación Coordinada Copulativa. En ese caso, se separan por comas todas excepto las dos últimas. Por ejemplo:

> *«El sol lucía en todo lo alto, los barcos navegaban en silencio, algunas personas paseaban por la playa y las olas venían a depositarse blandamente en la arena».*

En este ejemplo tenemos cuatro oraciones; las tres primeras aparecen separadas por comas, las dos últimas relacionadas a través de la Conjunción Coordinada Copulativa «y». Esto basta para que entendamos que la relación entre todas y cada una de las oraciones es de Coordinación Copulativa. Esta misma norma opera en las enumeraciones cuando enlazamos palabras o grupos de palabras en el interior de una oración simple.

Tanto la utilización reiterada de la conjunción enlazando cada una de las oraciones (polisíndeton), como la ausencia de nexo entre las dos últimas (asíndeton) son procedimientos intencionados que se usan con frecuencia con fines estilísticos. Mediante el polisíndeton se marca una actitud de sorpresa: el hablante reacciona ante los elementos o acciones enumeradas. A través del uso reiterado de la conjunción, el autor nos puede hacer llegar una sensación de euforia, nerviosismo, miedo, etc., es decir, el hablante no es objetivo ni indiferente ante los hechos que enumera. En cambio, mediante el asíndeton expresamos una enumeración inacabada: equivale a unos puntos suspensivos; de hecho suelen usarse los dos procedimientos conjuntamente. El autor podría, en este caso, seguir añadiendo elementos, pero se ha detenido ahí, lo que produce una sensación de suspense o de reposo y tranquilidad según el contexto.

Por el contrario, el uso de la regla mencionada, el enlazar a través de la conjunción solo los dos últimos elementos de la enumeración, indica enumeración concluida en la que hemos reseñado todos los elementos posibles y, además, una actitud objetiva por parte del emisor. Intentaremos comprenderlo mejor con un ejemplo sencillo:

1. «El chiquillo llegó de la tienda diciendo: «Había peras, y melocotones, y salchichones y vino y pan y chuches» (polisíndeton).
2. «El chiquillo llegó de la tienda diciendo: «Había peras, melocotones, salchichones, vino, pan, chuches...» (asíndeton).
3. «El chiquillo llegó de la tienda diciendo: «Había peras, melocotones, salchichones, vino, pan y chuces».

No sé qué sensación os causará leer el texto 1, a mí me parece que «el chiquillo» tenía mucha hambre y la reiteración de la conjunción «y» manifiesta su perplejidad al ver tanta comida reunida. En el texto 3, en cambio, imagino a un muchacho que ha sido enviado por su madre a buscar unos alimentos concretos; cuando llega, hace una relación de lo que había en la tienda. En el texto 2, sin embargo, queda claro que el número de alimentos relacionados no incluye todos los que había, que podría haber continuado la enumeración.

Otras veces, la reiteración de la conjunción «y» no busca efectos estilísticos, sino que es una mera manifestación del habla infantil o vulgar; de hecho, es una de las primera partículas de enlace que aprenden los niños y la utilizan continuamente. También es un nexo muy frecuente en los textos medievales, en textos en los que el lenguaje está en su primera etapa de formación.

El valor de mera suma o adición de elementos, junto al abuso al que nos hemos referido en el párrafo anterior, se presta a que, a veces, el nexo copulativo tenga un valor neutro, es decir, se use el nexo «y» para significar todo tipo de relaciones semánticas. Observemos los siguientes ejemplos:

1. No tenía dinero y no podía ir al cine («por lo tanto», sentido ilativo).

2. Sabía lo que ocurriría y no se lo dije («pero», sentido adversativo).

En estos casos, aunque analicemos la relación entre oraciones como copulativa por la presencia de la conjunción «y», deberíamos especificar el sentido lógico de relación. Así:

4. **«No tenía dinero y no podía ir al cine».** Oración compuesta de dos oraciones en relación Coordinada Copulativa a través de la conjunción «y», sentido adversativo. Consta de O1 («no tenía dinero») «y» O2 («no podía ir al cine»).

O1: «No tenía dinero». Oración simple, enunciativa, bimembre, negativa, transitiva. Consta de:

...Sintagma nominal (Sujeto): elíptico (1ª o 3ª persona de singular).
...Sintagma verbal (Predicado): «no tenía dinero». Consta de:
......Adverbio de negación (marca oracional): «no».
......Verbo (núcleo): «tenía».
......Sintagma nominal (CD): Nombre (núcleo): «dinero».
...Conjunción Coordinada Copulativa: «y».

O2: «no podía ir al cine». Oración simple, enunciativa, bimembre, negativa, intransitiva. Consta de:

...Sintagma nominal (Sujeto): elíptico (1ª o 3ª persona de singular).
...Sintagma verbal (Predicado): «no podía ir al cine». Consta de:
......Adverbio de negación (marca oracional): «no».
......Verbo (núcleo: perífrasis de posibilidad): «podía ir».
......Grupo preposicional (CC de Lugar): «al cine». Consta de:
............Preposición: «a».
............Sintagma nominal: «el cine». Consta de:
..................Determinante: «el».
..................Nombre (núcleo): «cine».

La conjunción coordinada puede aparecer reforzada por diversos procedimientos, por ejemplo:

3. **«Entre Esteban y Antonio me resolvieron el problema».** Oración simple, enunciativa, bimembre, afirmativa, transitiva. Consta de:

.....Sintagma nominal (Sujeto): «entre Juan y Antonio».
     Consta de:
..........Nombre 1 (núcleo): «Juan».
...............Conjunción Coordinada Copulativa: «entre...y».
..........Nombre 2 (núcleo): «Antonio».
.....Sintagma verbal (Predicado): «me resolvieron el problema».
     Consta de:
..........Pronombre (CI): «me».
..........Verbo (núcleo): «resolvieron».
..........Sintagma nominal (CD): «el problema». Consta de:
...............Determinante: «el».
...............Nombre: «problema».

En este caso «entre» es un refuerzo del sentido copulativo de la conjunción coordinada. Podemos suprimirlo sin que se altere el significado de la relación: «Juan y Antonio me resolvieron el problema». Otros ejemplos, serían:

4. **«Me comí tres plátanos además de la naranja».** Oración simple, enunciativa, bimembre, afirmativa, transitiva. Consta de:

.....Sintagma nominal (Sujeto): elíptico (1ª persona de singular).
.....Sintagma verbal (Predicado): «me comí tres plátanos además de la naranja». Consta de:
..........Pronombre (expletivo o enfático): «me».
..........Verbo (núcleo): «comí».
..........Sintagma nominal (CD): «tres plátanos además de la naranja». Consta de:
...............Sintagma nominal 1: «tres plátanos». Consta de:
...................Determinante: «tres».

...............Nombre (núcleo): «plátanos».

.....................Locución Conjuntiva Coordinada Copulativa: «además de» (= y).

.............Sintagma nominal 2: «la naranja». Consta de:

...............Determinante: «la».

...............Nombre (núcleo): «naranja».

5. **«El director, junto con el Claustro, aprobó las nuevas medidas».** Oración simple, enunciativa, bimembre, afirmativa, transitiva. Consta de:

......Sintagma nominal (Sujeto): «el director junto con el claustro». Consta de:

.........Sintagma nominal 1: «el director». Consta de:

.............Determinante: «el».

.............Nombre (núcleo): «director».

....................Locución conjuntiva Coordinada Copulativa: «junto con» (= «y»).

.........Sintagma nominal 2: «el claustro». Consta de:

.............Determinante: «el».

.............Nombre (núcleo): «claustro».

....Sintagma verbal (Predicado): «aprobó las nuevas medidas». Consta de:

.........Verbo (núcleo): «aprobó».

.........Sintagma nominal (CD): «las nuevas medidas». Consta de:

.............Determinante: «las».

.............Adjetivo: «nuevas».

.............Nombre (núcleo): «medidas».

Estos procedimientos pueden llegar a afectar a la concordancia como observamos en el último ejemplo donde el núcleo del Predicado aparece en singular. El caso es que utilizando este tipo de fórmula («junto a») lo que predomina es el sentido de responsabilidad última en una sola persona a pesar de haber sido una decisión compartida; de ahí el uso del singular.

La conjunción podemos encontrarla también a principio del texto, al principio de un párrafo, o detrás de un punto y seguido. Cuando encontramos una conjunción o una locución conjuntiva al principio de un párrafo, o detrás de un punto y seguido, se trata de un «enlace extraoracional» o «un ordenador del discurso». En realidad, establece una relación lógica copulativa entre todo lo dicho anteriormente y lo que sigue; es decir, lo que sigue está en la misma línea o debe añadirse a lo ya dicho o leído. Lo mismo sucede con los demás nexos, de ahí que se le denominen «conectores» u «ordenadores del discurso». Obsérvese la frecuencia de nexos situados detrás de puntos en este texto:

«*El análisis del texto, que quizá podría denominarse estilística del texto, representa una corriente muy profunda en los estudios de vanguardia.* **Pero** *se observa un gran desorden tanto desde la perspectiva como del alcance que se pretende dar.* **Sin embargo**, *al margen de tales problemáticas, es necesario percatarse de que, a nivel estilístico, los elementos que se descubren en la proyección configurada de las coordenadas de formalización y de las funciones lingüísticas son elementos ciertamente formales y nada más que formales.* **Pues** *al ser realizados sobre un modelo que, por ser modelo, encierra una estructura reconocible, puede ser contemplado aquel como compuesto de partes, esto es, de elementos que asimismo se repiten.* **Y** *en cuanto que tal modelo emerge como algo propio y diferente de la comunicación normal, tales elementos pueden recibir el nombre de elementos estilísticos. Sobre esta perspectiva —lo repito— es sobre la que se elabora el análisis textual practicado por los estudiosos.* **Y** *desde este ángulo no parece muy arriesgado decir que esos elementos constituyen unidades, pues que son reconocibles dentro de una estructura superior, asimismo reconocible y configurada*» (A. Díaz Tejera: «¿Unidades Estilísticas?», *REL*).

También podemos encontrar el nexo «y» al principio del texto, en posición inicial absoluta. Es un procedimiento usado en el lenguaje literario —también en el habla coloquial— que quiere dar la impresión de enlazar con los pensamientos del autor, como si el poema, la frase, fuera un fragmento de sus pensamientos sorprendido por el lector. Aparece así el poema como más natural y menos racionalizado. El ejemplo típico de este uso es el poema «En la ascensión» de Fray Luis de León:

> «¿Y dejas, Pastor Santo,
> tu grey en este valle hondo, escuro,
> con soledad y llanto;
> y tú, rompiendo el puro
> aire, te vas al inmortal seguro?».

Este es el llamado «valor continuativo».

Enlace a ejemplos de ejercicios prácticos y comentarios a consultas recibidas sobre el tema en el Blog: https://wp.me/pTRlh-e0.

1.2. Oraciones Coordinadas Disyuntivas

La Coordinación Disyuntiva sirve para relacionar dos oraciones cuyo significado se excluye mutuamente, dos o más opciones entre las que hay que elegir, por ejemplo:

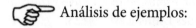 Análisis de ejemplos:

1. **«O te callas o te marchas de clase».** Oración compuesta por dos oraciones en relación Coordinada Disyuntiva a través de «o…o». Consta de O1 («te callas») «o…o» O2 («te marchas de clase»).

O1: «te callas». Oración simple, enunciativa, bimembre, afirmativa, transitiva. Consta de:

…..Sintagma nominal (Sujeto): elíptico (2ª persona de singular).
…..Sintagma verbal (Predicado): «te callas». Consta de:
……….Pronombre (CD): «te».
……….Verbo (núcleo): «callas».

O2: «te marchas de clase». Oración simple, enunciativa, bimembre, afirmativa, intransitiva. Consta de:

…..Sintagma nominal (Sujeto): elíptico (2ª persona de singular).
…..Sintagma verbal (Predicado): «te marchas de clase».
  Consta de:
……….Pronombre (morfema verbal[43]): «te».
……….Verbo (núcleo): «marchas».
……….Grupo preposicional (CC de Lugar): «de clase».
  Consta de:
……………Preposición: «de».
……………Sintagma nominal: Nombre (núcleo): «clase».

En el ejemplo anterior, las acciones posibles son dos: «callar» o «salir de clase». El hablante las presenta como incompatibles entre sí, es decir, cuando el emisor enuncia la oración no considera la posibilidad de que el oyente siga hablando y permanezca en clase.
La conjunción más frecuente es «o», que se transforma en «u» si la palabra siguiente comienza por esta vocal para evitar la cacofonía (reiteración de sonidos malsonante), por ejemplo:

---

[43] El verbo «marchar» no tiene régimen transitivo. Con frecuencia, con verbos de movimiento, el pronombre introduce un matiz de significado direccional, es decir, «marchar» indicaría «a» o «hacia» algún lugar, mientras de «marcharse» indicaría «de» algún lugar. Otros verbos de movimiento comparten este matiz asociado al uso del pronombre, «ir/irse», por ejemplo. De ahí el análisis como morfema verbal, entendemos que se produce un cambio de significado asociado al pronombre. Cuando el cambio direccional no se produce, estamos ante un uso expletivo o enfático, como sucede en «(Me) voy a París».

2. **«No sigas u omite los detalles desagradables».** Oración compuesta por dos oraciones en relación Coordinada Disyuntiva a través de «u». Consta de O1 («No sigas») «u» O2 («omite los detalles desagradables»).

O1: «No sigas». Oración simple, enunciativa, bimembre, negativa, intransitiva. Consta de:

…..Sintagma nominal (Sujeto): elíptico (2ª persona de singular).
…..Sintagma verbal (Predicado): «no sigas». Consta de:
……….Adverbio de negación (marcador oracional): «no».
……….Verbo (núcleo): «sigas».

O2: «omite los detalles desagradables». Oración simple, enunciativa, bimembre, afirmativa, transitiva. Consta de:

…..Sintagma nominal (Sujeto): elíptico (2ª persona de singular).
…..Sintagma verbal (Predicado): «omite los detalles desagradables». Consta de:
……….Verbo (núcleo): «omite».
……….Sintagma nominal (CD): «los detalles desagradables». Consta de:
……………Determinante: «los».
……………Nombre (núcleo): «detalles».
……………Adjetivo: «desagradables».

Sobre esta conjunción debemos hacer una salvedad: cuando enlaza elementos dentro de la oración simple y no oraciones, además del valor disyuntivo que estamos viendo puede funcionar como nexo explicativo. Veamos un ejemplo:

3. **«¿Quieres pan o palillos?».** Oración simple, interrogativa, bimembre, afirmativa, transitiva. Consta de:

…..Sintagma nominal (Sujeto): elíptico (2ª persona de singular).
…..Sintagma verbal (Predicado): «quieres pan o palillos». Consta de:
……….Verbo (núcleo): «quieres».

..........Sintagma nominal (CD): «pan o palillos». Consta de:

...............Sintagma nominal 1: Nombre (núcleo): «pan».

...................Conjunción Coordinada Disyuntiva: «o».

...............Sintagma nominal 2: Nombre (núcleo): «palillos».

4. **«Hay agua en el búcaro o botijo».** Oración enunciativa, unimembre, afirmativa, transitiva. Consta de:

.....Sintagma nominal (Sujeto): impersonal obligatoria («haber»
inmovilizado en 3ª persona de singular + CD).

.....Sintagma verbal (Predicado): «hay agua en el búcaro o botijo».
Consta de:

..........Verbo (núcleo): «hay».

..........Sintagma nominal (CD): Nombre (núcleo): «agua».

..........Grupo preposicional (CC de Lugar): «en el búcaro o botijo». Consta de:

...............Preposición: «en».

...............Sintagma nominal: «búcaro o botijo». Consta de:

...................Sintagma nominal 1: Nombre (núcleo): «búcaro».

........................Conjunción Coordinada Explicativa: «o».

...................Sintagma nominal 2: Nombre (núcleo): «botijo».

En el segundo caso, está claro que no nos dan a elegir entre dos elementos, sino que estamos ante dos formas diferentes de nombrar un mismo objeto. El hablante introduce la segunda para asegurarse de que el oyente comprende el mensaje.

Otros nexos que indican relación disyuntiva son «ya...ya», «bien...bien», «sea...sea», etc. Por ejemplo:

5. **«Fue una época bonita, bien salíamos a pasear por los alrededores, bien nos quedábamos en casa leyendo tranquilamente».** Oración compuesta de tres oraciones. La primera
guarda una relación de yuxtaposición con la segunda y tercera. La relación entre O2 y O3 es de Coordinación Disyuntiva a través de «bien...bien». Consta pues de: O1 («fue una
bonita época») «yuxtaposición» O2 («salíamos a pasear por

los alrededores») «bien…bien» O3 («nos quedábamos en casa leyendo»).

O1: «Fue una época bonita». Oración simple, enunciativa, bimembre, afirmativa, atributiva. Consta de:

….Sintagma nominal (Sujeto): elíptico (3ª persona de singular).

….Sintagma verbal (Predicado nominal): «fue una época bonita». Consta de:

………..Verbo (núcleo): «fue».

………..Sintagma nominal (At): «una época bonita». Consta de:

…………….Determinante: «una».

…………….Nombre (núcleo): «época».

…………….Adjetivo: «bonita».

O2: «salíamos a pasear por los alrededores». Oración simple, enunciativa, bimembre, afirmativa, intransitiva. Consta de:

…..Sintagma nominal (Sujeto): elíptico (1ª persona de plural).

…..Sintagma verbal (Predicado): «salíamos a pasear por los alrededores». Consta de:

………Verbo (núcleo): «salíamos».

………Grupo preposicional (CC de Finalidad): «a pasear». Consta de:

…………….Preposición: «a».

…………….Infinitivo (núcleo): «pasear».

………Grupo preposicional (CC de Lugar): «por los alrededores». Consta de:

…………….Preposición: «por».

…………….Sintagma nominal: «los alrededores». Consta de:

………………..Determinante: «los».

………………..Nombre: «alrededores».

O3: «nos quedábamos en casa leyendo tranquilamente». Oración simple, enunciativa, bimembre, afirmativa, intransitiva. Consta de:

…..Sintagma nominal (Sujeto): elíptico (1ª persona de plural).

.....Sintagma verbal (Predicado): «nos quedábamos en casa leyendo tranquilamente». Consta de:
..........Pronombre (morfema verbal): «nos».
..........Verbo (núcleo): «quedábamos».
..........Grupo preposicional (CC de Lugar): «en casa». Consta de:
...............Preposición: «en».
...............Sintagma nominal: Nombre (núcleo): «casa».
..........Gerundio (CC de Modo): «leyendo».
..........Adverbio (CC de Modo): «tranquilamente»[44].

Como ocurría con las oraciones Coordinadas Copulativas, cuando varias palabras, grupos de palabras u oraciones se relacionan entre sí por la conjunción disyuntiva, basta con que aparezca enlazando los dos últimos elementos. En este caso, puede darse el polisíndeton para resaltar la multitud de opciones de que dispone el oyente. Por ejemplo: «Puedes comprar abrigos, o zapatos, o televisores, o pan, o pantalones, o lo que quieras». Enlazando solo los dos últimos miembros, expresamos una enumeración concluida en la que las opciones del oyente se limitan a los elementos expresados: «Puedes comprar abrigos, zapatos, televisores, pan o pantalones».

El asíndeton es inviable en una relación disyuntiva. Tampoco presenta los demás valores que veíamos para la Coordinación Copulativa, no se usa como enlace extraoracional ni en posición inicial absoluta con valor continuativo.

[nota manuscrita: polisíndeton]

[nota manuscrita: 7 empleo repetitivo de conjunciones para dar fuerza o energía a la expresión de aquello que se expresa]

---

[44] Recordar que el gerundio, fuera de las perífrasis verbales, actúa como adverbio en el discurso, de ahí su función. Respecto al adverbio «tranquilamente» podemos analizarlo como adverbio modificador del núcleo del Predicado de la oración («nos quedábamos tranquilamente») o como adverbio modificador del gerundio («leyendo tranquilamente»), ambas interpretaciones son válidas y correctas. En cualquiera de los casos, su función seguiría siendo de Complemento Circunstancial de Modo.

Enlace a ejemplos de ejercicios prácticos y comentarios a consultas recibidas sobre el tema en el Blog: https://wp.me/pTRlh-eu.

1.3. Oraciones Coordinadas Distributivas

Constituyen un grupo especial dentro de las coordinadas, inexistentes para algunos gramáticos que las consideran como meras yuxtapuestas. Sin embargo, personalmente entiendo una relación lógica de orden en alternancia que interesa destacar, incluso cuando los nexos utilizados no sean propiamente conjunciones. Guardan una estrecha relación con las Coordinadas Disyuntivas que ya hemos estudiado, pero en las Distributivas los miembros relacionados no se excluyen, sino que se afirman en alternancia de Sujetos, de instantes temporales, de lugar, etc.

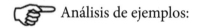 Análisis de ejemplos:

1. **«Aquí se aburría todo el tiempo, allí no paraba de trabajar».** Oración compuesta por dos oraciones en relación Coordinada Distributiva a través de los adverbios «aquí... allí». Consta de:

   O1: «Aquí se aburría todo el tiempo». Oración simple, bimembre, enunciativa, afirmativa, transitiva. Consta de:

   .....Sintagma nominal (Sujeto): elíptico (3ª persona de singular).
   .....Sintagma verbal (Predicado): «aquí se aburría todo el tiempo». Consta de:
   ....Adverbio (CC de Lugar): «aquí».
   ....Pronombre (reflexivo de CD): «se».
   ....Verbo (núcleo): «aburría».

..........Sintagma nominal (CC de Tiempo). Consta de:
...............Determinante 1: «todo».
...............Determinante 2: «el».
...............Nombre (núcleo): «tiempo».

O2: «allí no paraba de trabajar». Oración simple, bimembre, enunciativa, negativa, transitiva[45]. Consta de:

.....Sintagma nominal (Sujeto): elíptico (3ª persona de singular).
.....Sintagma verbal (Predicado): «allí no paraba de trabajar».
   Consta de:
..........Adverbio (CC de Lugar): «allí».
..........Adverbio (marca oracional de negación): «no».
..........Verbo (núcleo): «paraba».
..........Grupo preposicional (CRég): «de trabajar». Consta de:
...............Preposición: «de».
...............Infinitivo (núcleo): «trabajar».

2. **«Unas veces va al cine, otras se queda viendo la televisión».** Oración compuesta de dos oraciones en relación Coordinada Distributiva a través de «unas veces... otras». Consta de:

O1: «Unas veces va al cine». Oración simple, bimembre, enunciativa, afirmativa, intransitiva. Consta de:

.....Sintagma nominal (Sujeto): elíptico (3ª persona de singular).
.....Sintagma verbal (Predicado): «unas veces va al cine».
   Consta de:
..........Sintagma nominal (CC de Tiempo): «unas veces».
      Consta de:
...............Determinante: «unas».
...............Nombre (núcleo): «veces».

---

[45] Consideramos «transitivas» tanto las oraciones cuyo Predicado se construye con Complemento Directo, como las que se construyen con Complemento de Régimen como es el caso. Hay gramáticos que consideran a las segundas, siguiendo la terminología de Emilio Alarcos, como «suplementarias», en realidad se trata de otra forma de transitividad.

..........Verbo (núcleo): «va».

..........Grupo preposicional (CC de Lugar): «al cine».

Consta de:

...............Preposición: «a» (+ el).

...............Sintagma nominal: «el cine». Consta de:

..................Determinante: «el».

..................Nombre (núcleo): «cine».

O2: «otras (veces) se queda viendo la televisión». Oración simple, bimembre, enunciativa, afirmativa, transitiva. Consta de:

.....Sintagma nominal (Sujeto): elíptico (3ª persona del singular).

.....Sintagma verbal (Predicado): «otras se queda viendo la televisión». Consta de:

.........Pronombre (CC de Tiempo): «otras».

.........Pronombre (morfema verbal[46]): «se».

.........Verbo (núcleo: perífrasis de gerundio[47]): «queda leyendo».

.........Sintagma nominal (CD): «el periódico». Consta de:

...............Determinante: «el».

...............Nombre (núcleo): «periódico».

3. **«Ora estudia, ora pasea».** Oración compuesta de dos oraciones en relación Coordinada Distributiva a través de la conjunción «ora… ora». Consta de:

O1: «estudia». Oración simple, bimembre, enunciativa, afirmativa, intransitiva. Consta de:

.....Sintagma nominal (Sujeto): elíptico (3ª persona de singular).

.....Sintagma verbal (Predicado): Verbo (núcleo): «estudia».

---

[46] Nótese que la presencia o ausencia de pronombre comporta un cambio de significado en el verbo (quedar: «concertar una cita», también «resultar»; quedarse: «permanecer»; de ahí el análisis como morfema verbal.

[47] En este caso, la combinación de «quedarse + gerundio» se asimila a la construcción «permanecer» y «estar» más gerundio; perífrasis durativa.

O2: «pasea». Oración simple, bimembre, enunciativa, afirmativa, intransitiva. Consta de:

.....Sintagma nominal (Sujeto): elíptico (3ª persona de singular).
.....Sintagma verbal (Predicado): Verbo (núcleo): «pasea».

Las Oraciones Coordinadas Distributivas utilizan algunas conjunciones como «ora... ora...» o «ya... ya...», pero se utiliza gran variedad de nexos correlativos como adverbios («aquí... allí...»; «cerca... lejos...»; «antes... después...», etc.) e incluso determinantes o pronombres («unos... otros...»; «este... aquel...»; etc.). Muchos de esos nexos no lo son propiamente en la lengua, de ahí que algunos autores prefieran hablar de oraciones yuxtapuestas, pero lo cierto es que esta relación distributiva también puede ser expresada por conjunciones; de ahí que prefiramos incluirlas considerando algunas correlaciones como locuciones conjuntivas. Cuando el nexo utilizado no es propiamente una conjunción sino una secuencia correlativa de adverbios, determinantes o pronombres, estos desempeñarán en el interior de su oración la función que le es propia, como hemos visto en las oraciones analizadas.

En estos tres ejemplos anteriores podemos observar cómo la información contenida en cada una de las oraciones no excluye la de la oración siguiente. En el ejemplo primero, el hecho de que «se aburría» y el hecho de «trabajaba» son afirmados, ambos son válidos y el oyente no tiene que elegir entre uno u otro como ocurría en las Disyuntivas, solo que ambas afirmaciones son válidas en distintos lugares («aquí... allí...»); los nexos utilizados son adverbios de lugar, de ahí que en el análisis los hayamos considerado con su función de Complemento Circunstancial de Lugar, es decir, desempeñando la función que le es propia en el interior de su oración. Lo mismo ocurre en el ejemplo segundo donde la relación distributiva se consigue por la alternancia del determinante «unas» frente al pronombre «otras», ambos desempeñan su función en sus respectivas oraciones.

Como ocurría con todas las partículas de coordinación, no solo enlazan oraciones, sino que también podemos encontrarlas relacionando elementos homogéneos dentro de la misma oración. La Real Academia nos ofrece el siguiente ejemplo:

caballo cob canela, sorrel, chestnut

4. **«Su alazán… avanzaba manoteando gallardamente, ora de frente, ora de costado».** Oración simple, bimembre, enunciativa, afirmativa, intransitiva. Consta de:

…..Sintagma nominal (Sujeto): «su alazán». Consta de:
……….Determinante: «su».
……….Nombre (núcleo): «alazán».
…..Sintagma verbal (Predicado): «avanzaba manoteando gallardamente, ora de frente, ora de costado». Consta de:
………..Verbo (núcleo): «avanzaba».
………..Construcción de gerundio (CC de Modo): «manoteando gallardamente». Consta de:
……………Gerundio (núcleo): «manoteando».
……………Adverbio (CC de Modo): «gallardamente».
………..Grupo preposicional (CC de Modo): «ora de frente, ora de costado». Consta de dos grupos preposicionales en relación Coordinada Distributiva a través de «ora…ora». Consta de:
……………Grupo preposicional 1: «de frente». Consta de:
………………..Preposición: «de».
………………..Sintagma nominal: Nombre (núcleo): «frente».
……………Grupo preposicional 2: «de costado». Consta de:
………………Preposición: «de».
………………Sintagma nominal: Nombre (núcleo): «costado».

Enlace a ejemplos de ejercicios prácticos y comentarios a consultas recibidas sobre el tema en el Blog: https://wp.me/pTRlh-fa.

1.4. Oraciones Coordinadas Adversativas

Mediante la Coordinación Adversativa expresamos una idea que restringe el significado expresado en el primer miembro de la coordinación. Esta restricción o resta de significado puede ser total o parcial. Veámoslo con un ejemplo:

1. **«Es calvo pero tiene tres pelos».** Oración compuesta de dos oraciones en relación Coordinada Adversativa a través de la conjunción «pero». Consta de:

    O1: «Es calvo». Oración simple, enunciativa, bimembre, afirmativa, atributiva. Consta de:

    .....Sintagma nominal (Sujeto): elíptico (3ª persona de singular).
    .....Sintagma verbal (Predicado nominal): «es calvo». Consta de:
    ....Verbo (núcleo copulativo): «es».
    ....Adjetivo (At): «calvo».

    O2: «tiene tres pelos». Oración simple, enunciativa, bimembre, afirmativa, transitiva. Consta de:

    .....Sintagma nominal (Sujeto): elíptico (3ª persona de singular).
    .....Sintagma verbal (Predicado): «tiene tres pelos». Consta de:
    ....Verbo (núcleo): «tiene».
    ....Sintagma nominal (CD): «tres pelos». Consta de:
    ....Determinante: «tres».
    ....Nombre: «pelos».

Salvando lo cómico del ejemplo, es evidente que existe contradicción entre los dos elementos —oraciones—. Por «calvo» entendemos «persona sin pelo»; la segunda oración matiza esta afirmación, en el sentido de que no es totalmente «calvo», pues tiene tres pelos, es decir, que resta parte de su significado a la primera oración. De ahí que para que exista una relación adversativa sea imprescindible que exista oposición entre sus miembros, de lo contrario carecería de sentido como sucede en el siguiente ejemplo: *«Tengo dos pesetas pero tengo dos bolsillos» —incorrecta—.

Solemos distinguir entre las Adversativas «Restrictivas» y las Adversativas «Exclusivas».

1.4.1. Oraciones Coordinadas Adversativas Restrictivas

Las más usadas son las Restrictivas, las que restan parcialmente significado a lo expresado en el primer miembro. Sus nexos más frecuentes son: «mas», «pero», «aunque», «sin embargo», «no obstante», «con todo», etc. Por ejemplo:

- «Tuvo suerte, mas[48] no toda la que necesitaba».
- «Cayó de rodillas, pero no se hizo daño».
- «Es inteligente, aunque lento».
- «No tenía mucho dinero, sin embargo pagó por adelantado».
- «No estoy de acuerdo con su propuesta, no obstante revisaré el contrato».
- «Estudié ocho horas diarias, con todo no llegué a preparar el examen completo».

Análisis de ejemplos:

1. **«Tuvo suerte, mas no toda la que necesitaba».** Oración compuesta por dos oraciones en relación Coordinada Adversativa a través de la conjunción «mas». Consta de:

   O1: «Tuvo suerte». Oración simple, enunciativa, bimembre, afirmativa, transitiva. Consta de:

   .....Sintagma nominal (Sujeto): elíptico (3ª persona de singular).

---

[48] «Mas» es una conjunción adversativa arcaica que hoy no usamos en la lengua hablada, pero que encontramos en textos literarios, por ejemplo «...mas desota parte en la rivera dejará la memoria en donde ardía...», F. de Quevedo)

.....Sintagma verbal (Predicado): «tuvo suerte». Consta de:
..........Verbo (núcleo): «tuvo».
..........Sintagma nominal (CD): Nombre (núcleo): «suerte».

O2: «no (tuvo) toda la que necesitaba». Oración compuesta por una Proposición Adjetiva sustantivada cuyo antecedente es «toda (la suerte)». Enunciativa, bimembre, negativa, transitiva. Consta de:

.....Sintagma nominal (Sujeto): elíptico (3ª persona de singular).
.....Sintagma verbal (Predicado): «no (tuvo) toda la que necesitaba». Consta de:
..........Adverbio (marca oracional de negación): «no».
..........Verbo (núcleo elíptico[49]): «tuvo».
..........Sintagma nominal (CD): «toda la que necesitaba». Consta de:
.............Pronombre (núcleo): «toda».
.............Proposición Adjetiva Sustantivada (introducida por el pronombre «que» y sustantivada por el determinante artículo «la»): «que necesitaba». Consta de:
..................Sintagma nominal (Sujeto): elíptico (3ª persona de singular).
..................Sintagma verbal (Predicado): «que necesitaba». Consta de:
.......................Pronombre relativo (CD): «que».
.......................Verbo (núcleo): «necesitaba».

---

[49] Ya hemos explicado que las partículas coordinadas pueden enlazar palabras, grupos de palabras u oraciones. En este caso, podríamos haber analizado correctamente la coordinación entre dos sintagmas nominales (SN1: «suerte» SN2: «toda la que necesitaba»), no obstante, hemos preferido desarrollar el análisis como coordinación entre oraciones por la presencia del adverbio «no» en el segundo término. Al ser marca de negación requiere un Predicado en el que apoyarse. Salvo ejemplos muy concretos, prefiero no recurrir a la elipsis en el análisis sintáctico.

2. **«Cayó de rodillas, pero no se hizo daño».** Oración compuesta por dos oraciones en relación Coordinada Adversativa a través de la conjunción «pero». Consta de:

O1: «Cayó de rodillas». Oración simple, enunciativa, bimembre, afirmativa, intransitiva. Consta de:

…..Sintagma nominal (Sujeto): elíptico (3ª persona de singular).
…..Sintagma verbal (Predicado): «cayó de rodillas». Consta de:
……….Verbo (núcleo): «cayó».
……….Grupo preposicional (CC de Modo): «de rodillas».
          Consta de:
……………Preposición: «de».
……………Sintagma nominal: Nombre (núcleo): «rodillas».

O2: «no se hizo daño». Oración simple, enunciativa, bimembre, negativa, transitiva. Consta de:

…..Sintagma nominal (Sujeto): elíptico (3ª persona de singular).
…..Sintagma verbal (Predicado): «no se hizo daño». Consta de:
……….Adverbio (marca oracional de negación): «no».
……….Pronombre (reflexivo de CI): «se».
……….Verbo (núcleo): «hizo».
……….Sintagma nominal (CD): Nombre (núcleo): «daño».

3. **«Él es inteligente aunque lento».** Oración simple, enunciativa, bimembre, afirmativa, atributiva. Consta de:

…..Sintagma nominal (Sujeto): «él». Consta de:
……….Pronombre: «él».
…..Sintagma verbal (Predicado nominal): «es inteligente aunque lento». Consta de:
…………Verbo (núcleo: atributivo): «es».
…………Adjetivo (At): compuesto de dos adjetivos en relación Coordinada Adversativa a través de la conjunción «aunque». Consta de:
……………Adjetivo 1: «inteligente».

.................Conjunción (adversativa): «aunque».
...............Adjetivo 2: «lento».

4. **«No tenía mucho dinero, sin embargo pagó por adelantado».** Oración compuesta de dos oraciones en relación Coordinada Adversativa a través de la locución «sin embargo». Consta de:

O1: «No tenía mucho dinero». Oración simple, enunciativa, bimembre, negativa, transitiva. Consta de:

.....Sintagma nominal (Sujeto): elíptico (3ª persona del singular).
.....Sintagma verbal (Predicado): «no tenía dinero». Consta de:
.........Adverbio (marca oracional de negación): «no».
.........Verbo (núcleo): «tenía».
.........Sintagma nominal (CD): «mucho dinero». Consta de:
...............Determinante: «mucho».
...............Nombre (núcleo): «dinero».

O2: «pagó por adelantado». Oración simple, enunciativa, bimembre, afirmativa, intransitiva. Consta de:

.....Sintagma nominal (Sujeto): elíptico (3ª persona de singular).
.....Sintagma verbal (Predicado): «pagó por adelantado».
    Consta de:
.........Verbo (núcleo): «pagó».
.........Grupo preposicional (CC de Modo[50]): «por adelantado».
    Consta de:
...............Preposición: «por».
...............Participio (núcleo): «adelantado».

---

[50] Se trata de una expresión o frase hecha. Podríamos haberla analizado como locución adverbial equivalente a «anticipadamente». En cualquiera de los casos, la función sintáctica seguiría siendo de Complemento Circunstancial de Modo.

5. **«No estoy de acuerdo con su propuesta, no obstante revi-saré el contrato».** Oración compuesta por dos oraciones en relación Coordinada Adversativa a través del nexo «no obs-tante». Consta de:

O1: «No estoy de acuerdo». Oración simple, enunciativa, bi-membre, negativa, atributiva[51]. Consta de:

.....Sintagma nominal (Sujeto): elíptico (1ª persona de singular).

.....Sintagma verbal (Predicado): «no estoy de acuerdo con su pro-puesta». Consta de:

..........Adverbio (marca oracional de negación): «no».

..........Verbo (núcleo): «estoy».

..........Grupo preposicional (At): «de acuerdo con su propues-ta». Consta de:

...............Preposición: «de».

...............Sintagma nominal: «acuerdo con su propuesta». Consta de:

..................Nombre (núcleo): «acuerdo».

..................Grupo preposicional (CN): «con su propuesta». Consta de:

......................Preposición: «con».

......................Sintagma nominal: «su propuesta». Consta de:

...........................Determinante: «su».

...........................Nombre (núcleo): «propuesta».

O2: «revisaré el contrato». Oración simple, enunciativa, bi-membre, afirmativa, transitiva. Consta de:

.....Sintagma nominal (Sujeto): elíptico (1ª persona de singular).

---

[51] Como ya hemos dicho en otras ocasiones, entendemos que prevalece la naturaleza atributiva del verbo «estar», como demuestra el hecho de que el grupo preposicional admita la sustitución por «lo», neutro e invariable, en esquemas del tipo «¿Estás de acuerdo?» = «Sí, LO estoy». No obstante, parece una postura más extendida con-siderar estas estructuras como usos predicativos del verbo «estar», en cuyo caso el grupo preposicional se analizaría como Complemento Circunstancial de Modo.

.....Sintagma verbal (Predicado): «revisaré el contrato».
  Consta de:
.........Verbo (núcleo): «revisaré».
.........Sintagma nominal (CD): «el contrato». Consta de:
............Determinante: «el».
............Nombre (núcleo): «contrato».

6. **«Estudié ocho horas diarias, con todo no llegué a preparar el examen».** Oración compuesta por dos oraciones en relación Coordinada Adversativa a través de la locución conjuntiva «con todo». Consta de:

O1: «Estudié ocho horas». Oración simple, enunciativa, bimembre, afirmativa, transitiva. Consta de:

.....Sintagma nominal (Sujeto): elíptico (1ª persona de singular).
.....Sintagma verbal (Predicado): «estudié ocho horas diarias».
  Consta de:
.........Verbo (núcleo): «estudié».
.........Sintagma nominal (CD): «ocho horas diarias».
  Consta de:
............Determinante: «ocho».
............Nombre (núcleo): «horas».
............Adjetivo: «diarias».

O2: «no llegué a preparar el examen». Oración simple, enunciativa, bimembre, negativa, transitiva de Complemento de Régimen. Consta de:

....Sintagma nominal (Sujeto): elíptico (1ª persona de singular).
....Sintagma verbal (Predicado): «no llegué a preparar el examen».
  Consta de:
.........Adverbio (marca oracional de negación): «no».
.........Verbo (núcleo): «llegué».

.........Grupo preposicional (CRég.[52]): «a preparar el examen».
Consta de:
..............Preposición: «a».
..............Construcción de infinitivo: «preparar el examen».
Consta de:
.................Infinitivo (núcleo): «preparar».
.................Sintagma nominal (CD): «el examen». Consta de:
.......................Determinante: «el».
.......................Nombre (núcleo): «examen».

1.4.2. Oraciones Coordinadas Adversativas Exclusivas

Las oraciones Coordinadas Adversativas Exclusivas se dan con oraciones negativas. El segundo elemento de la coordinación presenta la alternativa válida a la primera negación. El nexo utilizado es «sino (que)».

 Análisis de ejemplos:

1. **«No era trabajador sino inteligente».** Oración simple, enunciativa, bimembre, negativa, atributiva. Consta de:

   ...Sintagma nominal (Sujeto): elíptico (1ª o 3ª persona de singular).
   ...Sintagma verbal (Predicado nominal): «no era trabajador sino inteligente». Consta de:
   ....Adverbio (marca oracional de negación): «no».
   ....Verbo (núcleo): «era».
   ....Adjetivo (At): adjetivo compuesto por dos adjetivos en relación Coordinada Adversativa a través del nexo «sino». Consta de:

---

[52] Desde el punto de vista semántico equivale a una Proposición Subordinada Sustantiva que expresamos en infinitivo por la coincidencia de Sujeto con el de la Oración Principal. Este análisis sigue un criterio más formal. En cualquiera de los casos, la función es idéntica.

...............Adjetivo 1: «trabajador».
..................Conjunción (adversativa): «sino».
..............Adjetivo 2: «inteligente».

2. **«No era malo, sino que todos lo temíamos cuando se enfadaba».** Oración compuesta por dos oraciones en relación Coordinada Adversativa a través del nexo «sino». Consta de:

    O1: «No era malo». Oración simple, enunciativa, bimembre, negativa, atributiva. Consta de:

    .....Sintagma nominal (Sujeto): elíptico (3ª persona de singular).
    .....Sintagma verbal (Predicado nominal): «no era malo».
       Consta de:
    ....Adverbio (marca oracional de negación): «no».
    ....Verbo (núcleo copulativo): «era».
    ....Adjetivo (At): «malo».

    O2: «todos lo temíamos cuando se enfadaba». Oración compuesta que consta de OraciónPrincipal («todos lo temíamos») de cuyo Predicado depende una Proposición Subordinada Circunstancial de Tiempo introducida por el nexo «cuando» («se enfadaba»). Consta de:

    ....Sintagma nominal (Sujeto): «todos». Consta de:
    ......Pronombre (núcleo): «todos».
    ....Sintagma verbal (Predicado): «lo temíamos». Consta de:
    ......Pronombre (CD): «lo».
    ......Verbo (núcleo): «temíamos».
    ......Proposición Subordinada Circunstancial de Tiempo: «cuando se enfadaba». Consta de:
    ....Sintagma nominal (Sujeto): elíptico (3ª persona de singular).
    ....Sintagma verbal (Predicado): «se enfadaba».
       Consta de:
    ....Pronombre (reflexivo de CD): «se».
    ....Verbo (núcleo): «enfadaba».

Como podemos observar, la Adversativa Exclusiva equivale a una afirmación: en un caso, afirmamos que el Sujeto es inteligente y, en el otro, afirmamos que le temíamos cuando se enfadaba. La clave de esta construcción está en negar una premisa previa expresada en el primer término. Así, en un caso negamos que sea trabajador y, en el otro, negamos que sea malo.

A diferencia de las Adversativas Restrictivas, en este caso no restamos parcialmente el significado del elemento enunciado, sino que lo negamos por completo; tanto que la construcción es necesariamente negativa. El significado de la relación adversativa hace que sus conjunciones sean muy utilizadas como nexos extraoracionales u ordenadores del discurso. De esta forma, cuando encontramos una partícula adversativa detrás de un punto y seguido, es muy posible que lo que viene a continuación suponga una corrección parcial de lo que hemos leído en todo lo que precede al texto en el mismo párrafo. Si la encontramos a principio de párrafo, la relación adversativa la establece con el párrafo anterior. Son, pues, palabras-clave o conectores lógicos para la adecuada comprensión de cualquier texto, sobre todo los científicos en los que se usan con profusión.

También podemos encontrarlas con valor continuativo en inicial absoluta del texto, especialmente en expresiones exclamativas e interrogativas donde expresan una actitud de contrariedad por parte del hablante, como en los ejemplos: «¡Pero qué barbaridad!» o «¡Pero, ¿qué dices?!».

Algunas observaciones a los nexos adversativos:

1. *Mas*: Es una partícula arcaica y apenas si tiene hoy uso fuera de la lengua literaria («Quedose el jinete frío [...]; mas su angustia fue corta»). En la lengua primitiva, en el *Cantar de Mío Cid*, era mucho más frecuente. Puede aparecer en textos antiguos en lugar de la Adversativa de Exclusión «sino» como ocurría en el Padrenuestro («... no nos dejes caer en la tentación *mas* líbranos del mal, amén»).

2. *Pero*: Es la más usada, y en los textos antiguos puede aparecer en lugar de «sino» («Todo lo cual, no solo no me ablandaba, pero me endurecía», *El Quijote*).

3. *Empero*: Presenta la particularidad de que puede aparecer al principio o en el interior de la oración que introduce, por ejemplo: «No gustaba de cumplidos, empero los recibió con mucha cortesía», «No gustaba de cumplidos, los recibió empero con mucha cortesía». Hoy es raro encontrarla fuera de los textos literarios.

Enlace a ejemplos de ejercicios prácticos y comentarios a consultas recibidas sobre el tema en el Blog: https://wp.me/pTRlh-fL.

1.5. Oraciones Coordinadas Ilativas

La relación Coordinada Ilativa expresa en el segundo término una consecuencia de lo expuesto en el primero, por ejemplo:

☞ Análisis de ejemplos:

1. **«No tengo dinero, por lo tanto, no puedo ir al cine».** Oración compuesta por dos oraciones en relación Coordinada Ilativa a través del nexo «por lo tanto». Consta de:

   O1: «No tengo dinero». Oración simple, enunciativa, bimembre, negativa, transitiva. Consta de:

   ......Sintagma nominal (Sujeto): elíptico (1ª persona de singular).
   ......Sintagma verbal (Predicado): «no tengo dinero». Consta de:
   ....Adverbio (marca oracional de negación): «no».
   ....Verbo (núcleo): «tengo».
   ....Sintagma nominal (CD): Nombre (núcleo): «dinero».

   O2: «no puedo ir al cine». Oración simple, enunciativa, bimembre, negativa, intransitiva. Consta de:

   ...Sintagma nominal (Sujeto): elíptico (1ª persona de singular).
   ...Sintagma verbal (Predicado): «no puedo ir al cine». Consta de:
   ......Adverbio (marca oracional de negación): «no».
   ......Verbo (perífrasis de infinitivo, posibilidad): «puedo ir».
   ......Grupo preposicional (CC de Lugar): «al cine». Consta de:
   ....Preposición: «a» (+ el).
   ....Sintagma nominal: «el cine». Consta de:
   ....Determinante: «el» (a + el).
   ....Nombre (núcleo): «cine».

En el ejemplo anterior, O2 («no puedo ir al cine») es consecuencia de lo expresado en O1 («no tengo dinero»); la Coordinación Ilativa *(llamativa)* equivale a una Subordinación Causal invertida, es decir, en la Proposición Circunstancial de Causa enunciamos pri-

↳ que expresa la consecuencia lógica o natural de lo afirmado en la principal

331

mero el efecto y después la causa, mientras que en la Coordinación Ilativa enunciamos primero la causa y después el efecto. Obsérvese cómo el ejemplo anterior equivale a una Proposición Circunstancial de Causa: «No puedo ir al cine *porque no tengo dinero*».

La Real Academia Española las considera dentro del grupo de las Subordinadas Consecutivas, pero parece que debemos hablar de coordinadas ya que estos nexos pueden enlazar elementos dentro de la oración simple, lo que no pueden realizar los nexos de las Subordinadas. Por ejemplo:

2. **«La afirmación es falsa, por lo tanto, inoperante».** Oración simple, bimembre, enunciativa, afirmativa, atributiva. Consta de:

.....Sintagma nominal (Sujeto): «la afirmación». Consta de:
.........Determinante: «la».
.........Nombre (núcleo): «afirmación».
.....Sintagma verbal (Predicado nominal): «es falsa, por tanto, inoperante». Consta de:
.........Verbo (núcleo, atributivo): «es».
.........Adjetivo compuesto (At): consta de dos adjetivos en relación Coordinada Ilativa a través del nexo «por lo tanto» así:
............Adjetivo 1: «falsa».
...............Locución Conjuntiva: «por lo tanto».
............Adjetivo 2: «inoperante».

Los nexos más frecuentes son los siguientes:

1. «Me ha llamado por teléfono desde su casa a las tres, *luego* debe de estar allí».
2. «No te has marchado de viaje, *conque* devuélveme el dinero que te presté».
3. «El ordenador es de tu madre, *por consiguiente* no debes usarlo sin su permiso».
4. «No me he salido del presupuesto, no te enfades *pues*».

Es normal que entre las oraciones compuestas haya una pausa de entonación que, cuando las oraciones son extensas o cuando pretendemos poner énfasis en las oraciones cortas, se expresa a través de la coma. Cuando la pausa es fuerte, como ocurre en el ejemplo 4, el nexo "pues" puede posponerse a su oración.

3. **«Me ha llamado por teléfono desde su casa a las tres, luego debe de estar allí».** Oración compuesta por dos oraciones en relación Coordinada Ilativa a través del nexo «luego». Consta de:

O1: «Me ha llamado por teléfono desde su casa a las tres». Oración simple, enunciativa, bimembre, afirmativa, transitiva. Consta de:

.....Sintagma nominal (Sujeto): elíptico (3ª persona de singular).
.....Sintagma verbal (Predicado): «me ha llamado por teléfono».
    Consta de:
.........Pronombre (CD): «me».
.........Verbo (núcleo): «ha llamado».
.........Grupo preposicional (CC de Modo): «por teléfono».
    Consta de:
..............Preposición: «por».
..............Sintagma nominal: Nombre (núcleo): «teléfono».
..............Grupo preposicional (CC de Lugar): «desde su casa».
    Consta de:
....................Preposición: «desde».
....................Sintagma nominal: «su casa». Consta de:
.......................Determinante: «su».
.......................Nombre (núcleo): «casa».
..............Grupo preposicional (CC de Tiempo): «a las tres».
    Consta de:
....................Preposición: «a».

.....................Sintagma nominal: «las tres». Consta de:

........................Determinante: «las».

........................Determinante sustantivado (núcleo): «tres».

O2: «debe de estar allí». Oración simple, enunciativa, bimembre, afirmativa, intransitiva. Consta de:

......Sintagma nominal (Sujeto): elíptico (3ª persona de singular).

......Sintagma verbal (Predicado): «debe de estar allí». Consta de:

............Verbo (núcleo: perífrasis de probabilidad «deber + de + infinitivo»[53]): «debe de estar».

............Adverbio (CC de Lugar): «allí».

4. **«No te has marchado de viaje, conque devuélveme el dinero que te presté».** Oración compuesta por dos oraciones en relación Coordinada Ilativa a través del nexo «conque». Consta de:

O1: «No te has marchado de viaje». Oración simple, enunciativa, bimembre, negativa, transitiva de Régimen. Consta de:

.....Sintagma nominal (Sujeto): elíptico (2ª persona de singular).

.....Sintagma verbal (Predicado): «no te has marchado de viaje». Consta de:

.........Adverbio (marca oracional de negación): «no».

.........Pronombre (pronombre expletivo): «te».

............Verbo (núcleo): «has marchado».

............Grupo preposicional (CRég): «de viaje». Consta de:

..................Preposición: «de».

..................Sintagma nominal: Nombre (núcleo): «viaje».

---

[53] Esta perífrasis es fuente de errores frecuentes. Debemos insistir en que «deber + de + infinitivo» expresa posibilidad o probabilidad. La obligatoriedad se expresa sin la preposición «de». Así, «debe de saberlo» significa que es probable que lo sepa; en tanto que «debe saberlo» significa que es su obligación saberlo. Sin la preposición «de» también puede expresar probabilidad, por lo tanto, mejor acostumbrarse a usar la perífrasis sin preposición cualquiera que sea el valor que queramos significar.

O2: **«devuélveme el dinero que te presté».** Oración compuesta de una principal («devuélveme el dinero») de la que depende una Proposición Subordinada Adjetiva introducida por el pronombre «que» («que te presté») cuyo antecedente es «dinero». Consta de:

.....Sintagma nominal (Sujeto): elíptico (2ª persona de singular).

.....Sintagma verbal (Predicado): «devuélveme el dinero que te presté». Consta de:

............Verbo (núcleo): «devuelve».

............Pronombre (CI): «me».

............Sintagma nominal (CD): «el dinero que te presté». Consta de:

.................Determinante: «el».

.................Nombre (núcleo): «dinero».

.................Proposición Subordinada Adjetiva (nexo transpositor «que»): «que te presté». Consta de:

....................Sintagma nominal (Sujeto): elíptico (1ª persona de singular).

....................Sintagma verbal (Predicado): «que te presté». Consta de:

.......................Pronombre (CD): «que».

.......................Pronombre (CI): «te».

.......................Verbo (núcleo): «presté».

5. **«El ordenador es de tu madre, por consiguiente no debes usarlo sin su permiso».** Oración compuesta por dos oraciones en relación Coordinada Ilativa a través del nexo «por consiguiente». Consta de:

O1: **«El ordenador es de tu madre».** Oración simple, enunciativa, bimembre, afirmativa, atributiva. Consta de:

.....Sintagma nominal (Sujeto): «el ordenador». Consta de:

........Determinante: «el».

........Nombre (núcleo): «ordenador».

.....Sintagma verbal (Predicado nominal): «es de tu madre».
Consta de:
.......Verbo (núcleo copulativo): «es».
.......Grupo preposicional (At): «de tu madre». Consta de:
...........Preposición: «de».
...........Sintagma nominal: «tu madre». Consta de:
..............Determinante: «tu».
..............Nombre (núcleo): «madre».

O2: «no debes usarlo sin su permiso». Oración simple, enunciativa, bimembre, negativa, transitiva. Consta de:

......Sintagma nominal (Sujeto): elíptico (2ª persona de singular).
......Sintagma verbal (Predicado): «no debes usarlo sin su permiso». Consta de:
..........Adverbio (marca oracional de negación): «no».
..........Verbo (núcleo: perífrasis de obligación «deber + infinitivo»): «debes usar».
..........Pronombre (CD): «lo».
..........Grupo preposicional (CC de Modo): «sin su permiso». Consta de:
..............Preposición: «sin».
..............Sintagma nominal: «su permiso». Consta de:
...................Determinante: «su».
...................Nombre (núcleo): «permiso».

6. **«No me he salido del presupuesto, no te enfades pues».** Oración compuesta por dos oraciones en relación Coordinada Ilativa a través del nexo «pues». Consta de:

O1: «No me he salido del presupuesto». Oración simple, enunciativa, bimembre, negativa, transitiva de Régimen. Consta de:

.....Sintagma nominal (Sujeto): elíptico (1ª persona de singular).
.....Sintagma verbal (Predicado): «no me he salido del presupuesto». Consta de:
.........Adverbio (marca oracional de negación): «no».

.........Pronombre (morfema verbal[54]): «me».

.........Verbo (núcleo): «he salido».

.........Grupo preposicional (CRég): «del presupuesto».
Consta de:

.............Preposición: «de» (+ el).

.............Sintagma nominal: «el presupuesto». Consta de:

..................Determinante: «el» (artículo contracto «de + el»).

..................Nombre (núcleo): «presupuesto».

O2: «no te enfades». Oración simple, enunciativa, bimembre, negativa, transitiva. Consta de:

.....Sintagma nominal (Sujeto): elíptico (2ª persona de singular).

.....Sintagma verbal (Predicado): «no te enfades». Consta de:

.........Adverbio (marca oracional de negación): «no».

.........Pronombre (reflexivo de CD): «te».

.........Verbo (núcleo): «enfades».

Resulta muy frecuente encontrar combinadas en la misma secuencia un nexo copulativo y, a continuación, un nexo ilativo encerrado entre comas. Cuando esto ocurre, decimos que entre ambas oraciones existe una relación Coordinada Ilativa, de hecho la conjunción «y» actúa como mero refuerzo. Por ejemplo:

---

[54] Hemos analizado el pronombre con valor de morfema verbal porque en los verbos de movimiento la presencia o ausencia de pronombre suele cambiar el régimen preposicional y, con él, la idea y el sentido de dirección expresada: ir «a» o «hacia», pero irse o marcharse «de». El grupo preposicional se ha analizado como Complemento de Régimen dado que no tiene sentido locativo, significa «salirse de un asunto, tema o materia» y no de un lugar.

7. **«El estudio es necesario para la formación del individuo y, por consiguiente, debes esforzarte más».** Oración compuesta por dos oraciones en relación Coordinada Ilativa a través del nexo «y por consiguiente». Consta de:

O1: «El estudio es necesario para la formación del individuo». Oración simple, enunciativa, bimembre, afirmativa, atributiva. Consta de:

......Sintagma nominal (Sujeto): «el estudio». Consta de:

..........Determinante: «el».

..........Nombre (núcleo): «estudio».

......Sintagma verbal (Predicado nominal): «es necesario para la formación del individuo». Consta de:

..........Verbo (núcleo atributivo): «es».

..........Adjetivo (At): «necesario».

..........Grupo preposicional (CC de Finalidad): «para la formación del individuo». Consta de:

...............Preposición: «para».

...............Sintagma nominal: «la formación del individuo». Consta de:

.....................Determinante: «la».

.....................Nombre (núcleo): «formación».

.....................Grupo preposicional (CN): «del individuo». Consta de:

........................Preposición: «de» (+ el).

........................Sintagma nominal: «el individuo». Consta de:

............................Determinante: «el» (artículo contracto: de + el).

............................Nombre (núcleo): «individuo».

O2: «debes esforzarte más». Oración simple, enunciativa, bimembre, afirmativa, intransitiva. Consta de:

......Sintagma nominal (Sujeto): elíptico (2ª persona singular)

......Sintagma verbal (Predicado): «debes esforzarte más». Consta de:

.........Verbo (Núcleo: perífrasis verbal de obligación): «debes esforzar».
.........Pronombre (lexema verbal): «te».
.........Adverbio (CC de Cantidad): «más».

También es frecuente encontrar el nexo ilativo detrás del punto y seguido o encabezando un párrafo con valor de enlace extraoracional como ordenador del discurso (conector). Es necesario tenerlos muy en cuenta puesto que nos indican que todo lo que venga detrás es una deducción como consecuencia lógica de lo dicho previamente. Otros nexos que introducen valor ilativo son: «de ahí que», «así que», «de manera que», etc.

Enlace a ejemplos de ejercicios prácticos y comentarios a consultas recibidas sobre el tema en el Blog: https://wp.me/pTRlh-fS.

1.6. Oraciones Coordinadas Explicativas

Mediante la Coordinación Explicativa señalamos que el contenido del segundo elemento repite o insiste en el contenido del primero. Como su propio nombre indica, el segundo elemento explica, amplía, matiza o precisa lo dicho en la oración precedente. Se trata pues de un intento de asegurarnos de que el oyente comprende bien el significado del mensaje. Por ejemplo:

1. «La representación fue un fracaso, es decir, no asistió nadie».
2. «El nombre puede aparecer aislado en la oración, es decir, es un elemento primario».

En O1, el segundo término («no asistió nadie») concreta el significado que para el emisor tiene la palabra «fracaso» usada como primer término. De la misma forma, en O2, en el segundo término se concreta técnicamente el concepto expresado en el primero. Efectivamente, un elemento primario es igual a un elemento que puede funcionar aislado en una oración.

No existen conjunciones «explicativas», para expresar esta relación usamos locuciones conjuntivas. La más frecuente es «es decir», la que hemos utilizado en los ejemplos anteriores:

 Análisis de ejemplos:

1. **«La representación fue un fracaso, es decir, no asistió nadie».** Oración compuesta por dos oraciones (O1: «la representación fue un fracaso» y O2: «no asistió nadie») en relación Coordinada Explicativa a través del nexo «es decir». Consta de:

   O1: «La representación fue un fracaso». Oración simple, enunciativa, bimembre, afirmativa, atributiva. Consta de:

   .....Sintagma nominal (Sujeto): «la representación». Consta de:
   ....Determinante: «la».
   ....Nombre (núcleo): «representación».
   .....Sintagma verbal (Predicado nominal): «fue un fracaso».
   ....Consta de:
   ....Verbo (núcleo copulativo): «fue».
   ....Sintagma nominal (At): «un fracaso». Consta de:
   ....Determinante: «un».
   ....Nombre (núcleo): «fracaso».

   O2.: «no asistió nadie». Oración simple, enunciativa, bimembre, negativa, intransitiva. Consta de:

   .....Sintagma nominal (Sujeto): «nadie».
   ....Pronombre (marca de negación): «nadie».

340

…..Sintagma verbal (Predicado): «no asistió».
……….Adverbio (marca oracional de negación): «no»[55].
……….Verbo (núcleo): «asistió».

2. **«El nombre puede aparecer aislado en la oración, es decir, es un elemento primario».** Oración compuesta por dos oraciones (O1: «El nombre puede aparecer en la oración» y O2: «es un elemento primario») en relación Coordinada Explicativa a través del nexo «es decir». Consta de:

O1: «El nombre puede aparecer aislado en la oración».

……Sintagma nominal (Sujeto): «el nombre». Consta de:
………Determinante: «el».
………Nombre (núcleo): «nombre».
……Sintagma verbal (Predicado): «puede aparecer aislado».
Consta de:
…………Verbo (núcleo: perífrasis verbal de infinitivo de posibilidad): «puede aparecer».
…………Adjetivo (CPred): «aislado»[56].

O2: «es un elemento primario». Oración simple, enunciativa, bimembre, afirmativa, atributiva. Consta de:

…..Sintagma nominal (Sujeto): elíptico (3ª persona de singular).
…..Sintagma verbal (Predicado nominal): «es un elemento primario». Consta de:
……….Verbo (núcleo copulativo): «es».
……….Sintagma nominal (At): «un elemento primario».
Consta de:

---

[55] Es curioso observar cómo en español la doble negación (no… nadie) actúa como una negación enfática. En la lógica, como sucede en otras lenguas, si negamos una negación, estaríamos afirmando.

[56] Nótese cómo «aislado» presenta concordancia formal con el Sujeto («el nombre», masculino singular), pero cómo, además, podemos transformarlo en adverbio («… puede aparecer aisladamente…») sin que el significado de la oración cambie, lo que significa que actúa simultáneamente como Atributo y Complemento Circunstancial de Modo incidiendo a la vez en el Sujeto y el núcleo del Predicado.

.............Determinante: «un».
.............Nombre (núcleo): «elemento».
.............Adjetivo: «primario».

La relación Coordinada Explicativa puede ser, además, expresada por los siguientes nexos: «esto es», «o sea», «mejor dicho», etc.

3. **«No es un hombre, esto es, aún es un niño».** Oración compuesta por dos oraciones (O1: «no es un hombre» y O2: «aún es un niño») en relación Coordinada Explicativa a través del nexo «esto es». Consta de:

O1: «No es un hombre». Oración simple, enunciativa, bimembre, negativa, atributiva. Consta de:

.....Sintagma nominal (Sujeto): elíptico (3ª persona de singular).
.....Sintagma verbal (Predicado nominal): «no es un hombre».
    Consta de:
..........Adverbio (marca oracional de negación): «no».
..........Verbo (núcleo copulativo): «es».
..........Sintagma nominal (At): «un hombre».
.............Determinante: «un».
.........Nombre (núcleo): «hombre».

O2: «aún es un niño». Oración simple, enunciativa, bimembre, afirmativa, atributiva. Consta de:

.....Sintagma nominal (Sujeto): elíptico (3ª persona de singular).
.....Sintagma verbal (Predicado): «aún es un niño». Consta de:
..........Adverbio (CC de Tiempo): «aún».
..........Verbo (núcleo copulativo): «es».
..........Sintagma nominal (At): «un niño». Consta de:
.............Determinante: «un».
.............Nombre: «niño».

4. **«Te he dicho que no quiero ir, o sea, que me dejes en paz».**
Oración compuesta de una Oración Principal (OP: «te he di-
cho...») de la que dependen dos Proposiciones Sustantivas
(PS1: «que no quiero ir» y PS2: «que me dejes en paz») en
función de Complemento Directo en relación Coordinada
Explicativa a través del nexo «o sea». Consta de:

**OP: «Te he dicho que no quiero ir, o sea, que me dejes en
paz».** Oración compuesta. Consta de:

.....Sintagma nominal (Sujeto): elíptico (1ª persona de singular).

.....Sintagma verbal (Predicado): «te he dicho que no quiero ir».
Consta de:

............Pronombre (CI): «te».

............Verbo (núcleo): «he dicho».

.........Proposición Sustantiva 1 (CD: introducida por el nexo
«que»): «que no quiero ir». Consta de:

...............Sintagma nominal (Sujeto): elíptico (1ª persona de
singular).

...............Sintagma verbal (Predicado): «no quiero ir».
Consta de:

....................Adverbio (marca oracional de negación): «no».

....................Verbo (núcleo): «quiero».

....................Infinitivo (CD): «ir»[57].

.........Proposición Sustantiva 2 (CD: introducida por el nexo
«que»): «me dejes en paz». Consta de:

...............Sintagma nominal (Sujeto): elíptico (2ª persona de
singular).

...............Sintagma verbal (Predicado): «me dejes en paz».
Consta de:

....................Pronombre (CD): «me».

....................Verbo (núcleo): «dejes».

---

[57] Este infinitivo equivale a una Proposición Sustantiva de infinitivo. El hecho de que
aparezca en infinitivo viene determinado por la coincidencia de Sujeto con la Oración Principal. Si el Sujeto cambiase, obligaría al desarrollo de la Proposición con
su propio Sujeto y Predicado: «*Yo* no quiero ir (*yo*)» / «*yo* no quiero *que vayas tú*».

.....................Grupo preposicional (CC de Modo): «en paz».
Consta de:
........................Preposición: «en».
.......................Sintagma nominal: Nombre (núcleo): «paz».

5. **«Para realizar su crimen, el asesino utilizó un cuchillo, mejor dicho, un estilete».** Oración simple, enunciativa, bimembre, afirmativa, transitiva. Consta de:

....Sintagma nominal (Sujeto): «el asesino». Consta de:
......Determinante: «el».
......Nombre (núcleo): «asesino».
....Sintagma verbal (Predicado): «utilizó un cuchillo, mejor dicho, un estilete para realizar su crimen». Consta de:
......Verbo (núcleo): «utilizó».
......Sintagma nominal (CD: consta de dos sintagmas nominales en relación Coordinada Explicativa a través del nexo «mejor dicho»: SN1: «un cuchillo», «mejor dicho», SN2: «un estilete»). Consta de:
.........Sintagma nominal 1: «un cuchillo». Consta de:
............Determinante: «un».
............Nombre (núcleo): «cuchillo».
.........Sintagma nominal 2: «un estilete». Consta de:
............Determinante: «un».
............Nombre (núcleo): «estilete».
.........Grupo preposicional (CC de Finalidad): «para realizar su crimen»[58]. Consta de:
............Preposición: «para».
............Construcción de infinitivo: «realizar su crimen».
............Consta de:

---

[58] Ya sabemos —ver Proposiciones Circunstanciales de Finalidad— que el Complemento Circunstancial de Finalidad se introduce por la estructura de preposición más sintagma nominal (grupo preposicional). En este caso, la estructura del sintagma nominal puede desarrollarse en forma de Proposición introducida por «que» (...para que pudiera perpetrar su crimen...) o, en caso de coincidencia de Sujeto con la Oración Principal por un infinitivo. En el análisis anterior, hemos optado por un análisis más formal.

................Infinitivo (núcleo): «realizar».
................Sintagma nominal (CD): «su crimen». Consta de:
.....................Determinante: «su».
.../.....................Nombre (núcleo): «crimen».

Como ya habrás observado, en los ejemplos utilizados hemos ido alternando los elementos enlazados a través de la locución explicativa: en el ejemplo 1, hemos enlazado oraciones; en el ejemplo 2, hemos enlazado dos Proposiciones Sustantivas; y en el ejemplo 3, hemos enlazado dos sintagmas nominales.

Recuerda siempre que las partículas coordinadas pueden enlazar oraciones de la misma categoría y palabras o grupos de palabras que desempeñen la misma función y estén al mismo nivel.

Por último, debemos recordar que la conjunción «o», cuando se usa para enlazar palabras y no oraciones, puede adquirir sentido explicativo (no disyuntivo). Por ejemplo:

6. **«En la estancia, había unas hojillas subversivas o panfle-** _pamphlet, flyer_
    tos». Oración simple, enunciativa, unimembre, afirmativa, transitiva. Consta de:

.....Sintagma nominal (Sujeto): impersonal obligatoria.
.....Sintagma verbal (Predicado): «en la estancia había unas hojillas subversivas o panfletos». Consta de:
..........Grupo preposicional (CC de Lugar): «en la estancia». Consta de:
...............Preposición: «en».
...............Sintagma nominal: «la estancia». Consta de:
..................Determinante: «la».
..................Nombre (núcleo): «estancia».
..........Verbo (núcleo): «había».
..........Sintagma nominal (CD): consta de dos sintagmas nominales en relación Coordinada Explicativa a través del nexo «o», es decir:
...............Sintagma nominal 1: «unas hojillas subversivas». Consta de:

...............Determinante: «unas».
...............Nombre (núcleo): «hojillas».
...............Adjetivo: «subversivas».
...............Sintagma nominal 2: «panfletos»: Nombre (núcleo): «panfletos».

También puede aparecer con este valor enlazando oraciones pero, en ese caso, aparece siempre como apoyo a otra locución explicativa. Por ejemplo:

7. **«No disponemos de fondos para pagarles o, mejor dicho, aún no han llegado los fondos de la nómina».** Oración compuesta por dos oraciones (O1: «no disponemos de fondos para pagarles» y O2: «aún no han llegado los fondos de la nómina») en relación Coordinada Explicativa a través del nexo «o mejor dicho». Consta de:

O1: «No disponemos de fondos para pagarles». Oración simple, enunciativa, bimembre, negativa, transitiva. Consta de:

.....Sintagma nominal (Sujeto): elíptico (1ª persona de plural).
.....Sintagma verbal (Predicado): «no disponemos de fondos para pagarles». Consta de:
..........Adverbio (marca oracional de negación): «no».
..........Verbo (núcleo): «disponemos».
..........Grupo preposicional (CRég): «de fondos». Consta de:
...............Preposición: «de».
...............Sintagma nominal: Nombre (núcleo): «fondos».
..........Grupo preposicional (CC de Finalidad): «para pagarles». Consta de:
...............Preposición: «para».
...............Construcción de infinitivo: «pagarles». Consta de:
...............Infinitivo (núcleo): «pagar».
...............Pronombre (CI): «les».

346

O2: «aún no han llegado los fondos de la nómina». Oración simple, enunciativa, bimembre, negativa, intransitiva. Consta de:

…..Sintagma nominal (Sujeto): «los fondos». Consta de:

……….Determinante: «los».

……….Nombre (núcleo): «fondos».

……..…Grupo preposicional (CN): «de la nómina». Consta de:

……………Preposición: «de».

……………Sintagma nominal: «la nómina». Consta de:

………………..Determinante: «la».

………………..Nombre: «nómina».

…..Sintagma verbal (Predicado): «no han llegado aún». Consta de:

……….Adverbio (CC de Tiempo): «aún».

……….Adverbio (marca oracional de negación): «no».

……….Verbo (núcleo): «han llegado».

Hemos de tener cuidado con un error muy frecuente que podemos observar en los medios de comunicación, tertulias, discursos, etc. Se trata de usar los nexos explicativos a modo de muletillas sin su valor propio de precisar, aclarar o insistir en el significado del primer elemento; sino para decir justamente lo contrario de lo anterior o para rectificar sobre la marcha una afirmación de cuyo error se ha dado cuenta el hablante en ese justo momento. También es frecuente emplear el segundo término sin que el primero se haya completado, sobre todo en el habla coloquial. Por ejemplo: «Tuvimos una…, es decir, nos peleamos sin motivo».

En este caso, el hablante ha buscado la palabra o la estructura más adecuada a lo que quería expresar, no la ha encontrado y ha preferido reformular la oración para anular la primera.

Enlace a ejemplos de ejercicios prácticos y comentarios a consultas recibidas sobre el tema en el Blog: https://wp.me/pTRlh-gr.

8.

Oraciones Subordinadas Lógicas

Antes de ver el desarrollo de las Oraciones Subordinadas Lógicas por separado, conviene hacer un pequeño repaso y establecer claramente las diferencias entre las Oraciones Subordinadas Sintácticas, las oraciones Coordinadas y las Subordinadas Lógicas. Comparemos estas tres oraciones compuestas:

1. «Quiero que vengas».
2. «Tenía muchas ganas pero no lo aparentaba».
3. «Si me llamas, iré a verte».

Cada uno de los tres ejemplos presenta más de un Predicado, pero la relación sintáctico/semántica que se establece es diferente en cada uno de los casos. En el ejemplo 1 tenemos una Proposición Subordinada («...que vengas») que aparece integrada en la estructura sintáctica de otra oración, la principal («([yo] quiero **eso** [Complemento Directo: *que vengas*]»). En efecto, la secuencia «que vengas» aparece funcionando como Complemento Directo del verbo «quiero», como demuestra su posible sustitución por el pronombre personal «LO» («lo» quiero/quiero eso/quiero que vengas). Esto es lo que hemos denominado «Proposiciones» u Oraciones Subordinadas de carácter sintáctico (Sustantivas, Adjetivas y Circunstanciales).

En el ejemplo 2, tenemos dos estructuras oracionales (O1: «Tenía muchas ganas» y O2: «no lo aparentaba»), a diferencia del ejemplo primero, no existe ningún tipo de relación sintáctica entre ambas. La relación es de significado o semántica y se establece a través del nexo «pero». «Pero» es una conjunción coordinada porque puede enlazar palabras («Es bueno *pero* tonto», dos adjetivos), grupos de palabras («El boxeador tenía buena pegada, *pero* un pésimo fondo», dos sintagmas nominales) u oraciones como es el caso que venimos analizando. Cada una de las dos oraciones que intervienen mantiene su independencia lógica y ambas podrían actuar como oraciones independientes. Es, por lo tanto, una oración compuesta por dos oraciones en relación Coordinada Adversativa.

El ejemplo 3 coincide con el 1 y el 2 en que es una oración compuesta donde aparecen dos Predicados de otras tantas oraciones: O1, «Si me llamas», y O2, «iré a verte». Se diferencia del ejemplo 1 en que ninguna de ellas aparece desempeñando una función sintáctica de la otra y en esto coincide con las coordinadas, pero una de las oraciones, la que viene introducida por el nexo «si» necesita del significado de la otra para tener algún sentido, algún significado lógico. En efecto, podemos decir «Iré a verte» porque se trata de la Oración Principal, pero no podemos decir «me llamas» con sentido propio si no es combinada con la anterior para obtener el significado preciso que queremos transmitir. Se trata de una subordinación lógica o semántica. A diferencia de los nexos coordinados, los nexos subordinados lógicos solo pueden enlazar oraciones, nunca palabras o grupos de palabras.

Por esto, cuando hablamos de oraciones coordinadas siempre lo hacemos en plural, porque O1 es coordinada de O2 y viceversa; es decir, para que exista una coordinación siempre tiene que haber al menos dos elementos, de ahí el uso del plural. En cambio, cuando hablamos de «Subordinada» lo hacemos en singular, porque una oración es «Subordinada» respecto a otra que actúa como «principal». En el ejemplo 3, estamos ante una oración compuesta donde «si me llamas» es una Oración Subordinada Condicional introducida por el nexo «si» respecto a «iré a verte», su Oración Principal.

Son Subordinadas Lógicas las cuatro «ces»: las Oraciones Subordinadas Condicionales, las Concesivas, las Comparativas y las Consecutivas. Dedicaremos un apartado a cada una de ellas.

Enlace a ejemplos de ejercicios prácticos y comentarios a consultas recibidas sobre el tema en el Blog: https://wp.me/pTRlh-gL.

1. Las Oraciones Subordinadas Comparativas

Como su propio nombre indica, sirven para comparar dos elementos entre sí; uno aparece expresado en la Oración Principal y el otro en la Oración Subordinada. Cuando lo que comparamos son dos ideas completas, nos encontramos ante dos oraciones diferenciadas cada una con su Sujeto y su Predicado, por ejemplo: «Yo compro más que tú vendes».

 Análisis de ejemplos:

1. **«Yo compro más que tú vendes».** Oración compuesta por dos oraciones: O1 «Yo compro» y O2 «tú vendes». O2 actúa como Subordinada Comparativa de O1, Oración Principal, en relación de superioridad a través del nexo «más que».

   OP: «Yo compro». Oración Principal; por su estructura, enunciativa, bimembre, afirmativa, intransitiva. Consta de:

   .....Sintagma nominal (Sujeto): Pronombre (núcleo): «yo».
   .....Sintagma verbal (Predicado): «compro». Consta de:
   ....Verbo (núcleo): «compro».

OS: «tú vendes». Oración Subordinada Comparativa; por su estructura, enunciativa, bimembre, afirmativa, intransitiva. Consta de:

......Sintagma nominal (Sujeto): Pronombre (núcleo): «tú».
......Sintagma verbal (Predicado): Verbo (núcleo): «vendes».

Son dos ideas completas; en cada una aparecen diferentes Sujetos («yo» y «tú») y diferentes Predicados («compro» y »vendes»). Pero, lo normal es que comparemos algún rasgo, cualidad o elemento de ambas oraciones que comparten el resto de los constituyentes; esto es lo que sucede en el siguiente ejemplo: «Yo compro más que tú».

2. **«Yo compro más que tú».** Oración compuesta por dos oraciones: O1 «Yo compro» y O2 «tú (compras)». O2 actúa como Subordinada Comparativa de O1, la Oración Principal, en relación de superioridad a través del nexo «más que». Consta de:

OP: «Yo compro». Oración Principal; por su estructura, enunciativa, bimembre, afirmativa, intransitiva. Consta de:

......Sintagma nominal (Sujeto): Pronombre (núcleo): «yo».
......Sintagma verbal (Predicado): Verbo (núcleo): «compro».

OS: «tú (compras)». Oración Subordinada; por su estructura, simple, bimembre, enunciativa, afirmativa, intransitiva. Consta de:

......Sintagma nominal (Sujeto): Pronombre (núcleo): «tú».
......Sintagma verbal (Predicado): elíptico («compras»).

En este caso, los elementos que hemos comparado han sido los Sujetos («yo»/«tú»), sin embargo, el Predicado en ambas oraciones es idéntico, los dos Sujetos realizan la misma acción de «comprar», esto permite que sobreentendamos el Predicado en la Oración Subordinada («yo compro más que tú *compras*»).

Para introducir las Oraciones Subordinadas Comparativas utilizamos fórmulas correlativas compuestas de más de un elemento: una primera partícula de carácter intensivo o cuantitativo («tal», «tan», «más», «menos», etc.) y una segunda partícula que actúa con valor conjuntivo («como», «que», «cuantas», etc.) y varían según el plano de correlación comparativa que establezcamos. Los más frecuentes son los de igualdad, de inferioridad o de superioridad.

1.1. Comparativas de Igualdad

Con ellas significamos que la idea expresada coincide en grado o intensidad en las dos oraciones. Utilizamos los nexos «tan/tanto... como»; «tal... cual/como», «tanto... cuanto» y la expresión «igual que». Veamos algunos ejemplos:

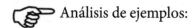 Análisis de ejemplos:

1. **«Era tan guapa como tonta».** Oración compuesta por dos oraciones: O1 «Era guapa» y O2 «(era) tonta». O2 actúa como Subordinada Comparativa de O1, Oración Principal, en relación de igualdad a través del nexo «tan...como». Consta de:

OP: «Era guapa». Oración Principal, simple, bimembre, enunciativa, afirmativa, atributiva. Consta de:

....Sintagma nominal (Sujeto): elíptico (3ª persona de singular).
....Sintagma verbal (Predicado nominal): «era guapa». Consta de:
.........Verbo (núcleo copulativo): «era».
.........Adjetivo (At): «guapa».

OS: «(era) tonta». Oración Subordinada, simple, enunciativa, bimembre, afirmativa, atributiva. Consta de:

....Sintagma nominal (Sujeto): elíptico (3ª persona de singular).
....Sintagma verbal (Predicado nominal): «(era) tonta».
.....Consta de:
.........Verbo (núcleo elíptico): «era».

..........Adjetivo (At): «tonta».

2. **«Tú hijo hizo tantos esfuerzos cuantos podía».** Oración compuesta por dos oraciones: O1 «tu hijo hizo esfuerzos» y O2 «(hacer esfuerzos) podía». O2 actúa como Subordinada Comparativa de O1, Oración Principal, en relación de igualdad a través del nexo «tantos… cuantos». Consta de:

OP: «Tu hijo hizo esfuerzos». Oración Principal, enunciativa, bimembre, afirmativa, transitiva. Consta de:

.....Sintagma nominal (Sujeto): «tu hijo». Consta de:
..........Determinante: «tu».
..........Nombre (núcleo): «hijo».
.....Sintagma verbal (Predicado): «hizo esfuerzos». Consta de:
..........Verbo (núcleo): «hizo».
..........Sintagma nominal (CD): Nombre (núcleo): «esfuerzos».

OS: «(hacer esfuerzos) podía». Oración Subordinada, simple, enunciativa, bimembre, afirmativa, transitiva. Consta de:

.....Sintagma nominal (Sujeto): elíptico (3ª persona de singular).
.....Sintagma verbal (Predicado): («hacer esfuerzos») «podía».
Consta de:
.........Verbo (núcleo): «podía».
.........Construcción de infinitivo (CD elíptico): («hacer esfuerzos»).

1.2. Comparativas de superioridad

Cuando la idea o el elemento contenido en la Oración Principal supera al de la Oración Subordinada. Utilizamos los nexos «más… que» y «más… de».
Veamos algunos ejemplos:

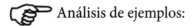 Análisis de ejemplos:

1. **«Tu amigo habla más que hace».** Oración compuesta por dos oraciones: O1 «Tú amigo habla» y O2 «(tu amigo) hace». O2 actúa como Oración Subordinada Comparativa de O1, Oración Principal, en relación de superioridad. Consta de:

   OP: «Tu amigo habla». Oración Principal, enunciativa, bimembre, afirmativa, intransitiva. Consta de:

   …..Sintagma nominal (Sujeto): «tu amigo». Consta de:
   ……….Determinante: «tu».
   ……….Nombre (núcleo): «amigo».
   …..Sintagma verbal (Predicado): Verbo (núcleo): «habla».

   OS: «(tu amigo) hace». Oración Subordinada, simple, enunciativa, bimembre, afirmativa, intransitiva. Consta de:

   …..Sintagma nominal (Sujeto): elíptico («tu amigo»).
   …..Sintagma verbal (Predicado): Verbo (núcleo): «hace».

2. **«Siempre tendrá más experiencia que tú».** Oración compuesta por dos oraciones: O1 «Siempre tendrá experiencia» y O2 «tú (tienes experiencia). O2 actúa como Subordinada Comparativa de O1, Oración Principal, en relación de superioridad a través del nexo «más… que». Consta de:

   OP: «Siempre tendrá experiencia». Oración Principal, simple, enunciativa, bimembre, afirmativa, transitiva. Consta de:

   …..Sintagma nominal (Sujeto): elíptico (3ª persona de singular).
   …..Sintagma verbal (Predicado): «siempre tendrá experiencia».
       Consta de:
   ………Adverbio (CC de Tiempo): «siempre».
   ………Verbo (núcleo): «tendrá».
   ………Sintagma nominal (CD): Nombre (núcleo): «experiencia».

OS: «tú (tienes experiencia). Oración Subordinada Comparativa, simple, enunciativa, bimembre, afirmativa, transitiva. Consta de:

.....Sintagma nominal (Sujeto): Pronombre: «tú».
.....Sintagma verbal (Predicado): elíptico («tienes experiencia»).

3. **«Vio más dinero del que había soñado jamás».** Oración compuesta por dos oraciones: O1 «Vio dinero» y O2 «el que había soñado jamás». O2 actúa como Subordinada Comparativa de O1, Oración Principal, en relación de superioridad a través del nexo «más... de». Consta de:

OP: «Vio dinero». Oración Principal, enunciativa, bimembre, afirmativa, transitiva. Consta de:

.....Sintagma nominal (Sujeto): elíptico (3ª persona de singular).
.....Sintagma verbal (Predicado): «vio dinero». Consta de:
..........Verbo (núcleo): «vio».
..........Sintagma nominal (CD): Nombre (núcleo): «dinero».

OS: «el que había soñado jamás». Oración Subordinada Comparativa, adjetiva sustantivada introducida por «el que». Dentro de su estructura es simple, bimembre, enunciativa, negativa, transitiva. Consta de:

....Sintagma nominal (Sujeto): elíptico (3ª persona de singular).
....Sintagma verbal (Predicado): «jamás había soñado ese dinero» (el que). Consta de:
.......Adverbio (marca oracional de negación, CC de Tiempo): «jamás».
.......Verbo (núcleo): «había soñado».
.......Pronombre (CD): «que».

4. **«Tenía más miedo del previsto».** Oración compuesta por dos oraciones: O1 «Tenía miedo» y O2 «Tenía miedo previsto». O2 actúa como Oración Subordinada Comparativa de O1, Oración Principal, en relación de superioridad a través del nexo «más... de». Consta de:

OP: «Tenía miedo». Oración Principal, simple, enunciativa, bimembre, afirmativa, transitiva. Consta de:

......Sintagma nominal (Sujeto): elíptico (1ª o 3ª persona de singular).
......Sintagma verbal (Predicado): «tenía miedo». Consta de:
..........Verbo (núcleo): «tenía».
..........Sintagma nominal (CD): Nombre (núcleo): «miedo».

OS: «(tenía miedo) previsto». Oración Subordinada Comparativa de estructura simple, bimembre, enunciativa, afirmativa, transitiva. Consta de:

......Sintagma nominal (Sujeto): elíptico (1ª o 3ª persona de singular).
......Sintagma verbal (Predicado): «(tenía miedo) previsto». Consta de:
..........Verbo (núcleo): elíptico («tenía»).
..........Sintagma nominal (CD): «(miedo) previsto». Consta de:
...............Nombre (núcleo): elíptico («miedo»).
...............Adjetivo: «previsto».

1.3. Comparativas de inferioridad

Cuando la idea o el elemento expresado en la oración Principal resulta inferior al expresado en la Oración Subordinada. Utilizamos los nexos «menos... que» y «menos... de».
Veamos algunos ejemplos:

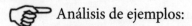 Análisis de ejemplos:

1. **«Gano menos dinero que tú».** Oración compuesta de dos oraciones: O1 «Gano dinero» y O2 «tú (ganas dinero)». O2 es una Oración Subordinada Comparativa de O1, Oración Principal, en relación de inferioridad a través del nexo «menos... que». Consta de:

   OP: «Gano dinero». Oración Principal cuya estructura es simple, enunciativa, bimembre, afirmativa, transitiva. Consta de:

   .....Sintagma nominal (Sujeto): elíptico (1ª persona de singular).
   .....Sintagma verbal (Predicado): «gano dinero». Consta de:
   ....Verbo (núcleo): «gano».
   ....Sintagma nominal (CD): Nombre (núcleo): «dinero».

   OS: «tú (ganas dinero)». Oración Subordinada cuya estructura es simple, enunciativa, bimembre, afirmativa, transitiva. Consta de:

   .....Sintagma nominal (Sujeto): Pronombre (núcleo): «tú».
   .....Sintagma verbal (Predicado): («ganas dinero»). Consta de:
   ....Verbo (núcleo): elíptico («ganas»).
   ....Sintagma nominal (CD): elíptico («dinero»).

2. **«Los albañiles tardaron menos de lo previsto».** Oración compuesta por dos oraciones: O1: «los albañiles tardaron (un tiempo)» y O2: «(tenían un tiempo —lo—) previsto». O2 actúa como Oración Subordinada Comparativa de O1, Oración Principal, en relación de inferioridad a través del nexo «menos de». Consta de:

   O1: «Los albañiles tardaron (un tiempo)». Oración Principal, por su estructura simple, enunciativa, bimembre, afirmativa, transitiva. Consta de:

   .....Sintagma nominal (Sujeto): «los albañiles». Consta de:
   ....Determinante: «los».

..........Nombre (núcleo): «albañiles».
.....Sintagma verbal (Predicado): «tardaron (un tiempo)».
Consta de:
..........Verbo (núcleo): «tardaron».
..........Sintagma nominal (CD): elíptico («un tiempo»).

OS: «(los albañiles tenían) lo previsto. Oración Subordinada Comparativa, por su estructura simple, enunciativa, bimembre, afirmativa, transitiva. Consta de:

....Sintagma nominal (Sujeto): elíptico («los albañiles»).
....Sintagma verbal (Predicado): «(tenían) lo previsto». Consta de:
.........Verbo (núcleo): elíptico («tenían»).
.........Sintagma nominal (CD): «lo previsto». Consta de:
.............Pronombre (transpositor a la función sustantiva): «lo».
.............Adjetivo (sustantivado): «previsto».

A estas categorías tendríamos que añadir las que la RAE denomina «Comparativas Proporcionales»[59]. Vienen introducidas por partículas discontinuas del tipo «cuanto más..., menos», «mientras menos..., más». Se trata de una relación comparativa directa («cuanto más..., más...») o inversa («cuanto más..., menos...») de forma proporcional. Lo veremos más claro con estos ejemplos:

3. **«Cuanto más difícil me lo ponían, más empeño ponía en conseguirlo».** Oración compuesta por dos oraciones: O1: «me lo ponían difícil» y O2: «ponía empeño en conseguirlo». O2 es una Oración Subordinada Comparativa de O1, Oración Principal, en relación «proporcional» a través del nexo «cuanto más... más». Consta de:

OP: «me lo ponían difícil». Oración Principal, por su estructura es simple, enunciativa, afirmativa, transitivo-atributiva. Consta de:

---

[59] *Ortografía...* Madrid: Espasa, 2010, pág. 340.

.....Sintagma nominal (Sujeto): elíptico (3ª persona de plural).
.....Sintagma verbal (Predicado): «me lo ponían difícil».
Consta de:
..........Pronombre (CI): «me».
..........Pronombre (CD): «lo».
..........Verbo (núcleo): «ponían».
..........Adjetivo (At del CD): «difícil».

OS: «ponía empeño en conseguirlo». Oración Subordinada Comparativa; por su estructura, está, a su vez, compuesta de una Oración Principal («ponía empeño») y una Proposición Subordinada Sustantiva de infinitivo en función de Complemento de Régimen («en conseguirlo»). Consta de:

.....Sintagma nominal (Sujeto): elíptico («yo»).
.....Sintagma verbal (Predicado): «ponía empeño en conseguirlo».
Consta de:
.........Verbo (núcleo): «ponía».
.........Sintagma nominal (CD): Nombre (núcleo): «empeño».
.........Proposición Sustantiva (CRég introducida por «en + construcción de infinitivo»): «en conseguirlo». Consta de:
...............Preposición: «en».
...............Construcción de infinitivo: «conseguirlo». Consta de:
..................Infinitivo (núcleo): «conseguir».
..................Pronombre (CD): «lo».

En realidad, las estructuras comparativas son fácilmente identificables y no suelen plantear dificultades en el análisis, solo la frecuente utilización de elementos elípticos en la Oración Subordinada que debemos recomponer cuando se nos pida un análisis morfosintáctico oracional. En la enumeración de los nexos, hemos usado puntos suspensivos entre la partícula intensiva y el segundo elemento discontinuo; con ello queremos dar a entender que entre los dos componentes del nexo pueden aparecer intercalados uno o varios elementos.

Solo dos observaciones más: la primera se refiere a las Oraciones Subordinadas de superioridad e inferioridad en las que el segundo elemento del nexo es «de» («menos... de» / «más... de»); en estos casos, detrás de la preposición aparece invariablemente un sintagma nominal (o palabra o grupo de palabras sustantivadas como podemos observar en los ejemplos analizados). La segunda observación es relativa a las Oraciones Subordinadas Comparativas de igualdad: a veces resultan difíciles de distinguir de las Oraciones Circunstanciales de Modo y la única diferencia formal está en el nexo utilizado («como» para las Circunstanciales Modales /«igual que» para las comparativas).

Obsérvese el paralelismo:

- «El niño nació como su madre» («así»; así, ¿cómo? = como su madre: CC de Modo).
- «El niño nació igual que su madre» («así»; así, ¿cómo? = igual que su madre: ¿Comparativa?).

Enlace a ejemplos de ejercicios prácticos y comentarios a consultas recibidas sobre el tema en el Blog: https://wp.me/pTRlh-gO.

2. Oraciones Subordinadas Consecutivas

Si las oraciones Coordinadas Ilativas expresaban, en la segunda oración, la consecuencia de lo expuesto en la primera, las oraciones Subordinadas Consecutivas también expresan una consecuencia de lo dicho en la Oración Principal. La única diferencia entre ambas es el matiz de «intensidad» presente en las Subordinadas y que se manifiesta mediante la presencia de partículas intensivas («tal», «tanto», «tan», etc.). Los nexos en las Oraciones Subordinadas incorporan dos elementos de los cuales uno de ellos aporta matiz intensivo y el otro actúa como conjunción y solo los vamos a encontrar relacionando oraciones y no palabras o grupos de palabras. No obstante estas diferencias, insistimos en que buena parte de las gramáticas al uso no consideran esta distinción e incluyen «Ilativas» y «Consecutivas» bajo un mismo epígrafe, el de Subordinadas Consecutivas.

Ya hemos visto que la clave está en la intensificación. Si lo que intensificamos es una cualidad, utilizaremos la partícula intensiva «tal», por ejemplo:

☞ Análisis de ejemplos:

1. **«Le dio tales golpes que comenzó a sangrar».** Oración compuesta por dos oraciones: O1 «le dio tales golpes» y O2 «comenzó a sangrar». O2 actúa como Oración Subordinada Consecutiva de O1, Oración Principal, a través del nexo «tales... que». Consta de:

   OP: «Le dio tales golpes». Oración Principal, por su estructura, simple, enunciativa, bimembre, afirmativa, transitiva. Consta de:

   ....Sintagma nominal (Sujeto): elíptico (3ª persona de singular).
   ....Sintagma verbal (Predicado): «le dio tales golpes». Consta de:
   ......Pronombre (CI): «le».
   ......Verbo (núcleo): «dio».
   ......Sintagma nominal (CD): «tales golpes». Consta de:
   ....Determinante (primer término del nexo subordinado partícula intensiva): «tales».
   ....Nombre (núcleo): «golpes».

   OS: «comenzó a sangrar». Oración Subordinada, por su estructura simple, enunciativa, bimembre, afirmativa e intransitiva. Consta de:

   ....Sintagma nominal (Sujeto): elíptico (3ª persona de singular).

....Sintagma verbal (Predicado): Verbo (núcleo: perífrasis verbal de infinitivo): «comenzó a sangrar».

Si lo que intensificamos es la cantidad, utilizamos la partícula intensiva «tanto». Por ejemplo:

2. **«Comí tanto que creí que iba a reventar».** Oración compuesta; consta de O1 «Comí tanto» y O2 «creí que iba a reventar». O2 actúa como Oración Subordinada Consecutiva de O1, Oración Principal, a través del nexo «tanto... que». Veámoslas:

OP: «Comí tanto». Oración Principal; por su estructura, simple, enunciativa, bimembre, afirmativa, intransitiva. Consta de:

....Sintagma nominal (Sujeto): elíptico (1ª persona de singular).
....Sintagma verbal (Predicado): «comí tanto». Consta de:
.......Verbo (núcleo): «comí».
.......Adverbio (actúa como primer término intensivo del nexo consecutivo): «tanto».

OS: «creí que iba a reventar». Oración Subordinada Consecutiva. Por su estructura es una oración compuesta en cuyo Predicado se haya integrada una Proposición Sustantiva en función del Complemento Directo («...que iba a reventar»). Consta de:

....Sintagma nominal (Sujeto): elíptico (1ª persona de singular).
....Sintagma verbal (Predicado): «creí que iba a reventar».
   Consta de:
.......Verbo (núcleo): «creí».
.......Proposición Subordinada Sustantiva (CD, introducida por el transpositor «que»): «iba a reventar». Consta de:
...........Sintagma nominal (Sujeto): elíptico (1ª persona de singular).
...........Sintagma verbal (Predicado): «iba a reventar».
   Consta de:

...............Verbo (núcleo: perífrasis de infinitivo): «iba a reventar».

Cuando el término en el que recae la intensificación es un adjetivo o un adverbio, utilizamos la partícula intensiva «tan», como sucede en el ejemplo siguiente:

3. **«Era tan alto que parecía una torre».** Oración compuesta por O1: «Era tan alto» y O2 «parecía una torre». O2 está actuando como Oración Subordinada Consecutiva de O1, Oración Principal, a través del nexo «tan... que». Veámoslas:

OP: «Era tan alto». Oración Principal; por su estructura, simple, enunciativa, bimembre, afirmativa, atributiva. Consta de:

....Sintagma nominal (Sujeto): elíptico (3ª persona de singular).
....Sintagma verbal (Predicado nominal): «era tan alto».
   Consta de:
.........Verbo (núcleo copulativo): «era».
.........Grupo adjetival (At): «tan alto». Consta de:
............Adverbio (partícula intensiva, primer término del nexo consecutivo): «tan».
............Adjetivo: «alto».

OS: «parecía una torre». Oración Subordinada Consecutiva de O1. Por su estructura, simple, enunciativa, bimembre, afirmativa, atributiva. Consta de:

....Sintagma nominal (Sujeto): elíptico (3ª persona de singular).
....Sintagma verbal (Predicado nominal): «parecía una torre».
   Consta de:
.........Verbo (núcleo copulativo): «parecía».
.........Sintagma nominal (At): «una torre». Consta de:
............Determinante: «una».
............Nombre (núcleo): «torre».

Cuando lo que intensificamos es la acción misma expresada por el Predicado, utilizamos la partícula intensiva «tanto»; es lo que ocurre en el ejemplo «Corrió tanto que cayó desmayado». Veamos cómo se analiza:

4. **«Corrió tanto que cayó desmayado».** Oración compuesta por O1 «»corrió tanto» y O2 «cayó desmayado». O2 actúa como Oración Subordinada Consecutiva de O1, Oración Principal, a través del nexo «tanto que». Veámoslas:

OP: «Corrió tanto». Oración Principal; por su estructura es simple, enunciativa, bimembre, afirmativa e intransitiva. Consta de:

....Sintagma nominal (Sujeto): elíptico (3ª persona de singular).
....Sintagma verbal (Predicado): «corrió tanto». Consta de:
........Verbo (núcleo): «corrió».
........Pronombre (término intensivo, primer elemento del nexo consecutivo): «tanto».

OS: «cayó desmayado». Oración Subordinada Consecutiva de O1. Por su estructura es simple, enunciativa, bimembre, afirmativa, semiatributiva. Consta de:

....Sintagma nominal (Sujeto): elíptico (3ª persona de singular).
....Sintagma verbal (Predicado): «cayó desmayado». Consta de:
........Verbo (núcleo): «cayó».
........Participio (CPred): «desmayado».

La partícula intensiva puede aparecer pospuesta cuando lo que se pondera es un sustantivo, y también puede omitirse como sucede en los siguientes ejemplos:

- «Agarró un resfriado tal que estuvo una semana en la cama».
- «Actuó con un aplomo que sorprendió a los presentes».

Veamos cómo se analizarían:

365

5. **«Agarró un resfriado tal que estuvo una semana en la cama».** Oración compuesta por O1, «Agarró un resfriado tal», y O2, «estuvo una semana en la cama». O2 actúa como Oración Subordinada Consecutiva de O1, Oración Principal, a través del nexo «tal que». Veámoslas:

OP: «Agarró un resfriado tal». Oración Principal; por su estructura es simple, enunciativa, bimembre, afirmativa, transitiva. Consta de:

....Sintagma nominal (Sujeto): elíptico (3ª persona de singular).
....Sintagma verbal (Predicado): «agarró un resfriado tal».
   Consta de:
........Verbo (núcleo): «agarró».
........Sintagma nominal (CD): «un resfriado tal». Consta de:
............Determinante: «un».
............Nombre (núcleo): «resfriado».
............Determinante (actúa como partícula intensiva, primer
            elemento del nexo consecutivo): «tal».

OS: «estuvo una semana en la cama». Oración Subordinada Consecutiva; por su estructura es simple, enunciativa, bimembre, afirmativa e intransitiva. Consta de:

....Sintagma nominal (Sujeto): elíptico (3ª persona de singular).
....Sintagma verbal (Predicado): «estuvo una semana en la cama».
   Consta de:
........Verbo (núcleo): «estuvo».
........Sintagma nominal (At): «una semana». Consta de:
............Determinante: «una».
............Nombre (núcleo): «semana».
........Grupo preposicional (CC de Modo): «en la cama».
        Consta de:
............Preposición: «en».
............Sintagma nominal: «la cama». Consta de:
...............Determinante: «la».
...............Nombre (núcleo): «cama».

O simplemente puede omitirse como hemos hecho en el siguiente ejemplo:

6. **«Actuó con un aplomo que sorprendió a los presentes».** Oración compuesta de O1 «Actuó con un aplomo» y O2 «sorprendió a los presentes». O2 actúa como Oración Subordinada Consecutiva de O1, Oración Principal, mediante el nexo de relación «(tal) que». Consta de:

OP: «Actuó con un aplomo». Oración Principal; por su estructura es simple, enunciativa, bimembre, afirmativa, intransitiva. Consta de:

....Sintagma nominal (Sujeto): elíptico (3ª persona de singular).
....Sintagma verbal (Predicado): «actuó con un aplomo».
    Consta de:
........Verbo (núcleo): «actuó».
........Grupo preposicional (CC de Modo): «con un aplomo».
       Consta de:
............Preposición: «con».
............Sintagma nominal: «un aplomo». Consta de:
...............Determinante: «un».
...............Nombre (núcleo): «aplomo».

OS: «sorprendió a los presentes». Oración Subordinada Consecutiva. Por su estructura es simple, enunciativa, bimembre, afirmativa, transitiva. Consta de:

....Sintagma nominal (Sujeto): elíptico (3ª persona de singular).
....Sintagma verbal (Predicado): «sorprendió a los presentes».
    Consta de:
........Verbo (núcleo): «sorprendió».
........Grupo preposicional (CD): «a los presentes». Consta de:
............Preposición: «a».
............Sintagma nominal: «los presentes». Consta de:
...............Determinante: «los».
...............Nombre (núcleo): «presentes».

Otros nexos y fórmulas que pueden introducir oraciones Subordinadas Consecutivas son «de tal modo que», «hasta tal punto que», «si... que...» en algunas secuencias, etc.

7. **«Organizó el asalto de tal modo que no lo descubrieron»** (= **tan bien que...**). Oración compuesta de O1, «Organizó el asalto», y O2 «no lo descubrieron». O2 está actuando como Oración Subordinada Consecutiva de O1, Oración Principal, a través del nexo «de tal modo que». Consta de:

OP: «Organizó el asalto». Oración Principal, por su estructura es simple, enunciativa, bimembre, afirmativa, transitiva. Consta de:

....Sintagma nominal (Sujeto): elíptico (3ª persona de singular).
....Sintagma verbal (Predicado): «organizó el asalto». Consta de:
.........Verbo (núcleo): «organizó».
.........Sintagma nominal (CD): «el asalto». Consta de:
............Determinante: «el».
............Nombre (núcleo): «asalto».

OS: «no lo descubrieron». Oración Subordinada Consecutiva; por su estructura es simple, enunciativa, bimembre, negativa, transitiva. Consta de:

....Sintagma nominal (Sujeto): elíptico (3ª persona de plural).
....Sintagma verbal (Predicado): «no lo descubrieron».
.....Consta de:
.........Adverbio (marca oracional de negación): «no».
.........Pronombre (CD): «lo».
.........Verbo (núcleo): «descubrieron».

8. **«Perdió el control hasta el punto de que tuvieron que poner-le una camisa de fuerza».** Oración compuesta de O1, «Perdió el control», y O2, «tuvieron que ponerle una camisa de fuer-za». O2 actúa como Oración Subordinada Consecutiva de O1, Oración Principal, a través del nexo «hasta el punto de que». Consta de:

OP: «Perdió el control». Oración Principal; por su estruc-tura es simple, enunciativa, bimembre, afirmativa, transitiva. Consta de:

....Sintagma nominal (Sujeto): elíptico (3ª persona de singular).
....Sintagma verbal (Predicado): «perdió el control». Consta de:
.........Verbo (núcleo): «perdió».
.........Sintagma nominal (CD): «el control». Consta de:
...............Determinante: «el».
...............Nombre (núcleo): «control».

OS: «tuvieron que ponerle una camisa de fuerza». Oración Subordinada Consecutiva; por su estructura es simple, enun-ciativa, bimembre, afirmativa y transitiva. Consta de:

....Sintagma nominal (Sujeto): elíptico (3ª persona de singular).
....Sintagma verbal (Predicado): «tuvieron que ponerle una cami-sa de fuerza». Consta de:
.........Verbo (núcleo: perífrasis de infinitivo «tener + que + in-finitivo»): «tuvieron que poner».
.........Pronombre (CI): «le».
.........Sintagma nominal (CD): «una camisa de fuerza».
.........Consta de:
............Determinante: «una».
............Nombre (núcleo): «camisa».
............Grupo preposicional (CN): «de fuerza». Consta de:
.................Preposición: «de».
.................Sintagma nominal: Nombre (núcleo): «fuerza».

Matiz consecutivo tiene también la construcción «si... que...» en ejemplos del tipo: «Si se esforzaría, que aprobó incorporándose dos meses más tarde» (Se esforzó tanto que...).

Enlace a ejemplos de ejercicios prácticos y comentarios a consultas recibidas sobre el tema en el Blog: https://wp.me/pTRlh-hd.

3. Oraciones Subordinadas Condicionales

A través de las Oraciones Subordinadas Condicionales expresamos una «condición» que consideramos imprescindible para que se cumpla lo dicho en la Oración Principal. Por ejemplo: «*Si me llamas por teléfono*, iré»; la acción significada por la Oración Subordinada («llamar por teléfono») es considerada necesaria para que lo expresado en la Oración Principal («ir») se cumpla.

Es muy frecuente que sea la Oración Subordinada la que encabece el enunciado, como ha ocurrido en el ejemplo anterior, de ahí que se denomine «apódosis»; mientras que a la principal situada detrás la denominamos «prótasis».

El nexo más utilizado es «si», pero podemos utilizar muchos procedimientos: «a condición de que», «como», «cuando», «en el supuesto de que», «en el caso de que», «siempre que», «con tal (de) que», etc. Por ejemplo:

1. «Haré el encargo a condición de que nunca me pidas otro favor».
2. «Como sigas llorando, no te escucharé».
3. «Cuando el río suena, agua lleva». ~~where's there smoke, there's fire~~
4. «Ganará el pleito en el supuesto de que presente la instancia en el momento oportuno».

5. «Iré a tu despacho en el caso de que esté dispuesto a recibirme».

6. «Aceptaré el contrato siempre que tú vengas primero».

7. «Con tal de que me dejen tranquilo soy capaz de cualquier cosa».

La lista de nexos y procedimientos se podría ampliar bastante más, pero no hay que asustarse. Lo importante es que todos ellos resulten sustituibles por «si» sin alterar el significado de la oración. Observemos: «Haré el encargo si nunca me...»; «Si sigues llorando, no te...»; «Si el río suena...»; «Si presentó la instancia en el momento...»; «Si está dispuestos a recibirme...», etc. De todas formas, hemos de tener cuidado porque algunos de los nexos que hemos visto introducir las Oraciones Subordinadas Condicionales han sido ya estudiados en otros capítulos («como», por ejemplo, fue visto en las Proposiciones Circunstanciales Modales, en las Adverbiales de Relativo y en las Comparativas), de ahí que debamos intentar sustituir por «si» y comprobar que el significado global de la oración no varía. También el nexo «si» lo vimos como transpositor de las Proposiciones Sustantivas en función de Complemento Directo cuando estas eran Interrogativas Indirectas Totales, pero entonces explicamos la forma de diferenciarlo —repasar ese epígrafe en caso de duda—. También algunas expresiones pueden tener valor condicional. Por ejemplo:

1. «De + Infinitivo»: «de saberlo (si lo hubiera sabido), lo hubiera contestado».

2. «Gerundio»: «Estudiando con mucho afán (si estudia con mucho afán), llegará a cualquier parte».

3. «Participio»: «Atosigado por tus preguntas (si lo atosigas con tus preguntas), no te responderá».

4. «Con + sintagma nominal + oración en condicional»: «Con unos padres ricos (si tuviera unos padres ricos) también yo me permitiría esos lujos»; «Con que estudiaras un poco (si estudiaras un poco) sería suficiente».

Algunas de estas expresiones podrían ser analizadas como Complementos Circunstanciales (2 y 4), otras como Atributo o Complemento Predicativo (3), otras, en cambio, presentan un valor netamente condicional (1, 4b); pero como acabamos de ver todas admiten el significado condicional sin alterar el sentido de la oración.

☞ Análisis de ejemplos:

1. **«Si me llamas por teléfono, iré».** Oración compuesta por una Oración Principal («iré») de la que depende una Oración Subordinada Condicional («si me llamas por teléfono») a través de la conjunción «si». Consta de:

   OP: «iré». Por su estructura es una oración simple, enunciativa, bimembre, afirmativa, intransitiva. Consta de:

   ….Sintagma nominal (Sujeto): elíptico (1ª persona de singular).
   ….Sintagma verbal (Predicado): Verbo (núcleo): «iré».

   OS: «si me llamas por teléfono». Por su estructura es una oración simple, enunciativa, bimembre, afirmativa, transitiva. Consta de:

   ….Sintagma nominal (Sujeto): elíptico (2ª persona de singular).
   ….Sintagma verbal (Predicado): «me llamas por teléfono».
      Consta de:
   ………Pronombre (CD): «me».
   ………Verbo (núcleo): «llamas».
   …………Grupo preposicional (CC de Modo): «por teléfono».
      Consta de:
   …………Preposición: «por».
   …………Sintagma nominal: Nombre (núcleo): «teléfono».

2. **«Haré el encargo a condición de que nunca me pidas otro favor».** Oración compuesta por una Oración Principal («Haré el encargo») y una Oración Subordinada Condicional («a condición de que nunca me pidas otro favor») a través de la locución conjuntiva «a condición de que». Consta de:

OP: «Haré el encargo». Por su estructura es una oración simple, enunciativa, bimembre, afirmativa, transitiva. Consta de:

….Sintagma nominal (Sujeto): elíptico (1ª persona de singular).
….Sintagma verbal (Predicado): «haré el encargo». Consta de:
………Verbo (núcleo): «haré».
………Sintagma nominal (CD): «el encargo». Consta de:
……………Determinante: «el».
……………Nombre (núcleo): «encargo».

OS: «a condición de que nunca me pidas otro favor». Por su estructura es una oración simple, enunciativa, bimembre, negativa, transitiva. Consta de:

….Sintagma nominal (Sujeto): elíptico (2ª persona de singular).
….Sintagma verbal (Predicado): «nunca me pidas otro favor». Consta de:
………Adverbio (CC de Tiempo y marca de negación oracional): «nunca».
………Pronombre (CI): «me».
………Verbo (núcleo): «pidas».
………Sintagma nominal (CD): «otro favor». Consta de:
…………Determinante: «otro».
…………Nombre (núcleo): «favor».

3. **«Como sigas llorando, no te escucharé».** Oración compuesta por una Oración Principal («No te escucharé») y una Oración Subordinada Condicional («como sigas llorando») a través del nexo «como». Consta de:

OP: «no te escucharé». Por su estructura es una oración simple, enunciativa, bimembre, negativa, transitiva. Consta de:

....Sintagma nominal (Sujeto): elíptico (1ª persona de singular).
....Sintagma verbal (Predicado): «no te escucharé». Consta de:
.........Adverbio (marca oracional de negación): «no».
.........Pronombre (CD): «te».
.........Verbo (núcleo): «escucharé».

OS: «Como sigas llorando». Por su estructura es una oración simple, enunciativa, bimembre, afirmativa, intransitiva. Consta de:

....Sintagma nominal (Sujeto): elíptico (2ª persona de singular).
....Sintagma verbal (Predicado): Verbo (núcleo: perífrasis de gerundio): «sigas llorando».

4. **«Cuando el río suena, agua lleva».** Oración compuesta por una Oración Principal («agua lleva») de la que depende una Oración Subordinada Condicional («cuando el río suena») a través del nexo «cuando». Consta de:

OP: «agua lleva». Por su estructura es una oración simple, enunciativa, bimembre, afirmativa, transitiva. Consta de:

....Sintagma nominal (Sujeto): elíptico (3ª persona de singular).
....Sintagma verbal (Predicado): «agua lleva».
.........Verbo (núcleo): «lleva».
.........Sintagma nominal (CD): Verbo (núcleo): «agua».

OS: «Cuando el río suena». Por su estructura es una oración simple, enunciativa, bimembre, afirmativa, intransitiva. Consta de:

....Sintagma nominal (Sujeto): «el río». Consta de:
.........Determinante: «el».
.........Nombre (núcleo): «río».
....Sintagma verbal (Predicado): Verbo (núcleo): «suena».

5. **«Ganará el pleito en el supuesto de que presente la instancia en el momento oportuno».** Oración compuesta por una Oración Principal («ganará el pleito») de la que depende una Oración Subordinada Condicional («en el supuesto de que presentara la instancia en el momento oportuno») introducida a través de la locución «en el supuesto de que». Consta de:

OP: «Ganará el pleito». Por su estructura es una oración simple, enunciativa, bimembre, afirmativa, transitiva. Consta de:

....Sintagma nominal (Sujeto): elíptico (3ª persona de singular).
....Sintagma verbal (Predicado): «ganará el pleito». Consta de:
.........Verbo (núcleo): «ganará».
.........Sintagma nominal (CD): «el pleito». Consta de:
...............Determinante: «el».
...............Nombre (núcleo): «pleito».

OS: «presente la instancia en el momento oportuno». Por su estructura es simple, enunciativa, bimembre, afirmativa, transitiva. Consta de:

....Sintagma nominal (Sujeto): elíptico (3ª persona de singular).
....Sintagma verbal (Predicado): «presente la instancia en el momento oportuno». Consta de:
.........Verbo (núcleo): «presente».
.........Sintagma nominal (CD): «la instancia». Consta de:
...............Determinante: «la».
...............Nombre (núcleo): «instancia».
...............Grupo preposicional (CC de Tiempo): «en el momento oportuno». Consta de:
....................Preposición: «en».

...............Sintagma nominal: «el momento oportuno».

Consta de:

...............Determinante: «el».

...............Nombre (núcleo): «momento».

...............Adjetivo: «oportuno».

Enlace a ejemplos de ejercicios prácticos y comentarios a consultas recibidas sobre el tema en el Blog: https://wp.me/pTRlh-hl.

4. Oraciones Subordinadas Concesivas

A través de las Oraciones Subordinadas Concesivas expresamos una dificultad para el desarrollo de la acción principal, dificultad que podría o tendría que impedir que la acción se cumpliera, pero que, sin embargo, no la impide; es decir, afirmamos que la acción principal se cumple a pesar del impedimento real o posible expresado en la Subordinada. Si decimos «Saldré aunque llueva», suponemos que «llover» es un impedimento para «salir», pero estamos afirmando la acción de salir aun a pesar de dicho impedimento.

Los nexos más frecuentes son «aunque» y «a pesar de que»; otros pueden ser «aun cuando», «cuando», «si bien», «por más que», etc. Por ejemplo:

1. «No le dieron el carné *aunque/a pesar de que* hizo bien el ejercicio».

2. «*Aun cuando* lo intentes, por ese camino no llegarás a ninguna parte».

3. «Me volvieron la espalda *cuando* tantos favores me debían».

4. «Se comportó correctamente, *si bien*, se le notaba la tensión».

5. «Era un desastre *por más que* su padre tratara de corregir-lo».

Hemos de tener cuidado para no confundirlas con las Coordinadas Adversativas. Recordemos que aquellas restringían semánticamente a la primera oración, es decir, le restaban parte de su significado; había contradicción entre sus términos, pero el significado final se producía por combinación del significado de ambos. En cambio, el significado de la Oración Subordinada Concesiva es inoperante en el resultado final porque afirmamos íntegramente lo expresado en la Oración Principal. La confusión es muy frecuente porque ambas pueden utilizar el nexo «aunque» y no siempre resulta fácil diferenciarlas. Con todo, además de la diferencia de significado que acabamos de señalar, conviene tener presente lo siguiente:

Las Coordinadas Adversativas se construyen siempre con modo indicativo, mientras que las Subordinadas Concesivas suelen hacerlo con subjuntivo y, en menos ocasiones, con indicativo. Esto limita las posibilidades de error solo a aquellas que aparezcan con modo indicativo.

Cuando aparece el modo indicativo, sustituiremos el nexo «aunque» por «pero»; si la conmutación es aceptable sin que se altere el significado de la oración compuesta, estaremos ante una Coordinada Adversativa; pero si el resultado no es aceptable o se produce alteración del significado, estaremos ante una Oración Subordinada Concesiva.

Además de los nexos mencionados, como ocurría con las Subordinadas Condicionales, la relación concesiva puede expresarse por otra serie de procedimientos.

A continuación, enumeramos los más usuales:

1. «Aun + gerundio»: *Aun sabiéndolo* no lo respondió» («A pesar de que lo sabía, no lo respondió»).

2. «Con + infinitivo»: *Con ganar* tanto dinero, no se verá libre de deudas» («Aunque gane tanto (mucho) dinero, no se verá libre de deudas»).

3. «Por... que»: *Por* mal *que* vayan las cosas, siempre queda la esperanza» («Aunque las cosas vayan muy mal, siempre queda la esperanza»).

4. «Futuro de indicativo + conjunción o locución adversativa»: «Deberá mucho dinero, pero vive como quiere» («Aunque deba mucho dinero, vive como quiere»).

5. «Verbo en condicional + conjunción o locución adversativa»: «Sería un gran sabio, pero no lo demostró jamás» (Aunque fuera un gran sabio, no lo demostró jamás»).

6. Reiteración de verbo: «Lo hagas como lo hagas, nunca saldrá bien», «Corras lo que corras, siempre llegas tarde», «Tires por donde tires, te encuentras con Ramírez», etc.

Análisis de ejemplos:

1. **«No le dieron el carné *aunque* hizo bien el ejercicio».** Oración compuesta por una Principal, O1, «no le dieron el carné», y una Oración Subordinada en relación Concesiva a través del nexo «aunque», O2, «hizo bien el ejercicio». Consta de:

OP: «No le dieron el carné». Oración simple, enunciativa, bimembre, negativa, transitiva. En cuanto a su estructura, responde al siguiente esquema:

.......Sintagma nominal (Sujeto): elíptico (3ª persona del plural) (¿?)[60].

---

[60] Uno de los procedimientos de impersonalización optativa es el uso del verbo en tercera persona de plural («Dicen que habrá huelga»). Sin contexto, resulta imposible determinar si el emisor está pensando en personas concretas o ha usado conscientemente la fórmula con sentido impersonal, de ahí los signos de interrogación.

.......Sintagma verbal (Predicado): «no le dieron el carné».
    Consta de:
.............Adverbio (marca oracional de negación): «no».
.............Pronombre (CI): «le».
.............Verbo (núcleo): «dieron».
.............Sintagma nominal (CD): «el carné». Consta de:
.................Determinante: «el».
.................Nombre: «carné».

OS: «hizo bien el examen». Oración simple, enunciativa, bimembre, afirmativa, transitiva. En cuanto a su estructura, sigue el siguiente esquema:

.....Sintagma nominal (Sujeto): elíptico (3ª persona del singular).
.....Sintagma verbal (Predicado): «hizo bien el examen».
    Consta de:
..........Verbo (núcleo): «hizo».
..........Adverbio (CC de Modo): «bien».
..........Sintagma nominal (CD): «el examen». Consta de:
...............Determinante: «el».
...............Nombre: «examen».

2. **«*Aun cuando* lo intentes, por ese camino no llegarás a ninguna parte».** Oración compuesta por una Principal («por ese camino no llegarás a ninguna parte») y una Oración Subordinada Concesiva («lo intentes») a través de la locución «aun cuando». Veámoslas:

OP: «Por ese camino no llegarás a ninguna parte». Oración simple, enunciativa, bimembre, negativa, intransitiva. En cuanto a su estructura, sigue el siguiente esquema:

......Sintagma nominal (Sujeto): elíptico (2ª persona de singular).
......Sintagma verbal (Predicado): «por ese camino no llegarás a ninguna parte». Consta de:
..........Grupo preposicional (CC de Modo): «por ese camino».
    Consta de:

..............Preposición: «por».
..............Sintagma nominal: «ese camino». Consta de:
..................Determinante: «ese».
..................Nombre (núcleo): «camino».
.........Adverbio (marca oracional de negación): «no».
.........Verbo (núcleo): «llegarás».
.........Grupo preposicional (CC de Lugar): «a ninguna parte».
Consta de:
..............Preposición: «a».
..............Sintagma nominal: «ninguna parte». Consta de:
..................Determinante: «ninguna».
..................Nombre (núcleo): «parte».

3. **«Me volvieron la espalda *cuando* tantos favores me debían».** Oración compuesta por un Principal («Me volvieron la
espalda») y una Subordinada Concesiva («tantos favores me
debían») a través del nexo «cuando». Veámoslas:

OP: «Me volvieron la espalda». Oración simple, enunciativa,
bimembre, afirmativa, transitiva. En cuanto a la estructura,
sigue el siguiente esquema:

.....Sintagma nominal (Sujeto): elíptico (3ª persona del plural).
.....Sintagma verbal (Predicado): «me volvieron la espalda».
Consta de:
.........Pronombre (CI): «me».
.........Verbo (núcleo): «volvieron».
.........Sintagma nominal (CD): «la espalda». Consta de:
..............Determinante: «la».
..............Nombre: «espalda».

OS: «tantos favores me debían». Oración simple, enunciativa, bimembre, afirmativa, transitiva. Consta de:

.....Sintagma nominal (Sujeto): elíptico (3ª persona del plural).
.....Sintagma verbal (Predicado): «tantos favores me debían».
.........Sintagma nominal (CD): «tantos favores». Consta de:

...............Determinante: «tantos».
...............Nombre: «favores».
...........Pronombre (CI): «me».
...........Verbo (núcleo): «debían».

4. **«Se comportó correctamente, *si bien*, se le notaba la tensión».** Oración compuesta por una Principal («se comportó correctamente») y una Subordinada Concesiva («se le notaba la tensión») relacionadas a través del nexo «si bien». Veámoslas:

OP: «Se comportó correctamente». Oración simple, enunciativa, bimembre, afirmativa, intransitiva. En cuanto a su estructura, sigue el siguiente esquema:

.....Sintagma nominal (Sujeto): elíptico (3ª persona de singular).
.....Sintagma verbal (Predicado): «se comportó correctamente». Consta de:
...........Pronombre (morfema verbal): «se».
...........Verbo (núcleo): «comportó».
...........Adverbio (CC de Modo): «correctamente».

OS: «se le notaba la tensión». Oración simple, enunciativa, bimembre, afirmativa, pasiva refleja. En cuanto a su estructura, sigue el siguiente esquema:

.....Sintagma nominal (Sujeto paciente): «la pasión». Consta de:
...........Determinante: «la».
...........Nombre (núcleo): «pasión».
.....Sintagma verbal (Predicado): «se le notaba». Consta de:
...........Pronombre (Indicador de pasiva refleja): «se».
...........Pronombre (CI): «le».
...........Verbo (núcleo): «notaba».

5. **«Era un desastre *por más que* su padre tratara de corregir-lo».** Oración compuesta por una Principal («Era un desastre») de la que depende una Oración Subordinada Concesiva («su padre tratara de corregirlo») relacionadas a través de la locución «por más que». Veámoslas:

OP: «Era un desastre». Oración simple, enunciativa, bimembre, afirmativa, atributiva. Consta de:

…..Sintagma nominal (Sujeto): elíptico (3ª persona del singular).
…..Sintagma verbal (Predicado nominal): «era un desastre».
    Consta de:
……….Verbo (núcleo): «era».
……….Sintagma nominal (At): «un desastre». Consta de:
……………Determinante: «un».
……………Nombre (núcleo): «desastre».

OS: «su padre tratara de corregirlo». Oración simple, enunciativa, bimembre, afirmativa, transitiva. Consta de:

…..Sintagma nominal (Sujeto): «su padre». Consta de:
……….Determinante: «su».
……….Nombre (núcleo): «padre».
…..Sintagma verbal (Predicado): «tratara de corregirlo».
    Consta de:
……….Verbo (núcleo): «tratara».
……….Grupo preposicional (CRég): «de corregirlo». Consta de:
……………Preposición: «de».
……………Construcción de infinitivo: «corregirlo». Consta de:
……………….Infinitivo (núcleo): «corregir».
……………….Pronombre (CD): «lo».

Enlace a ejemplos de ejercicios prácticos y comentarios a consultas recibidas sobre el tema en el Blog: https://wp.me/pTRlh-hy.

9.

Repaso general, esquema y visión de conjunto

1. IDEAS PREVIAS

La separación entre oraciones siempre se establece con un punto y seguido o aparte. Las comas y el punto y coma *semi-colon* no separan oraciones independientes. En un texto habrá tantas oraciones como verbos conjugados, y la principal será aquella cuyo verbo no aparezca introducido por una partícula subordinante. Empieza subrayando los verbos conjugados y los nexos; ellos te darán la clave.

2. CLASES DE ORACIONES COMPUESTAS

2.1. Yuxtapuestas

Oraciones contiguas y relacionadas semánticamente entre las que no existe ninguna conjunción ni elemento de enlace o relación. Están separadas entre sí por comas o puntos y coma. El punto separa oraciones independientes:

- «Llegué, vi, vencí».

2.2. Coordinadas

Sus nexos pueden unir palabras, grupos de palabras u oraciones.

2.2.1. Copulativas

Expresan unión de ideas (suma, adición): «y», «e», «ni»:

- «Juan *y* Pedro juegan»; «Juan juega *y* Pedro estudia».

2.2.2. Adversativas

El segundo elemento resta parte del significado al primero (Restrictivas) o lo niega totalmente (Exclusivas).

- Restrictivas: «mas», «pero», «aunque», «sin embargo», «no obstante», etc.
- Exclusivas: «sino (que)».

Ejemplos:

- «Es listo **pero** lento»; «Es calvo, **pero** tiene tres pelos».
- «**No** es bueno **sino** tonto»; «**No** fue accidental **sino que** lo hizo con intención».

2.2.3. Disyuntivas

Expresan opciones que se excluyen entre sí: «o...o...», «o bien... o bien...»; «ya... ya...»; «sea... sea...»; etc.[61]

- «Puedes elegir (**o**) un plátano **o** una manzana».
- «(**O**) te callas, **o** te vas de clase».

---

[61] Enlazando elementos simples puede adquirir valor explicativo: «Esto es un búcaro o botijo».

2.2.4. Distributivas

Expresan hechos que se afirman en un cierto orden correlativo (temporal: «antes... después...»; espacial: «aquí... allí...»; de Sujeto: «unos... otros...»; etc.)[62].

- «**Unos** con el cuaderno, **otros** con el lápiz, todos trabajaban».
- «**Aquí** descanso, **allí** trabajo».

2.2.5. Ilativas

Expresan la consecuencia de lo dicho: «por (lo) tanto», «luego», «por consiguiente», «así que», «conque», «pues», etc.[63]

- «Es pobre, **por lo tanto** insolvente»; «Pienso, **luego** existo».

2.2.6. Explicativas

Repiten lo dicho con otras palabras, ampliando o matizando la información: «es decir», «esto es», «o sea», «mejor dicho», etc.

- «Tenía ganas de ir, **es decir**, de perderse un rato»; «Puedes venir, **esto es**, puedes faltar a clase esas dos horas».

2.3. Subordinadas

Sus nexos enlazan oraciones, nunca palabras o sintagmas, entre las que existe una relación de dependencia sintáctica y semántica, o solo semántica.

---

[62] No usan conjunciones, sino adverbios, pronombres o locuciones con los que podemos establecer correlación. De ahí que algunos autores no las consideren dentro de las coordinadas, sino como meras oraciones yuxtapuestas.

[63] Algunos autores las consideran Subordinadas Consecutivas, no obstante, sus nexos pueden relacionar elementos, no solo oraciones. Siendo consecuentes con nuestra definición, tenemos que considerarlas en este grupo.

2.3.1. Subordinadas sintácticas

Aparecen integradas en la estructura sintáctica de una Oración Principal desempeñando funciones propias de nombre, adjetivo o Complemento Circunstancial, de ahí que las dividamos en: «Sustantivas», «Adjetivas» y «Circunstanciales».

2.3.1.1. Subordinadas Sustantivas

Aparecen desempeñando funciones propias del sustantivo o del sintagma nominal. Nexos: «que» (enunciativas)[64], «si» (Interrogativas Indirectas Totales), «cuándo», «cómo», «dónde», «quién», «por qué», etc. (Interrogativas Indirectas Parciales). El estilo directo usa dos puntos y no lleva nexo.

A: **Sujeto**: «Me gusta *que* rías» (Me gusta tu sonrisa/tus sonrisas me gustan).

B: **Atributo:** «La cosa está *que* arde» (La cosa está así/LO está).[65]

C: **Complemento Directo:** «Quiero *que* vayas» («Quiero eso / «Lo quiero»). «Me preguntó *si* iría a la fiesta» («Me preguntó eso» / «Me LO preguntó»). «Me preguntó *cuándo* regresaría, *quién* iría, *dónde* había estado, *por qué* había tardado» («Me preguntó eso» / «Me LO preguntó»). «Me dijo: ¿Tienes fuego?» («Me dijo eso» / «Me LO dijo»).

D: **Complemento de Régimen:** «Me arrepiento *de que* hayas venido» («Me arrepiento *de eso*»). «Soñaba *con que* saldría del pueblo» («Soñaba *con eso*»).

E: **Complemento Indirecto:** «Daré un premio *a quien* llegue primero» («Daré un premio a ese» / «LE daré un premio»).[66]

---

[64] «Que» irá precedido o no de preposición según la función sintáctica que desempeñe la requiera o no.

[65] Algunos autores las niegan. Son pocas y frases hechas, pero en estos casos parece que no hay otra posibilidad y su funcionamiento y conmutación no dejan lugar a dudas.

[66] Usan el nexo relativo «quien» o «al que» sin antecedente expreso en la oración.

F: Complemento del Nombre: «Tenía la ilusión *de que* éramos novios» («Tenía la ilusión DE ESO»). «Padece miedo *a que* le apaguen la luz» («Padece miedo A ESO»).

G: Complemento del Adjetivo: «No es consciente de que debe estudiar» («No es consciente DE ESO»).

2.3.1.2. Subordinadas Adjetivas

Desempeñan la función propia de un adjetivo como adyacente de un nombre (antecedente). Sus nexos transpositores son los pronombre relativos, por lo que desempeñan una función sintáctica en el interior de la Oración Subordinada, lo que, a veces, requerirá la presencia de preposiciones. Los pronombres relativos son «que», «quien», «el cual» y «cuyo».[67]

1. «Tengo un hermano *que* no se ha casado».
2. «Hay varios compañeros *con quienes* mantengo la relación».
3. «Fuimos tres amigos, *entre los cuales* había un extranjero».
4. «Ese es el libro *de cuya* portada sacaron la foto».

2.3.1.3. Subordinadas Circunstanciales

Desempeñan la función propia de los adverbios (Tiempo, Lugar y Modo) y complementos preposicionales en función circunstancial (Causa y Finalidad).

A: De tiempo: «cuando», «mientras», «después de que», «antes de que», etc.: «Llamaré cuando llegue». ¿Cuándo?: Entonces, cuando llegue.

Algunos autores niegan este análisis, pero la conmutación por LE no plantea dudas.
[67] A estos debemos añadir los adverbios de relativo: «como», «cuando», y «donde» que se emplean cuando el nexo relativo desempeña la función de Complemento Circunstancial de Modo, Tiempo y Lugar respectivamente. Recuerda que deben aparecer referidos a un antecedente («el restaurante donde...»; «aquel instante cuando...»; «de esa forma como...»).

B: De modo: «como», «según», «de forma que», «de la manera que», etc.: «Hazlo como creas conveniente». ¿Cómo?: Así, como creas conveniente.

C: De lugar: «donde», «adonde», «por donde», «desde donde», «doquiera que», etc.: «Vamos donde estuvimos la última vez». ¿Dónde?: Allí, donde estuvimos.

D: De causa: «porque», «ya que», «puesto que», «supuesto que», «como» (antepuesto), «pues», «en vista de que», «visto que», «a causa de que», etc.: «No puedo ir al viaje *porque* no tengo tiempo»: ¿Por qué?: Por eso, porque no tengo tiempo).

E: De finalidad: «para que», «a (fin de) que», etc.: «Te envió a Londres para que estudiaras inglés»: ¿Para qué?: Para eso, para estudiar inglés).

2.3.2. Subordinadas Semánticas

No desempeñan ninguna función sintáctica en la estructura de su Oración Principal, pero la necesitan para tener sentido.

2.3.2.1. Comparativas

Comparan dos elementos en una relación de superioridad, igualdad o inferioridad (los elementos comunes a ambas oraciones, se omiten en la Subordinada):

A: De superioridad: «más… que…»: «Ella es *más* alta *que* tú (eres alto)».

B: De igualdad: «tan… como…»: «Ella es *tan* alta *como* tú (eres alto)».

C: De inferioridad: «menos… que…»: «Ella es *menos* alta *que* tú».

2.3.2.2. Consecutivas

La segunda oración expresa la consecuencia de la intensidad de la acción expresada en la principal. La diferencia con las Coordinadas Ilativas está en el matiz de intensidad que requiere la presencia de una partícula intensiva: «tal... que...», «tanto que», «de tal manera que», etc.: «Comí *tanto que* tuve que vomitar».

2.3.2.3. Condicionales

La Oración Subordinada expresa una condición considerada necesaria para el cumplimiento de lo dicho en la principal: «si» («*Si* me llamas, voy»), «a condición de que», «como» («*Como* sigas llorando, me voy»), «cuando» («*Cuando* el río suena, agua lleva»), «en el supuesto de que», «en el caso de que», «siempre que», «de + infinitivo» («*De saberlo*, lo hubiera contestado»), «construcción de gerundio» («*Estudiando* los tres temas, aprobaréis»), «construcción de participio»(«*Acorralado*, se te enfrentará»), etc.

2.3.2.4. Concesivas

La Oración Subordinada expresa un impedimento para el cumplimiento de lo dicho en la principal que no logra anular ni impedir la acción: «aunque» («Saldré *aunque* llueva»), «a pesar de que» («Suspendió *a pesar* de que hizo un buen examen»), «aun cuando» («*Aun cuando* insistas, no lo conseguirás»), «cuando» («Me traicionaron *cuando* (a pesar de que) me debían la vida»), «si bien» («*Si bien* (aun cuando, aunque) estaba tranquilo, le temblaba la voz»), etc. TAMBIÉN: verbo reiterado («Diga lo que diga», «haga lo que haga», «vaya donde vaya, nunca seré feliz»), «aun + gerundio» («*Aun sabiéndolo*, no respondió»), con + infinitivo («*Con mentir*, no lograrás nada»), «por... que» («*Por* mal *que* vayan las cosas, siempre hay un rayo de sol»), etc.

Enlace a ejemplos de ejercicios prácticos y comentarios a consultas recibidas sobre el tema en el Blog: https://wp.me/pTRlh-hF.

Índice de abreviaturas

Adj = Adjetivo.
Adv = Adverbio.
Ap = Aposición.
At = Atributo.
CAdj = Complemento del Adjetivo.
CAdv = Complemento del Adverbio.
CAg = Complemento Agente.
CC = Complemento Circunstancial.
CD = Complemento Directo.
CI = Complemento Indirecto.
CN = Complemento del Nombre.
CPred = Complemento Predicativo.
CRég = Complemento de Régimen.
Det = Determinante.
GPrep = Grupo Preposicional.
GAdj = Grupo Adjetival.
GAdv = Grupo Adverbial.
Prop. Adj. = Proposición Subordinada Adjetiva.
Prop. Circ. = Proposición Subordinada Circunstancial.
Prop. Sust. = Proposición Subordinada Sustantiva.
SN = Sintagma nominal.
Suj = Sujeto.

Índice de ejemplos analizados

ORACIONES COMPUESTAS

ORACIONES SUBORDINADAS SINTÁCTICAS

Oraciones Coordinadas

CONCLUYÓ LA IMPRESIÓN DE ESTE LIBRO, POR
ENCOMIENDA DE BERENICE, EL 5 DE MARZO
DE 2019. TAL DÍA DE 1905 NACE JOAQUÍN
CALVO SOTELO, DRAMATURGO Y PERIODISTA
QUE FUE MIEMBRO NUMERARIO DE LA REAL
ACADEMIA ESPAÑOLA Y GRAN DIVULGADOR
DE LOS ENTRESIJOS DE NUESTRA LENGUA.